丛书策划　陈义望　朱宝元

A History *of*
IRAN

伊朗史

波斯湾的雄狮

Elton Daniel

[美] 埃尔顿·丹尼尔 ——— 著

李铁匠 ——— 译

中国出版集团 东方出版中心

图书在版编目（CIP）数据

伊朗史／（美）丹尼尔著；李铁匠译. －上海：
东方出版中心, 2016.6（2024.1重印）
（东方·剑桥世界历史文库）
ISBN 978-7-5473-0927-8

Ⅰ.①伊… Ⅱ.①丹… ②李… Ⅲ.①伊朗－历史
Ⅳ.①K373

中国版本图书馆CIP数据核字（2016）第032657号

上海市版权局著作权合同登记：图字09-2009-456号

伊朗史

著　　者　[美] 埃尔顿·丹尼尔
译　　者　李铁匠
丛书策划　陈义望　朱宝元
责任编辑　欧阳敏　沈辰成
装帧设计　钟　颖

出 版 人　陈义望
出版发行　东方出版中心
地　　址　上海市仙霞路345号
邮政编码　200336
电　　话　021-62417400
印 刷 者　上海盛通时代印刷有限公司

开　　本　710mm×1000mm　1/16
印　　张　20
字　　数　268千字
版　　次　2016年6月第1版
印　　次　2024年1月第4次印刷
定　　价　90.00元

目录 *Contents*

前　言

　　伊朗有近3 000年的历史。它也是世界上一种极为丰富、复杂的文化的摇篮。要想在一本书甚至几本书中把这样一个对象研究透,并不是件容易的事。实际上,伊朗历史的所有领域都还没有得到充分的研究。这最主要是因为缺乏足够的原始资料,这些资料要么根本就没有,要么很难拿到。英语世界对伊朗的研究还有一个特点,这就是存在着许多争议和学术方面的讨论。比如,在用英语翻译或音译名称与专业术语的时候,就存在着许多问题。详细的编年顺序和许多重大事件发生的确切时间都难以确定。在很多情况下,研究只能说明发生过**什么**,但至于它们**为什么**发生,则只能是猜测了,这是因为有关事件参与者的动机和意图的资料太少了。

　　在考虑到上述种种情况的前提下,本书的目的是要给一般读者提供一本简洁的、可读性强的、根据现代历史学家研究成果编成的最新伊朗历史评述作品。它主要是一部政治史,关注的重点是近代时期。

　　本书无意制定严格的、系统的名称和术语音译表。有时,名称和术语是音译的。使用的是一个没有任何特殊变音符号的简单系统。例如,书中并没有使用波斯字母 *ayn*, *hamzeh*① 等等。在使用拉丁字母表示人名时,尊重现代伊朗人通常的做法,"ou"用于表示长元音"u",

---

　　①　分别是波斯语短元音 a 和 i 的字母名。——译者注

"a"的短元音和长元音不作区别。名称一般音译,除非已经有了约定俗成的英语译名(例如,MoSaddeq 取代了 Mossadegh 以及这个名字许多其他不同的异译)。书中保留了伊朗伊斯兰时期某些人名中出现的表示"某人之子"之意的缩写字母"b."。除此之外,宗教派别、王朝和地理位置等等的名称,按照公认的英语拼音方式译出。

读者们要注意,在伊朗历史上有一段时期,特别是在 19 世纪,个别人物使用了尊称。这些称号和个人的名字一样,经常改变。例如,著名的改革家埃米尔·卡比尔可能又称为"米尔扎塔吉汗"、"埃米尔内扎姆"等等。这种异名现象本书有时会指出,但通常只用最为人所知的名字。按照传统的伊斯兰历法,每天是从日落时开始;因此根据小时来计算,一天可能正好相当于公历两天之中的各一部分。在确定某些重大事件发生的年代时,也常常会遇到许多困难。在事件编年问题上,权威学者们可能都有分歧。这种情况,甚至会出现在纯粹是现代的重大事件上。本书一般会根据作者的判断选取一个时间为准,除了某些特殊的、重要时间点之外,关于它们的不同说法和争论一概不提。

不引用其他许多学者的著作要写成此书是不可能的。笔者无法列举他们全体的名字,但请他们接受我的感谢。我还要感谢许多朋友和同事这些年来直接与间接的帮助。其中,最重要的是最初引导我从事伊朗问题研究的导师哈菲兹·法马扬(Hafez Farmayan)。在写作本书的时候,我从伊赫桑·亚沙特(Ehsan Yarshater)、曼努谢赫尔·卡谢夫(Manouchehr Kasheff)、艾哈迈德·阿什拉夫(Ahamad Ashraf)、穆赫辛·阿什提亚尼(Mohsen Ashtiany)、戴维·摩根(David Morgan)、茱莉·梅萨米(Julie Meisami)、约翰·佩里(John Perry)、帕瓦内·普沙里亚提(Parvaneh Pourshariati)的著作和与他们的多次交谈之中学到了许多有益的东西。但是他们对于本书所有的缺陷或本书表达的观点不承担任何责任。正如老话所说的:文责自负。

历史事件纪年表

约前 4000 年	青铜时代定居点（锡亚尔克、哈桑卢、希萨尔）
前 2700 —前 1600 年	埃兰王国
约前 728 年	迪奥塞斯建立米底王国
约前 550 年	居鲁士大帝击败阿斯提亚格斯
前 522 —前 486 年	大流士大帝统治时期
前 331 年	亚历山大大帝在高加梅拉击败大流士三世
约前 238 年	安息国王阿萨希斯领兵反抗希腊人
224 年	阿尔达希尔击败并杀死阿尔塔班五世
260 年	沙普尔一世俘虏罗马皇帝瓦莱里安
528 年	库斯鲁一世镇压马兹达克教徒
约 570 年	先知穆罕默德诞生
608 —622 年	萨珊和拜占庭"大战"
637 年	卡迪西亚战役
642 年	内哈万德战役，伊朗进入伊斯兰统治时期
651 年	萨珊末王被杀
747 年	阿拔斯家族在呼罗珊起义
819 —1005 年	东伊朗的萨曼王朝
945 年	白益王朝占领巴格达

1040 年	丹丹干战役
1055 年	塞尔柱人占领巴格达
1092 年	内扎姆·穆尔克被暗杀
1219 年	蒙古入侵开始
1258 年	旭烈兀洗劫巴格达,杀哈里发
1295 年	合赞汗皈依伊斯兰教
1380—1393 年	帖木儿(塔梅尔兰)远征
1501 年	伊斯玛仪沙建立萨非王朝
1514 年	奥斯曼人在查尔德兰击败萨非王朝
1587—1629 年	阿巴斯大帝统治时期
1722 年	阿富汗人入侵,围攻伊斯法罕
1736—1747 年	纳迪尔沙统治时期
1750—1779 年	卡里姆汗·桑德统治时期
1797 年	卡扎尔王朝建立
1804—1813 年	第一次俄波战争
1826—1828 年	第二次俄波战争
1813 年	《古利斯坦条约》
1828 年	《土库曼恰伊条约》
1833 年	王储阿巴斯米尔扎去世
1848 年	埃米尔·卡比尔被任命为首相
1851 年	道如福农学院在德黑兰建立
1852 年	埃米尔·卡比尔被杀
1856—1857 年	英俄战争
1872 年	路透特许权,1873 年作废
1891 年	反烟草专卖运动
1896 年	纳赛尔丁沙被暗杀
1901 年	达西石油和天然气特许权
1905 年	立宪革命开始
1907 年	英俄关于伊朗的协议

1908 年	穆罕默德·阿里沙宣布戒严令,终止第一届议会
1909 年	英波石油公司成立
1911 年	俄国下最后通牒,入侵伊朗、第二届议会垮台
1919 年	流产的英波协定
1921 年	礼萨汗和齐亚丁·塔巴塔巴伊政变
1925 年	制宪会议决定建立礼萨汗统治的君主政体
1936 年	法律禁止妇女在某些公共场合穿戴查达尔
1938 年	伊朗大铁路竣工
1941 年	盟国的占领、礼萨沙退位
1951 年	摩萨台成为首相
1953 年	摩萨台被政变推翻
1954 年	伊朗参加《巴格达条约》
1959 年	与美国签订防御条约
1962 年	"白色革命"开始
1963 年	宗教界的抗议、阿亚图拉霍梅尼被流放
1967 年	穆罕默德·礼萨沙举行加冕典礼
1971 年	在波斯波利斯举行伊朗君主制度建立 2 500 周年庆典、德黑兰石油价格协定签署
1973 年	穆罕默德·礼萨沙宣布大幅提高石油价格
1978 年	暴动与游行示威导致"黑色星期五"大屠杀
1979 年	穆罕默德·礼萨沙离开伊朗、霍梅尼回国、人质危机开始、伊朗伊斯兰共和国宪法通过
1980 年	巴尼·萨德尔被选为总统、两伊战争爆发
1981 年	美国外交人质被释、霍梅尼免去巴尼·萨德尔职务
1983 年	图德党被禁、巩固教士集团权力的任务完成
1988 年	霍梅尼接受两伊战争停火
1989 年	宣布萨勒曼·拉什迪死刑、阿亚图拉蒙塔泽里辞职、霍梅尼去世
1993 年	哈希米·拉夫桑贾尼连任总统

1997 年	选举穆罕默德·哈塔米为总统
1999 年	德黑兰发生大学生游行示威和群众抗议
2000 年	新议会选举中"改革派"候选人大获全胜

第一章　伊朗的土地和人民

对于普通的美国人而言,一提起伊朗,可能就会使他想起一个遥远的、狂妄自大的国家。那里居住的人民对宗教有着极大的热情,同样强烈的只有他们对美国和美国的价值观念的鄙视。他们使用一种起源不明的、被称为现代波斯语的语言。他们准确的种族特征已经变得模糊不清,很难与他们的邻居阿拉伯人区别开来。一提到波斯(Persia),则会唤起他们对一个古老的、充满异国情调的国度的想象。这个国家有着丰富的历史和文化传统,涌现过传奇般的统治者,盛产奢华的地毯、富丽的花园以及甜美迷人的诗歌。虽然伊朗和波斯,特别是伊朗人和波斯人并不是同义词,但是,认识到它们的词义实际上是互相重合的,它们常被用来指代同一个国家和同一群人,这是很重要的。考虑到人们对每一个词都已经形成一定的思维定势,而且事实上,连专家们都对该如何准确地使用它们难以达成一致的意见,因此,最好就是把伊朗的含义,作为本书的一个问题首先解释清楚。

"伊朗"这个名字,早在公元前 3 世纪就已经被使用了。有一位统治者把自己的帝国称为"伊朗沙赫尔",而自称为"伊朗的众王之王"。这个词语又起源于更古老的词语,这些古老词语,Arya 和 Airya,更多的是指一群人而不是指某块土地——这个民族自称为"雅利安人"(Aryans,其含义目前不是很清楚,可能是"血统纯正、高贵或出身高贵"

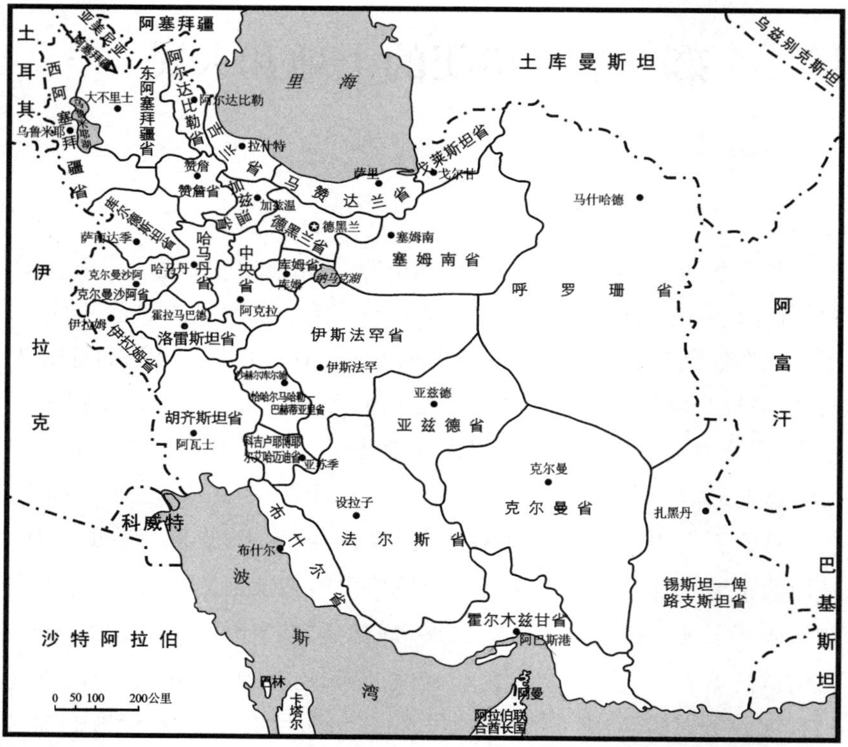
土耳其
亚美尼亚
阿塞拜疆
阿塞拜疆
西阿塞拜疆省
东阿塞拜疆省
阿尔达比勒省
阿尔达比勒
大不里士
乌鲁米耶
乌鲁米耶湖
里 海
土 库 曼 斯 坦
乌兹别克斯坦
吉兰省
拉什特
赞詹
赞詹省
加兹温省
加兹温
马 赞 达 兰 省
萨里
戈莱斯坦省
戈尔甘
德黑兰省
德黑兰
塞姆南
塞 姆 南 省
马什哈德
呼 罗 珊 省
库尔德斯坦省
萨南达季
哈马丹省
哈马丹
中央省
阿克拉
库姆省
库姆
纳马克湖
克尔曼沙阿
克尔曼沙阿省
霍拉马巴德
洛雷斯坦省
伊拉姆
伊拉姆省
伊 拉 克
伊斯法罕省
伊斯法罕
沙赫尔库尔德
恰哈尔马哈勒一巴赫蒂亚里省
亚兹德
亚 兹 德 省
阿 富 汗
胡齐斯坦省
阿瓦士
科吉卢耶博耶尔艾哈迈迪省
亚苏季
克尔曼
克 尔 曼 省
扎黑丹
科威特
设拉子
法 尔 斯 省
布什尔省
布什尔
锡斯坦—俾路支斯坦省
巴 基 斯 坦
波 斯 湾
沙 特 阿 拉 伯
霍尔木兹甘省
阿巴斯港
巴林
卡塔尔
阿曼
阿拉伯联合酋长国
0 50 100 200公里

2

的意思）。在下一章,我们还会更详细地讨论到他们,这里先简要说一下,雅利安人是印欧民族的一支,出现在公元前2000年左右,后来逐渐移居到印度和西南亚地区。迁入南亚的这部分后来形成了许多语言与今天所谓的"伊朗语"相似的部落。因此,就其起源来说,伊朗可以被理解为"雅利安人的土地"之意。这是一块界限一直在变动、难以清楚界定的土地,大多数时间包括从底格里斯河一直延伸到乌浒河甚至更远的地区。

说得更复杂点,这群伊朗-雅利安部落中最具有历史重要性的一支出现在扎格罗斯山脉地区,这个地方被更古老的闪族人(Semitic)称为"帕拉谢",可能意为"马的土地"。而这个部落可能因为这个地区而得名。古典时代的希腊人称这个民族为"波斯人",并且以"波斯"来称呼他们的故乡和他们建立的帝国。直到20世纪的时候,欧洲人通常仍然把这个国家称为"Persia",而用"Persian"来称呼这个国家的人民和他们使用的语言。

但在1935年,一位以民族主义而自豪的统治者、礼萨沙·巴列维坚持要求外国政府使用"伊朗"来代替"波斯",甚至下令邮局不得投递不同印戳的信件。从此之后,"伊朗"作为国名开始在英语和其他语言之中流行开来。但在使用意义上,它只代表一个比较年轻的民族国家的名字,这个国家在过去的一个半世纪里经历了翻天覆地的变化。它的直接历史根源,顶多可以追溯到16世纪。它的得到国际承认的国界线是根据19世纪和20世纪的许多条约所确定的,而且对有些地区现在仍然存在争议(最明显的是两伊边界,还有波斯湾之中的某些岛屿)。这个国家现在的特色和政府,仅仅是20年前"伊斯兰革命"的结果。

换言之,过去广义的"伊朗"意为"雅利安人的土地",而它现在使用的含义更为严格,指的是一个特定的民族国家和它所占有的地理区域。另一方面,"波斯"最初的含义很狭窄,指的是一个雅利安人的部落群体"波斯人"的故乡。后来,它开始有了广泛的含义,用来指波斯人统治的所有地区,或者波斯文化占统治地位的所有地区。因此,这个词有着丰富的历史、地理、政治、种族和文化含义,从一个历史时期到另一个历史时期,词义的区别可能相当大。读者们必须首先搞清楚它们是在什么样的情境中被使用,才能确切地知道它们此时的含义。一个激烈的争论可能是,英语之中的"Iran"和"Iranian"被用来表示更大的雅利安人群体和他们的土地,而"Persia"则用于表示这个帝国或国家。但是,对于这个现代民族国家而言,"伊朗"这个词已经被用得相当广泛,很难被放弃。它可能仍然是一个有用的术语,因为"伊朗人",即这个国家的居民未必都是操波斯语的居民。而在语言学范畴之内,伊朗语通常只能用来表示印欧语系中的伊朗语族。最后,用"Persian"来指代这个民族国家的官方语言显然好过"Farsi"。坚持使用"Farsi"就如同坚持要用"Deutsch"来替换"German",用"Français"替换"French"那样,是种不合时宜、毫无必要的做作。

因此,为了简单方便起见,本书使用"伊朗"来表示这个现代的民族国家、在它之前的许多政府以及它们所占领的地理区域。"伊朗人"则用来表示这个民族国家的公民(波斯语和非波斯语居民),或者是古代曾经居住在大体相同区域之内的许多民族(再重复一次,尽管他们许多人在种族上并不是真正的伊朗人)。

接下来就让我们看看地理意义上的伊朗又意味着什么,以及地理因素是如何影响当地人类社会发展的。

地理环境

在阿拉特山(Mt. Ararat)以东,阿拉斯河(Aras River)以南的地方(约东经45°、北纬38°),横跨欧亚大陆的宏伟的阿尔卑斯山-喜马拉雅山系呈楔形分成了两组山脉。其中一组是厄尔布尔士山脉。它沿着里海南岸向东延伸了约300英里,并顺着一些没有相连的山脉,如科佩特山脉、比纳卢德山脉和哈扎尔马斯杰德山脉(Hazar Masjid),又继续向东延伸了很远,直到兴都库什(Hindu-Kush)山脉。厄尔布尔士山脉的起伏相当大,从低于海平面的里海洼地,突然升高到10 000英尺以上。它的最高峰是锥体状的火山达马万德峰(海拔为18 955英尺)。这座山在伊朗文化之中的地位,类似于富士山在日本文化中的地位。

另一组山脉是扎格罗斯山脉,它由几条平行的山脉及山谷构成,向东南方向绵延 600 英里。再加上一些零星的小山脉,这组山脉总体从西北部的乌鲁米耶湖一直延伸到东南部的霍尔木兹海峡。而从这里开始,莫克兰山脉(Mokran Mountains)继续又延伸到巴基斯坦边境地区。第三组山系的形态没那么明显,其中主要包括索尔赫山、加恩山、比尔詹德山和塔夫坦山(Kuh-e Taftan),它们约略地把厄尔布尔士山脉和扎格罗斯山脉的东端连了起来。因此,这三组山脉围成了一块三角形地带,东西、南北各长约 1 000 英里,西北至东南一线长约 1 500 英里。这些山脉,都是比较晚近的剧烈地质活动的产物,多呈陡峭的锯齿状,也不乏直插入云的沉积岩暴露层峭壁。整个地区地壳活动依然活跃。因此,地震频繁,破坏性极大。

　　这块群山环绕的三角形区域,我们通常把它称为伊朗高原。这是一块辽阔的高原,平均海拔超过 3 000 英尺。在它的中央有两个巨大的沙漠盆地,即卡维尔盐漠和卢特荒漠,都是过去曾经存在的湖泊干涸后留下的遗迹。在北面的是卡维尔盐漠,它沿东西方向延伸。其地形地势多样,但最突出的特征是里面到处都是“盐漠”,它也因此而得名。盐漠的特征是一片易碎的、厚厚的盐壳覆盖在黏稠的泥浆表层之上,盐壳可能是由已经很干燥的大气层中少量水蒸气析出的盐分组成的。这片盐漠地带中最大的一个长约 200 英里,宽约 40 英里。在盐漠之中,绝对没有任何动植物可以生存。极其炎热多风的卢特荒漠向东南方向延伸,它比盐漠更干燥,更不稳定。但是,在它的地下有一个很大的浅盐湖(面积约 100×15 平方英里)。这两个荒漠组成了高原东部最荒凉的地区。俄国著名旅行家尼古拉·哈内科夫考察之后说,戈壁沙漠和它们相比似乎还算是肥沃的。

　　除了这些巨大的山脉和荒漠之外,今日伊朗境内还有两个相邻的平原。一个是厄尔布尔士山脉和里海之间狭长的沿海地带。这个地区有来自厄尔布尔士山脉北麓的丰富雨水。这里由于海拔较低,气候比较温和,在某些地区甚至是亚热带气候。另外一个平原在西南边缘地区,这就是胡齐斯坦平原。它实际上是位于扎格罗斯山脉和波斯湾源

5

头河流之间的美索不达米亚平原的延续部分。平原上有一条大河名叫卡伦河,水利灌溉条件较好。

伊朗三分之二的国土几乎都是荒漠。这与高低不平的地形、浅薄的土壤表层、不完善的水利灌溉系统等等有关。但是,最严重的制约因素是缺水。此地年降雨量少于 150 毫米的地区,可以确定为沙漠地区。降雨量少于 100 毫米的地区,难以维持植物的生长,实际上是不毛之地。拿这个标准来对照一下伊朗的实际情况,事情就很清楚了:这个国家一半地区的降雨量少于必须的最低限度 100 毫米,只有三分之一的地区年降雨量超过 200 毫米。而且,大部分雨水出现在不合适的季节(如冬季的降雪),或人迹罕至的山区,并且集中在这个国家的北部和西部地区。

虽然非常缺水,但由于气候、纬度、土壤、地形和水温条件的巨大差别,伊朗的动植物种类却相当丰富,已经确认的植物大约有 10 000 种以上,其中许多品种是伊朗独有的。它们包括各种不同的牧草类、紫草科植物、蕨类,直到栎树、榆树、桧属植物和柽柳属植物。伊朗现在的记载中已经分类的有 125 种哺乳类动物、491 种鸟类、155 种淡水鱼、100 多种爬行类和两栖类动物。昆虫类品种数量不明,但人们认为其数量应该相当庞大。像狮子、老虎、豹子、野猪,甚至还有鳄鱼、火烈鸟等等动物居然都是原产自伊朗,这多少让人感到惊讶。

虽然环境在某些方面似乎太过严苛,但按照矿物资源来说,大自然对伊朗又是比较仁慈的。这里有丰富的铁矿、铜矿、铅矿、锌矿,以及其他金属矿藏。有些矿藏从古代就已经被开采。当然,对于现代伊朗来说,最重要的矿藏还是丰富的石油、天然气和煤炭资源。在 20 世纪,这些资源为这个国家引人注目的经济变化提供了帮助。它们目前的储藏量不太清楚。根据政府宣布的可开采储量,石油超过 900 亿桶、天然气大约有 14 万亿立方米。这些资源的开采,不仅构成当今伊朗国民经济生产总值的主要部分,而且占该国出口总值的 80% 以上和政府税收的绝大部分。

行政区和城市

对于一位旅行者而言,他对伊朗最深刻的印象之一也许就是它怎
么那么大。这种感觉随着崎岖不平的土地和交通运输的困难而增强。
按照其现在的边界,伊朗的面积有 164.8 万平方公里,是世界第十六大
国。这个国家的面积大于法兰西、西班牙、德意志和意大利面积之和。
伊朗比阿拉斯加更大,也大于美国密西西比河以东地区。

扎格罗斯山脉和厄尔布尔士山脉可通行的山口很少,而且一般都
在高海拔地区,因此它们成了人类迁徙活动的可怕障碍。沙漠地区大
多荒无人烟,而且它们在近代之前实际上是不可通行的。粗心的旅行
者行走在盐漠之上可能会踏破盐盖而被冲走,或者掉入咸泥潭的底部。
水路运输实际上也不可能,因为全国只有一条可以通航的河流卡伦河,
而且它只有约 100 英里可以通航。在机械化运输之前的年代,利用传
统方式从伊朗北部到波斯湾旅行,几乎要花两个月时间。如果从东到
西穿过伊朗高原,则要花六个月时间。技术、经济、政治和地理因素阻
碍了运输系统的发展。即使是经过广泛的、近代化的改良之后,要前往
许多地区仍然很不容易。虽然另一个高原国家西班牙的面积只有伊朗
面积的 1/3,它的铁路和公路总长却是伊朗的两倍(三倍的铺设路面)。
法国的铁路系统大约是伊朗的五倍,公路系统大约是伊朗的十倍。从
阿巴斯·基亚鲁斯塔米导演的《生活仅此而已》(描述了一位试图开车
从德黑兰前往里海省一个城镇的男子遇到的各种麻烦)这类影片中,我
们可以真切地体会到,即使是在今天,想到伊朗的某些地方去依然非常
困难。

在这种情况下,伊朗的政治统一、中央集权和文化认同,自古以来
一直就很难维持。在这个地区的历史上,地方势力一直非常强大。最
严重和最顽固的分裂势力要数西部地区,这是一个在各方面都与美索
不达米亚文明区相互影响的地区;以及东北部,这个地区毗邻中亚,是
重要的边境地区。

除去东、西伊朗地区间有亲缘关系但又各不相同的传统的影响,在

上述里海和美索不达米亚地区之外,还有一些局部地区和省份也各有其鲜明特色。

伊朗三角地形的西北角是东阿塞拜疆省(它与北方新出现的阿塞拜疆共和国相邻,但不要将二者搞混了)。这里土地比较肥沃,大平原和河谷众多。它是进入伊朗高原地区的主要通道,又是一个人口稠密的地区。整个地区具有非常强烈的地区认同感,经常出现分裂主义运动或要求建立自治政府。

里海地区的吉兰、马赞达兰和戈尔甘省①与该国其他地区有很大的不同。厄尔布尔士山脉森林繁茂,里海沿岸适宜种植各种农作物,如水稻、茶叶、柑橘和棉花。里海还盛产鱼类和鱼子酱。直到近几年,整个地区仍然相对偏远,只有一个险要的山隘进出伊朗高原。因此这个地区人口稠密,但几乎在从语言到住房的式样等一切方面都不同于高原地区。

东北部的呼罗珊有许多河流与绿洲。这使它成了一个农业中心。这里群山绵亘,有时山脉比较高,但相距较远,便于通行。因此,这里成了新的民族进入伊朗的主要通道,也是伊朗防御外敌入侵的中心。无论从本义或引申义来说,它都代表了伊朗的东部边界线②。

西南部的法尔斯(严格意义上的波斯)曾经是古代波斯人的故乡和波斯帝国的中心。它大概拥有全伊朗最良好的气候和最迷人的景色。虽然它在政治、经济上的重要性早在几个世纪之前就已经降低,但现在仍然是波斯文化传统最强大的中心。

东南部的克尔曼、锡斯坦、莫克兰和俾路支属于最偏远、最贫穷、最不发达和人口最稀少的地区。但在古代,锡斯坦曾经是一个重要的地区文化中心。这里非常炎热,常常遭受可怕的十二级台风袭击,境内有一条重要的河流赫尔曼德河与一个多沼泽的淡水湖哈蒙湖,使农业活动成为可能。

胡齐斯坦省处于美索不达米亚平原的延伸部分,曾经孕育了伊朗

---

① 原文如此,应为戈莱斯坦省,戈尔甘为该地区的重要城市。——编注
② "呼罗珊"在波斯语之中意为东方。——译者注

最古老的文化。这里有着不同种族的居民，其中包括许多阿拉伯人。在今天，由于它蕴藏着丰富的石油资源，当然成了最重要的地区。

　　随着政治经济形势的发展，伊朗的城市面貌也一直在发生着变化。政府所在地往往会发展成为最重要的大都会。德黑兰曾经是一个村庄，18世纪末成为都城，并逐步发展成为今日伊朗最大的城市，1997年其人口估计超过800万人。大不里士是从前的都城和东阿塞拜疆省的省会，在重要性方面仅次于德黑兰。历史上，在环中央沙漠地带和东西南北贸易要道两旁，曾经兴起过许多重要的城市。这些城市包括伊朗中部地区建筑艺术的瑰宝伊斯法罕和亚兹德；法尔斯省的常被人与夜莺和诗人联系在一起的童话般的城市设拉子；东南部地区的克尔曼、呼罗珊省著名的宗教圣地马什哈德和扎格罗斯山脉中段的哈马丹。另两个有些偏远但很重要的省会中心是吉兰的拉什特和胡齐斯坦的阿瓦士。

经济

　　地理环境的制约对伊朗的经济与社会影响深远。在伊朗，凡是降雨量充沛或勉强够用的地方，就有许多肥美的河谷与草地，适于食草动物生长。由于天然植物稀少，很难长期在一个地区放牧牲畜，因此游牧生活就成了这个地区人类最繁荣、最重要和最持久的经济活动。这种生活经常处于"垂直的"变迁之中，因为人类和牲畜经常要从冬季的低地迁往夏季的高原牧场。牧民们饲养的畜群不但提供了食物，而且为工匠制作地毯、毛毡、帐篷之类的物品提供了原料。游牧者一般组成大规模的部落联盟，以便控制放牧牲畜所需要的大片地区。

　　纵观伊朗历史，游牧部落一直是一股强大的社会政治力量。放牧牲畜、打猎、驱逐入侵者、领导迁徙活动、维持部落成员的纪律、保卫土地和牲畜免遭对手侵害，这些游牧所必需的技巧稍作修改，就能很轻易地转而用于军事目的。通常的情况是，部落为这个国家提供士兵和统治者，提供大多数王朝的权力基础。部落也拒不纳税，破坏这个国家大多数地区的安宁。即使在20世纪之初，土库曼人部落还因掠卖伊朗农民为奴隶而臭名远扬。其他部落则拦截旅行者,抢夺他们的财物。在现代最著名的部落之中,许多是北方的土库曼人部落,如阿夫沙尔、卡扎尔、约穆特、戈克伦等等,以及法尔斯省的巴赫蒂亚里部落、马马萨尼部落和卡什加部落。其他地区还有许多的库尔德部落、卢尔部落和俾路支部落。

各个政府一旦建立之后,就必须继续谋求获得友好部落的支持,竭力以战争、驱逐和强制定居来控制敌对部落。20 世纪之初,大约有 1/4 的人口是部落居民。他们是伊朗政治事务中的一股强大势力。但是到了 20 世纪 30 年代,随着机械化部队出现,国家全面粉碎部落武装并强制部落居民定居。这些努力获得了很大的成功,部落今日无论在伊朗的经济和社会生活之中都不再是一股重要的势力。今天游牧居民只占伊朗人口的 5% 不到。

在历史上,与邻近的、拥有大河提供水源的美索不达米亚相比,伊朗高原的干旱贫瘠阻碍了其农业的发展。但在某个不确定时期出现了生产技术的改进,使伊朗农业超出少数绿洲、河流和对于农业来说雨水充沛的地区发展成为可能。这就是被称为暗渠①的地下水渠。暗渠利用高原盆地天然斜坡的有利条件。在山脚下,人们可以打一眼井,寻找大概是由融化后渗入地下的雪水提供的水源,然后通过地下水渠将许多水井连在一起,在适于农业的地区形成一个水资源分配系统。它可以维持、解决一个或许多村庄的灌溉需求。当然,斜坡必须细心管理,以防受到侵蚀。水井和井下通道的建造必须经过精心测量,还要经常进行维修,以防它们坍塌。在耕地面积不断增加的情况下,这种独创的水利系统具有许多优点。由于水渠位于地下,水分蒸发的损失被减少到最低限度。重力提供了推动渠水的动力,由于竖井数量众多,因此这种挖掘起来很需要技巧的地下水渠每一段都不会太长,这使得每一段维修起来也更加方便(这还使暗渠有了与众不同的特殊面貌,从空中俯视,这些水井和周围挖出的泥土好像是月球上一行一行的环形小坑)。

① 中国称为"坎儿井"。——译者注

几个世纪以来逐渐修建起来的暗渠,已经累积形成了一个巨大的暗渠系统。据估计,伊朗现有的暗渠系统总长度(包括地下通道和竖井)超过了30万公里(大致相当于地球到月球的距离!)。这也让我们对暗渠所花费金钱和人力的巨大投资有了某种概念。

在暗渠周边发展起来的农业生产方式具有许多独特之处。历史学家 A. K. S. 兰布顿曾对此进行了经典的研究。农业部门需要由五部分组成:土地、用水、种子、耕作所需要的畜力和人力。每个要素的所有权都占有收成的相应的一股。而占统治地位的、居住在城镇的地主占有辽阔的土地、控制着资金、拥有可以提供用水的暗渠,他们还可以提供农作物的种子。土地通常被分成支离破碎的小块,每块耕地的产量都不太高。请求耕种这些土地的农民很少有人拥有自己的土地。他们通常没有役畜,必须向别人租用。这种制度的社会后果是残酷的。农民只能够得到他们所耕种的小块土地本来就不多的产出中很小的一小部分,而产出的大头都归地主们所有。这群社会经济精英通常被称为"一千个家族",他们是真正拥有和控制这个国家的人。

占伊朗全国人口绝大多数的农民,几个世纪以来其生活是如此难以置信的艰苦,并且实际上毫无改善。他们散居在许多偏僻的、通常是孤零零的小村庄之中。这些村庄的居民人数一般在 500 — 1 000 人之间。他们没有受过教育,挣扎在生存线上,不得不忍受恶劣的气候、天灾、各种虫害、野兽,还有缺水以及游牧部落的侵略者、贪心的地主、无情的税务人员带来的苦难。农民们艰辛地维持着他们贫困的生活,这一切在历史的洪流中几乎根本就看不见。但是,不要忘记他们的努力对伊朗高原的生活和文明而言,绝对是非常重要的。

在当代伊朗,农业和农民的重要性虽然不像游牧部落那样急剧地降低,但已经是不可逆转地在持续降低。新的共和国政府已经把复兴农业作为其经济的主导政策之一。其原因部分是出于需要,部分是由于农村社区更有助于提倡政府所选择的传统社会价值(也有可能是因为宗教领袖都是大地主)。伊朗几乎有一半人口仍然生活在农村地区。

11

总的来说,现在农村的生活条件已经得到改善。同时,在土地改革、耕作技术的现代化和机械化方面,已经取得了许多进步。已经耕种的土地总量也正在接近其实际的极限(25%可耕地,其中15%为随时可以使用的土地)。农业至少占国民生产总值的25%。伊朗也是某些农作物,如开心果、杏子、椰枣、葡萄干、柑橘类(酸橙、橙子和红橘)和其他水果的主要生产国。

但是,当代伊朗农业也呈现出某些不好的发展趋势。农业的发展

12 不能与人口增长保持齐头并进。国家只能满足本国食品需求的75%。近年来,暗渠系统越来越得不到重视,懂得如何修建和维修暗渠系统的人也越来越少。这是因为有了丰富的能源和机械设备,使得打深水井和大面积抽水灌溉变得更为方便的缘故。这种做法对环境的长期影响将是极端不利的。

最后,我们要谈谈伊朗的城市和城市生活。虽然我们不能否认它们是重要的,但却很容易夸大其重要性,特别是在前现代化时期。确实,直到1940年,仅有20%的人口居住在城市之中(人口超过5 000人的地方不超过200个)。从各个方面来说,地理环境对城市发展的影响大于对农村地区。因为城市不仅需要大片的农村土地来满足它的需求,而且需要大量的、可靠的水资源。根据伊朗的情况,这意味着城市必然聚集在沿扎格罗斯山脉东西两侧,或沿厄尔布尔士山脉南北两侧的狭窄地区之中。这就使利用地理优势进行防御的企图难以实现。许多城市通常位于开阔地区,很容易受到攻击。因此,古代的城市一般都有城墙保护,晚上关闭城门,这就使城市具有要塞的特点。

人们常说,从地理位置上看,作为近东、中国和印度之间的交通枢纽,伊朗具有非常重要的战略地位,也有非常重要的商业贸易潜力。但实际上,沿伊朗高原的边缘行走,要比横跨这片高原地区便利得多。因此在历史上,伊朗往往被孤立于许多重要的国际贸易商路之外,并未参与其中。于是,在伊朗,长距离贸易并不能成为城市经济的基础,其作用非常有限,而且没有办法持续。这使得伊朗大多数城市实际上只不过是一些作为地区性市场和地方手工业产品中心的较大村镇而已。真

正发展起来的大城市,要不就是政治上的首都,要不就是军事、行政中心。这种政治军事意义再加上它们所处的地理位置本就容易受到攻击,使它们与生俱来就不稳定——只有少数几个城市长期、持久地保持着重要的地位。

最近 50 年间,伊朗的城市经济与社会状况已经发生了急剧的变化。现在,大多数人口居住在城市之中;大城市越来越多;城市人口比过去更年轻、更有文化、更富裕。现在,工业和服务业经济部门已经超过了农业部门。所有这一切变化,都应当归功于一个压倒一切的重要因素,这就是石油工业的发展和它所创造的财富。

人口

在今天的伊朗,语言、宗教、民族和其他许多因素都是身份的重要方面。这个国家的居民被称为伊朗人,但这只是指他们是伊朗的政治公民,并不意味着他们在种族上都属于伊朗人种。从语言学角度划分,这里有三个主要的群体:伊朗语居民、突厥语居民和闪族语居民。

语族上的伊朗人,指的是使用属于印欧语系下这个分支语族中的一种语言或方言的居民。在这些语言之中,最重要的是波斯语,它是今日伊朗绝大多数居民通晓的语言,也是差不多半数以上居民的母语。它是一种语法简单、文字优美的语言,语调和词义丰富。现代波斯语形成于 10 世纪的中亚地区,它是阿拉伯语词汇、语句和钵罗钵语即中古波斯语(由古代波斯语,即伊朗第一帝国的语言衍生而来)的混合物。库尔德人的各种方言,是这个语族之中的另一种非常重要的语言。库尔德人聚居在扎格罗斯山脉中部地区,占全国人口的比重不足 10%。他们具有非常强烈的民族认同感,并且经常为自治权而战。俾路支语是伊朗西南部最流行的语言。卢尔语是伊朗南部某些部落使用的语言。在伊朗,还有一支印欧语系民族,即人口较少的亚美尼亚人,他们可能也包括在这个范畴之中。必须指出的是,在伊朗各地还发现了许多小方言,农村和城市居民在发音方面有许多明显的区别等等。

突厥语民族开始来到伊朗边境地区是在 6 世纪的时候。到 10 世纪的时候,已有相当多人进入了伊朗。大量突厥人来到这里,是在蒙古人入侵的前后。他们大多为游牧部落居民,是被伊朗北部的牧场,特别是今阿塞拜疆省一带的牧场吸引而来;其中有一个强大的游牧部落,即卡什加部落定居在了法尔斯省。伊朗至少有 27% 的人口使用某种突厥语方言。

尽管阿拉伯人在 7 世纪时征服了伊朗,或许还在伊朗西部、呼罗珊和中亚的部分地区大规模定居过。但是,现在发现在那里土生土长的阿拉伯语居民很少。绝大部分阿拉伯人居住在胡齐斯坦省,人数大约有 50 万。在伊朗,还居住着一些亚述人,主要在乌鲁米耶湖周边地区。

伊朗全国居民的宗教面貌同样也是复杂的。初看起来,大家好像都一样,99% 的居民是穆斯林。但是,他们分成了两个大的伊斯兰教派:什叶派十二伊玛目支派(约占 89%)和逊尼派(占 10%)。剩下的少数教派有琐罗亚斯德教①、基督教、犹太教和巴哈教(第一个和最后一个宗教特别重要,它们实际上是在伊朗发展起来的,而不是舶来品)。宗教信仰与使用何种语言并不相应:一位说波斯语的人很可能是犹太教徒或琐罗亚斯德教徒,而不是穆斯林;一位库尔德人可能是什叶派或逊尼派教徒。在许多时候,个人的教派归属可能比语言更为重要。在其他时候,语言的一致性又占据着主导地位。伊朗统治者和政府经常面临的挑战就是如何让这多种多样、各不相同的认同依据从属于共同的民族国家认同大前提之下。

正如先前所指出的,伊朗全国人口的发展趋势已经以前所未有的方式发生了变化。在 19 世纪初期,全国人口仅有 600 万。在更早时期较好的政治环境下,人口无疑更多些,但其极限实际上可能也不过是 1 000 万或 1 100 万。全国人口的绝大多数是农村人口,只有不到 20% 的人口居住在城市之中。文盲、贫困充斥全国。而在 1976 年的时候,全国人口已经超过 3 300 万,大约有一半人口居住在城市之中。在 20 世纪最后 20 年之中,全国人口几乎翻了一倍,足足超过了 6 000 万。

---

① 我国称为"祆教"。——译者注

而且,现在人们集中居住在城市之中(大约占总人口的 60%)。同时,全国人口变得更年轻(几乎有一半人年龄在 15 岁以下),更多人识文断字(从 1956 年的 15% 到 1997 年的 72%)。这种急剧变化的后果很难预料。除此之外,可能还有一个问题。这就是全国人口的数量已经超过了土地所能供养的人口数量(即使是获得了最高的产量)。21 世纪伊朗面临的一项重要挑战,毫无疑问将是如何养活这些人口,尤其是石油资源逐步消耗之时。

15

政治体制

在伊朗,君主制和王朝统治作为政治生活的准则已经 2 000 多年了。有人计算过,伊朗曾经有过 46 个王朝、400 多位君主。当然,其中既包括那些优秀的、强大的、著名的统治者,也包括那些邪恶的、软弱的、默默无闻的统治者。还有些人是非伊朗语居民,或者是外来的征服者。他们曾用过的称号有沙(Shah)、沙汗沙、帕底沙、马利克(Malek)、埃米尔(Amir)以及苏丹(Sultan)等等,各不相同。尽管如此,他们都是君主,他们都坚持(或被认为反对)一种利用根深蒂固的服从并尊崇权威的意识来施行的老练的王权理论和正义统治。

1979 年,随着"伊斯兰共和国"宣告成立和新宪法通过,长期的君主制传统已经被切断,并且很可能就此结束。作为思想意识形态的宣言和政府的施政纲领,这部宪法是一部涉及从外交政策到历法等等许多方面、冗长而又复杂的文件。总的来说,它企图以革命缔造者阿亚图拉(Ayatollah)鲁霍拉·霍梅尼的思想使这个国家彻底地伊斯兰化。宪法除体现出他认为需要一位最高宗教领袖的思想之外,还界定了多个复杂而不明确的权力中心。它保留了从前的宪法确定要建立的、由选举产生的议会。宪法规定民选总统可以任命总理和内阁,但必须经议会批准。而且,它还建立了"监护委员会",由 12 名指定人员组成,其中 6 人是宗教学者,6 人是法学家。他们有权确定所有参加选举的候选人资格、解释宪法、否决议会通过的任何不符合伊斯兰精神的法律。宪法进一步强调"绝对权力属于真主",企图消除宗教与世俗生活的一切区别。实际上也就是说,最终的权力属于法基赫、即最高的宗教法学者,他是"勇敢的、足智多谋的、有能力的、得到大多数人民公认并且被接受为领袖的人",或者是由 3 — 5 名高级宗教权威组成的一个"领袖委员会"。法基赫有权指挥军队,任命最高司法官员,确认或者罢免总统。从技术上来说,法基赫和领袖委员会必须由一个"专家委员会"来选举。当然,这个机构直接属于霍梅尼指挥。

因此,这部宪法一出现,社会学家赛义德·埃米尔·阿琼曼德就批评说,这个新的政治制度只不过是"用缠头取代了皇冠",用宗教专制君主阿亚图拉霍梅尼取代了国王。但不久之后,宪法确定建立的各种机构就开始各自为政,法条中模糊不清的说法实际上就注定了各种机构之间会互相冲突。1989 年霍梅尼去世之后,专家委员会有点儿踌躇地选举了前总统、地位不大高的法学家阿里·哈梅内伊为新的法基赫。随后不久,宪法进行了修改,取消了总理的职务,并将其权力交给总统。因此,它在理论上加强了总统的权力。最后,又建立了另一个权力中心"应急委员会"①,以调解议会、总统和监护委员会之间经常出现的冲突。

自从霍梅尼去世之后,新的政治张力开始在法基赫(他自称继承了霍梅尼的权力,但缺乏霍梅尼的魅力)和权力已经扩大并且得到广泛支持的总统之间逐渐形成。自 1997 年选举之后,这种趋势已经很明显。在这次选举之中,宗教当局确定参加选举的候选人遭到失败,而明显属于温和派的局外人阿亚图拉穆罕默德·哈塔米②取得了胜利。尽管法律迟迟未正式认可政党的存在,但政治团体和党派别仍然很多,互相之间在议会、政府和公共场所斗得难分难解。目前局势尚未明朗,仍然存在种种猜测和变数。在整个伊朗,各种的争论无疑为政治生活增添了活力,并且,它至少为从个人独裁或寡头神权政体过渡到虽然是怪异

---

① 这是简称,其全称我国一般译作"决定国家最高利益委员会"。该委员会的建立和负责修宪都在霍梅尼去世之前,而宪法修订案的公布是在霍梅尼去世之后。——译者注

② 他在当选的时候还没有成为阿亚图拉,其宗教称号还是霍贾特伊斯兰。——译者注

的、但可行的民主制度提供了可能性。

文化特性

关于"民族特性"的一般理论往往价值有限，甚至很危险，会误导人。在对待像伊朗这样一种微妙而又复杂的文化时尤其如此。几个世纪以来，它既让人着迷，又让人厌恶；既令人赞叹，又使人沮丧；既使人难忘，又使人烦恼。例如，19世纪时前往伊朗的旅行者，常常会说那里的人民特别好客、礼貌、仁慈、健谈、理智与和蔼。但也肯定会说他们自以为是、虚伪、傲慢、欺诈、腐败、自我欣赏、完全只关心个人利益。例如，1882年弗雷德里克·肖伯尔曾经赞扬伊朗人"有教养、值得尊敬、有责任感"，但又指责他们"穷奢极欲"和"可憎"的道德品质。同样一种文化，怎么会引起如此互相矛盾的反应呢？

很多认为伊朗人好或不好的看法其实往往是因为误解才产生的。对这个国家最有洞察力的观察家、英国学者爱德华·E.布朗给我们举了一个这种误解的经典例子。一位比利时采矿工程师告诉他，伊朗人没有"一种让人钦佩的品质"，"因为当他们想要发誓表示支持一种观点的时候，他们说的是'Bi-jani-aziz-I khudat'（以你珍贵的生命起誓①），或者是'Bi-marg-i-shuma'（以你的死亡起誓）。即假如我撒了谎，你就必将死亡"。布朗认为，他其实理解错了。这实际上只是出于自谦而使用的一种常见的修辞表达方式，其前提是发誓人认为自己的生命与朋友或合伙人的生命相比是微不足道的。

因此，对于伊朗文化渊源具有基本的了解，对理解伊朗历史是必须的。伊朗文化的某些方面经常被历史学家、人类学家反复地提到，我们有必要在此作些必要的点评。对于伊朗民族特性表面上看似乎互相矛盾的因素，爱丁堡大学波斯语教授L. P. 埃尔韦尔–萨顿可以说作出了最简明扼要、又令人信服的解释：

①　这是现代波斯语的拉丁字母注音，下同。——译者注

极端的个人主义与心甘情愿地接受权威形成了对比。狂热行为和狂热主义倾向（特别是对宗教事务）与消极主义和消极行为，与接受天命论和压抑真实情感纠缠在一起。伊朗人对于新奇的东西有强烈的兴趣，具有良好的学习和接受能力；不过，他们又是怀疑论者，他们有强烈的幽默感，不相信吹牛和浮夸。他们以有教养、好客和谈吐有礼①而闻名于世。但是，他们可能又很固执，对批评很敏感，在事关自己的尊严时容易发怒。如果他们愿意，他们可以是工作努力而高效的人，但他们的拖拉和磨蹭也是有名的。深沉的爱国之情与对外来影响的猜疑结合在一起。但是，这并不能阻止某些人卑躬屈膝、迎合外国人的利益。

在这方面，这些观察都是正确的，其中某些似乎有非常深刻的历史 18 根源，另外一些则是比较现代的产物。

首先，他们像世界各地许多传统社会一样，习惯于依靠个人之间的私人关系办事，而不是依靠非私人关系的公正制度办事。这种关系的主体，也是伊朗人生活中最重要的因素之一，就是家庭。在公元前5世纪，一向睿智的希腊文化史学者希罗多德指出，伊朗人妻妾成群。而且，"在军队之中，男子汉优秀气概的最好证据，除了英勇善战之外，便是儿子众多"。他的观感——以及其中暗示出的伊朗社会的父权制和妇女地位低下，至少仍相当符合上层人士的家庭现状。由于实行一夫多妻制和多次结婚，势力强大的家庭通常是大家庭，大家庭通常也是势力强大的家庭。最著名、而且也是最极端的例子可能是19世纪初期的统治者法塔赫-阿里沙。他有大约1 000位妻妾，不下260名子女。

但是，伊朗人的家庭并不仅仅包括一位父亲、他的许多妻子和子女。它可能还包括家庭之中的仆人、家臣、血缘关系亲近和疏远的亲属，以及与其他家庭通过法定的婚姻联盟而形成的姻亲。除此之外，当

---

① 此处为 ta'arof，作者释义作 courtly phrases。——译者注

然还有与朋友、合伙人之间的"社交圈"(一个人通常聚会的"小圈子")。只要有可能,伊朗人宁愿在自己熟悉的私人关系网之中活动,而不愿意与陌生人打交道。即使在今天,一个伊朗人即使能轻而易举地雇佣到一名更优秀或更廉价的、但不熟悉的劳动者,他还是愿意雇佣亲属或熟人工作。这种社会关系网被伊朗人称为"走后门"或"利用人缘",它对捞取各种好处、进入名牌学校、寻找工作等等,都被认为是绝对必要的。在重大的政治、历史事件之中,这种家庭的、私人的关系可能很难觉察出来,但它确实是重要的因素。试举一例来说,近代最伟大的民族主义者、20世纪50年代初期的首相穆罕默德·摩萨台(他将是本书中的一位重要人物),他的父亲出身于一个势力强大的、富裕的大官僚家庭——阿什提亚尼家庭,这个家庭曾经出了几位大官和政治人物。他的母亲是19世纪到20世纪初期统治伊朗的王室之中一位最富裕、最有势力的亲王的妹妹。他自己结婚之后成了德黑兰最重要宗教领袖家庭的成员。摩萨台获得的政治地位,在很大程度上确实要归功于他自己的天才和能力,但是,他的家庭关系对于保障这种地位的重要性是不可低估的。 19

　　希罗多德接着说,两个伊朗人在街上见面时,只要观察他们互致问候的情况就可以确定他们的级别高低。虽然具体的问候内容可能已经发生改变,但是这种规矩却很大程度上一直保留到了今天。在一个受到个人关系强烈影响的社会之中,社会地位是极端重要的。在伊朗,言行举止各个方面实际上都要根据个人相对的社会地位来定。随之而来的是,确定社会地位并依此行事也是非同小可的问题。这一点,有助于解释为什么维多利亚时代旅行家埃拉·赛克斯觉得"普通伊朗人认为的交谈就是打听某人的家产值多少钱,还有某人的私事,如收入、年龄和社会地位等等"。这也是今天人们为什么会因伊朗的出租车司机直言不讳地打听他们是做什么的、挣多少钱等问题感到大吃一惊。用来描绘社会地位相同或者不同的个人之间交流的方式,最常用的一个词汇是"*taarof*",按照字面上的意义来说,就是有教养的、或者懂得在特定的环境之中如何行事。它可能包括一些复杂的互致问候的方式,从关心某人的健康到慷慨赠送礼物(有些可以直接从表面理解,但有些则可能别有深意)等等。伊朗人非常敏感地认识到这些交流方式的内在含义,而外国人则往往不能理解,而且常常因为言行不慎而糊里糊涂地丢尽脸面。例如,他在访问一位熟人的家庭的时候夸奖了一幅地毯,主人立即把地毯作为"礼物"送给他,而他又接受了这幅地毯(如果他没有拿一件等价的物品作为回礼,这就是侮辱加损害)。顺便说一下,仪式化的交换礼品,已经成了上下级之间加强联系最典型的方式。

希罗多德还说,没有一个国家像波斯一样乐于接受外国的风俗习惯。波斯人认为没有什么事情比说谎更丢脸了。在他那个时代,这些言论确实有些是真的。但在今天,它们可能就值得怀疑了。伊朗人确实表现了吸收各种外来文化的超凡能力,"反对谎言"则是伊朗古代宗教一个重要的组成部分。但是,历史经验已经与这种观念发生了冲突。作为单独的个人、整个社区的居民和一个民族,伊朗人可能已经深刻地感到困难重重。除了在艰苦的环境之中谋生的困难,以及社会经济生活中的剥削、凌辱,伊朗人几个世纪以来还频繁遭受着外来进攻和侵略。所有这一切,都加强了身处敌对势力压迫之下的感觉和摆脱敌人压迫的相应要求,社会生活因此而重构。许多观察家常常强调伊朗人多疑的特点和对外来势力的抵触情绪,还有他们为了掩饰自己真正的意图而故意制造重重假象。正如许多社会学家、人类学家和语言学家早已指出的那样,传统的伊朗住宅分成一个内部区域(*anderun*),是家庭成员或至少是家长可以在这里随便一点、举止放松一点的地方;还有一个外部区域(*birun*),这是和外人进行交流的区域。在此处的行为举止则需要遵循 *taarof* 的准则。与之相应的是,伊朗人一般把举止分为隐秘的、内在的意图(*the baten*,这是被掩饰的部分)和它的外表(*the zaher*,这部分真正的含义可能完全不同于它们看起来似乎在表达的意思)。用来保护自己和达到自己目的的方式多种多样,主要有塔基亚(本意为"伪装",最早是为了逃避宗教迫害而隐瞒自己真正宗教信仰的惯用方法)和泽朗吉(本意为"灵活,隐瞒自己意图以达到目的的艺术")。既然他们的文化立场是这样的,那伊朗人生活中喜欢耍点诈,而偶尔来到伊朗的旅行家有时会觉得伊朗人"肤浅"、"虚伪"、"不正"和"惧外",这些也就不足为奇了。

最后必须指出的一点是,伊朗人对于自己生活的国家具有深厚的感情。这首先表现在人们对这块土地真切的依恋中,而不论这块土地在其他人的眼中是如何荒凉、贫瘠。这种感情反映在把伊朗赞美为世上最美好地方的古代宗教文献和史诗传说之中;反映在赞美这个国家自然风光优美的诗歌中;反映在记录和描绘了这个地区以及各城镇和各省情况的文献中;反映在伊朗人对户外休闲和郊游的渴望中。从爱国主义的角度来说,不论是在古代君王重要的铭文之中,还是在比较近代的政治观点之中,这种感情都是真实的。伊朗人维护自己的群体认同和独立的努力,将是下面几章的主题。

第二章　古代的伊朗

　　伊朗这块土地,早在使它得到"伊朗"这个名字的伊朗人来到之前就是人类文明的故乡。在伊朗,从简单的狩猎和采集社会过渡到复杂的文明社会,其发展遵循的是世界许多地方可以观察到的、相同的基本模式。但是,它又具有由当地特殊的地理特征和历史环境所决定的特殊面貌。

史前时期的伊朗

　　在旧石器后期和最后一个冰河时期结束之前(大约 10 万—1.5 万年之前),伊朗的气候和现在根本不同。丰富的降雨量造就了许多河流,在高原的内陆地区也曾经有一个巨大的湖泊。今天比较边远的其他地区,诸如南部法尔斯省的内里兹和马哈尔卢盐沼,当时也是非常富饶的地区,猎物和鱼类很多。在山里可以找到许多洞穴和岩石作为庇护所,为石器时代的狩猎采集者提供了理想的栖息地。在伊朗的西北部、南部和东北部地区,考古勘探已经确定了许多这类遗址,从中发现了尼安德特人(Neanderthal)和现代人的遗骨以及大量燧石、刀具和其他人工制品。

　　随着气候变得越来越炎热干燥,伊朗的环境开始逐步与今天接近。水和其他资源的供应日益减少,必定使它越来越难以维持早期的人口

古代伊朗的世界

波斯第一帝国边界
驿道

斯基泰人

数量水平。但此时另一个极为重要的因素开始发挥作用,那就是内陆的河谷地区和扎格罗斯山脉两侧非常适合各种野生谷物的生长,它们可以用来补充食物的供应。从乌鲁米耶湖底果实样品之中采集到的花粉沉淀物表明,早在公元前13000—前12000年之前,狩猎和采集人群就通过诸如刀耕火种等改变生态环境的粗放方式,已经在致力于提高这类谷物的产量。公元前7000年的时候,某些谷物品种已经被人工种植,不过,这些在植物栽培方面早期的尝试,后来逐步被更加复杂的、真正的农艺方法所取代。新石器时期(这个地区约为公元前7000—前5000年)食物生产的革命,使得建立永久性居民点有了可能。这些居民点大多集中在扎格罗斯山脉西麓的斜坡地区,但也有些出现在东麓面朝高原的一侧。伊朗最古老的居民点之一,是位于今扎格罗斯山脉中东部地区卡尚城附近的锡亚尔克。这些居民点一般都比较小(0.5公顷或更小),位于可靠的水源附近(溪流或泉水),通常在与世隔绝的地方。由于农业生产仍然靠不住,易受各种灾害的影响,这些人群一般都把农耕和狩猎、畜牧结合在一起。在大约公元前4000年之前,这种小规模的、单纯的农业居民点的数量仍然在继续增长。这个时期被称为铜石并用时代(约前5000—前3300)。考古学的证据表明,居民点的数量此后开始减少。在许多地方,由于畜牧业的发展,农业实际上已经被放弃。但是,那些保存下来的居民点,面积则急剧地扩大(扩大三至六倍之多),而且它们一般都被有意建设在靠近天然交通要道的地方。发生这些现象的原因不清楚。某些学者推测这是因为气候方面的变化,对谷物生长产生了不利的影响,于是人们不得不蓄养动物以补充食物上的不足。另外一些学者则归之于水利灌溉试验出现了差错,并且使得先前曾经是肥沃的土地无法再生产谷物。不过,最重要的原因可能与美索不达米亚正在发生的变化有关。那里已经奠定了城市革命的基础。农业生产的巨大发展,吸引了伊朗高原的人们。在美索不达米亚地区,对于像诸如金属、石材等资源的要求,不可能由本地解决。这就为当时受到交通运输条件限制的地区贸易创造了许多机会。

虽然伊朗的环境不大符合美索不达米亚地区已经出现的农业革命

的需要,但是它在矿产资源方面却非常丰富。至少在公元前 9000 年的时候,金属的功能就已经为人所知,但直到公元前 5000 年之后,炼铜术才开始流行。在那个时候,铜已经开始取代骨头和燧石,制造尖状器、针、箭头、武器、礼器、农业生产工具和其他工具等等。伊朗高原有丰富的铜矿。开采铜矿的证据已经在位于克尔曼(泰勒埃布利斯)、加兹温和伊斯法罕(阿拉纳克[Aranak])附近重要的矿山之中发现了。其他矿藏的利用(有些是铜矿开采的副产品)也开始发展起来,如铅、金、银和石料。许多早期居民点与开采这些资源有关。其中最有影响的是今锡斯坦省的沙赫尔索赫塔,一队意大利考古学家已经对它进行了彻底的研究。它大概建立于公元前 4000 年左右,公元前 3200 —前 1800 年之间是它的繁荣时期。它正好位于赫尔曼德河与哈蒙湖附近,拥有充足的水资源、鱼类和猎物。这就有可能为这个居民点的居民提供丰富的、各种各样的食物。这样人们才有可能从事地区性的陶器、贝壳、绿松石和天青石的贸易。它在最鼎盛时期面积超过 100 公顷,人口最少有 8 000 人,是当时伊朗东部最大的居民点。它的社会经济组织形式——它的基本单位是一个较大的、都市化的中心,由周边环绕的许多村庄供养——代表了这是整个地区持续存在的一种模式。

在伊朗,商品交换的增长促使多种地区文化形成。伊朗东部的情况可以沙赫尔索赫塔为例。其文化大体已经湮没无闻,只能从陶器的式样和挖掘出的几处遗址知道个大概。然而在伊朗西部,某些地区与美索不达米亚更复杂的社会发生了交往,最终被它们的文献所提到。他们包括库提人、卢卢比人、乌拉尔图人、喀西特人和马纳人(他们制造的豪华金器已经在济维叶村附近被发现了)。无论是在东方或西方,这些民族没有一个完成了革命性的转变,过渡到有文字、完全都市化和具有国家结构的社会,而这些早已经在苏美尔地区或印度河流域出现了。在青铜时代的伊朗各地,这种发展形式仅限于胡齐斯坦一个地区和埃兰人一个民族。他们创造了可以称为是伊朗最早的、真正的文明。

埃兰人

胡齐斯坦是波斯湾头卡伦河与卡尔黑河冲积平原现代的名字①。这块土地虽然是令人难以忍受的酷热和潮湿,但对农业生产而言却非常肥沃。因此,它对于人类定居生活非常有吸引力。它非常接近扎格罗斯山麓地区,这使它很容易获得木材、石料、金属和牲畜等资源。在地理、文化上,胡齐斯坦可以被认为是巨大的美索不达米亚沉积平原和美索不达米亚文化的延伸。但是在经济和政治上,它不可避免是和伊朗高原联系在一起的。它不久就成了像苏萨、乔迦米什这类大城市的发源地。充满创业精神的居民则将胡齐斯坦变成了美索不达米亚和高原地区之间最重要的商业枢纽和古代世界的面包篮子。

统治这个地区的民族是埃兰人。就现在已知的情况而言,他们是伊朗高原南部的土著居民。他们很早就掌握了文字,许多埃兰文字的实物已经被发现(但埃兰文字最早的形式、原始埃兰文字仍然没有释读成功)。像同时期埃兰人的邻居苏美尔人的语言一样,埃兰语是一种奇特的语言,它和其他任何语系的联系都难以搞清。

青铜时代早期,埃兰人已经创造出了一种有活力的地区文明,并且将其影响传播到伊朗高原的许多地区。安尚是埃兰势力最早的中心,并且一直是最重要的城市之一,现在可以较明确地肯定它就位于法尔斯省中部的马里扬土丘。而且,公元前 3100 年原始埃兰文字存在的证据不仅在安尚,也在扎格罗斯山脉中部的锡亚尔克、戈丁土丘,在伊朗东北部的希萨尔,在沙赫尔索赫塔和叶海亚(靠近伊朗东南部克尔曼地区),都已经被发现。这些证据可以清楚地描绘出在原始埃兰文化的支持之下,一个庞大的地区性贸易网络发展的过程。这种支持,无疑有助于诸如沙赫尔索赫塔的天青石和叶海亚矿山的铜矿等物资运往美索不达米亚地区,甚至还可能运往印度河流域。

公元前 2700 年,埃兰成了一个完全独立的王国。从此之后,在阿

①　古代称为"埃兰"。——译者注

卡德、巴比伦的文献之中就开始经常提到埃兰,提到与这些帝国争夺胡齐斯坦平原、苏萨城和掠夺伊朗高原经济资源的控制权的埃兰统治者。但是,我们并不清楚古埃兰时期(前 2400 —前 1600)三个王朝的历史,只知道各位统治者的名字和其文化日益处于美索不达米亚闪族文化的影响之下。紧接着这个时期的是中埃兰时期(前 1500 —前 1100)富有生命力的埃兰文化的复兴。这个时期,埃兰在乔迦尊比尔建立了一个重要的宗教中心。公元前 1175 年,埃兰王国的实力达到了顶峰。当时有一位国王洗劫了巴比伦城,将许多珍宝(包括刻有汉穆拉比法典的著名石柱)掠回了苏萨。此后,它开始逐渐衰落。公元前 636 年,亚述王亚述巴尼拔彻底击败埃兰人,占领了苏萨。不过由于一个新的民族、从北方和东方来的伊朗民族来到这里,埃兰人这时其实早已经失去了重要的地位。

因此,从地理学的角度来说,埃兰人可以被认为是第一个"伊朗"帝国的奠基人。他们的发展过程,以及重视长途贸易、重视美索不达米亚与伊朗高原间更复杂的共生关系,都体现了伊朗历史之中许多持久不变的重要因素。而且,埃兰文化对于其继承者波斯文化的形成也可能产生过重要的影响。不过,这种影响很难研究清楚,而且目前尚未被充分理解。

伊朗人的到来

大约在公元前 3 千纪末期,印欧语系居民已经分成了几支,一部分进入西欧,另一部分进入巴尔干、中亚、南亚和西南亚地区。希腊人、安纳托利亚人(如赫梯人)、吐火罗人、印度-伊朗人等组成了东方印欧语系居民的主体。这些印度-伊朗人即使不是全体,那也大部分人都把自己称为雅利安人,并且有许多共同的文化特点。这些特点清楚地反映在他们及其后裔使用的语言之中,以及饲养牛马、冶炼青铜、崇拜某些拟人化的神祇(各种歹瓦神,如密特拉、因陀罗和伐楼拿)、各种仪式习俗(洁净仪式、婚姻禁忌、赞美仪式和饮用各种被称为苏摩或豪麻的神圣饮料)。如果要把印度-伊朗人同某种特定的物质文化工艺品联系在一起,这是完全不可能的。但是,他们文化的重要组成部分与考古学家所说的安德罗诺沃和斯鲁布那亚(或库尔干[Kurgan])文化之中的一个或两个相似,这倒是有可能的。这两种文化的居民占据了从黑海北部草原到帕米尔山脉的辽阔地区。他们的青铜冶炼技术、牲畜饲养技术,以及他们的风俗习惯相当接近我们认为印度-伊朗人所处的发展阶段。

公元前 2000 —前 1500 年之间,由地中海到印度河流域的许多古代文化和文明衰落了。对于这些变化发生的原因,现在尚不清楚,而且争论甚多,但一般认为它不应归之于雅利安人游牧部落征服者的入侵。相反,这些古代社会的衰落创造了一个真空地带,把各种不同的印欧语系居民,其中也包括印度-伊朗人吸引了过来,后来则逐渐地吸收或取代了这些古老的文化。这些印度-伊朗人,现在已知的最早例子是米坦尼人。公元前 14 世纪,他们在叙利亚北部形成了一个小小的精英层,统治着人数众多的非雅利安人土著文化群体。不久之后,印度雅利安人从更大的印度-伊朗人群体之中分离出来,开始进入印度河和恒河平原地区。余下的印度-伊朗人的主体大概分布在本都-里海草原、乌浒河和锡尔河之间,直到帕米尔的中亚地区。最后,这部分印度-伊朗人在西方作为游牧部落的阿兰人、西徐亚人、萨尔马特人,在东方则作为塞人、马萨格泰人,在中亚作为定居的、都市化的花剌子模人和粟特人,进入了历史的记载之中。

在这种背景之下,第一批伊朗人也开始出现在伊朗高原。尽管这个过程出现的准确时间和方式还是一个具有重大争议的问题。至少,在他们使用的语言方面,这些古代的伊朗人可以分为两个主要的群体:一个是说或最后使用古波斯语的集团,另一个是说或者使用阿维斯陀语的集团。这两个语言集团看来好像也与两个不同的地区有关,即中央高原的西部和东部。由于周边文化的古代文献留有相关记载以及考古遗址的发掘,有关西伊朗人的历史已经非常清楚,他们最后创造了米底和波斯(阿契美尼德)帝国。但是,东伊朗人的历史却非常模糊不清。虽然两个群体确实拥有共同的雅利安遗产,彼此可能有密切的相互影

28

响,或者有某种方式的联系。但是他们的文化和历史发展过程在许多方面是很不相同的。

阿维斯陀民族

《阿维斯陀》是对组成琐罗亚斯德教宗教圣典的许多书籍的统称。它包括赞美诗、祈祷词、驱魔咒语、法律和其他资料。有些文献,特别是先知琐罗亚斯德的赞美诗《加太》使用的是"古阿维斯陀语"方言。其他组成《小阿维斯陀》的补遗性和解释性文献使用的则是一种不同的、晚近的方言。阿维斯陀的许多组成部分最初是以口头的方式传播,尽管它在若干个世纪之中一直没有用文字记载下来,但它们原有的形式大多保存完好,并且对了解那个最早创作它们的民族的文化而言,它们仍然是非常珍贵的指南。

除了雅利安人这个名称外,人们不知道这些伊朗人还如何称呼自己。因此,把他们简单地称为"阿维斯陀民族"最为恰当不过。根据阿维斯陀的传说,雅利安人大体上居住在一片被称为雅利欧－沙雅纳(意为"雅利安人居住之地")的辽阔地区。"那里有众多的高山、水草肥美、六畜兴旺;那里有一个深深的咸水湖;那里有许多宽阔、奔腾的河流汇合在一起,朝着伊什卡塔(Ishkata)、普鲁塔(Pouruta)、穆鲁(Mouru)、哈罗尤(Haroyu)、加瓦苏格塔(Gava-Sughdha)和赫瓦里子模(Hvairizem)奔腾而去"(*Mehr Yasht*,14)。这段描述与乌浒河和锡尔河之间的地区,以及从咸海到赫尔曼德河盆地和旁遮普的地形相符。但是,阿维斯陀民族真正的故乡,看来似乎是雅利安恩·韦加(意为"雅利安人的故乡")。典籍中,这里既是传奇的地方——所有被造之地之中最美好、最值得人们向往的地方,世界的中心,哈拉圣山所在之地,第一个人和第一位国王出生之地——又是真实的王国,先知琐罗亚斯德和庇护先知的统治者居住之地。这个地方被描绘成高山与严寒之地,一条"教法"之河流过这里,汇入咸海之中。这些含糊不清的地理特征可以出现在任何一个地方。但是,在帕米尔山脉或者是花剌子模和锡斯坦附近的某些地方,从地理特征上看来最符合。不过,阿塞拜疆也被认为是阿维斯陀民族可能的故乡。

29 　　在许多方面,阿维斯陀民族的社会是简单的。但是,在从"古阿维斯陀时期"过渡到"小阿维斯陀时期"的时候,社会发生了重要的变化。在古阿维斯陀时期,没有迹象表明城市生活、贸易或者商业具有任何重要地位。经济主要建立在畜牧业的基础之上;居民就是牧民,牲畜就是经济交换的基本单位,母牛被尊为神圣之物。在小阿维斯陀时期,有限的农业活动已经出现,发展农业生产被视为是最虔诚的行为。一些村庄或农业定居点已经建立。在比较平静的古阿维斯陀时期,社会组织以家庭、氏族为基础,阶级可能还没有出现;在比较动荡的、尚武的小阿维斯陀时期,出现了三个阶级:牧人、祭司和武士。在这两个时期,父权家庭生活的建立都是最重要的事情;婚姻和养育子女特别是儿子,受到大力鼓励。

　　生活在艰难困苦和危险环境之中的阿维斯陀民族,早已经显现出与后来伊朗文化发达时期极其相似的感觉,觉得自己身处被魔鬼又被人类敌对势力包围。在小阿维斯陀时期,这种人类的"敌人"被活灵活现地描绘成游牧部落的入侵者。他们乘着"飞奔的马匹"来抢劫、杀害或偷盗牲畜。重要的是,阿维斯陀民族的许多风俗习惯,似乎在有意倾向于强调把自身与非雅利安人、甚至是其他雅利安人相区别(比如他们崇拜狗、颂扬血亲之间的乱伦婚姻,这两者都与印度雅利安人等其他本来相近文化的风俗习惯截然不同)。

琐罗亚斯德与阿维斯陀宗教

　　阿维斯陀民族在文化上最重要的贡献就是他们的宗教思想。这要归功于他们出了一位伟大的先知琐罗亚斯德(或称 Zarathushtra,即查拉图斯特拉,源于一个意为"拥有骆驼的人"的词)。口传的传记资料认为,琐罗亚斯德出生于一个名叫拉加的地方,这个地方被认为就是拉伊(现代德黑兰附近的一个地方)。由于他的人民仇视他的宗教理论,后来他离开了故乡到处流浪。在他 40 岁那年,卡维(即国王)维什塔斯帕接受了他的宗教。琐罗亚斯德后来一直居住在维什塔斯帕的国家,直到去世,享年 77 岁。

维什塔斯帕的皈依,被认为比亚历山大大帝征服伊朗早 258 年。于是有人据此解释说,琐罗亚斯德生活在公元前 628 —前 551 年之际。维什塔斯帕碰巧又是著名波斯国王大流士一世(下文将要讨论)之父的名字,而时间也与这个时期相符。所有这一切使许多学者深信,琐罗亚斯德应该活跃在波斯帝国崛起之前不久的伊朗西北部地区。甚至连研究古代伊朗的大权威 A. T. 奥姆斯特德也大胆地推测,琐罗亚斯德和年轻的大流士必定在维什塔斯帕的宫廷之中有过交谈。但是,现代的研究已经对这些年代和地理位置提出了相当多的疑问。传说中的年代是建立在宇宙学而不是历史学基础之上,没有同时代的记载可以证实其真伪。《加太》与《吠陀》的语言和韵律体系相似,《阿维斯陀》所描绘的简单社会,许多大城市和历史上的统治者或者是皇帝都没有被提到,这一切都使人猜想它应该指向另一个不同的时代。地理描述似乎也更符合锡斯坦、赫尔曼德河和哈蒙湖盆地一带的特征,而不是伊朗西北部地区。总而言之,与之前的推测不太一样,琐罗亚斯德和阿维斯陀民族似乎更可能兴起于更早些时候的伊朗东部地区(公元前 1500 —前 900 年的某个地方)。

古代伊朗人最初信仰许多的男女诸神,他们代表着大自然的力量(风、雨、水和植物等等),或者天体,如日、月、行星和引人注目的星座,如天狼星或昴星团。有些神祇被称为阿胡拉,另外一些被称为歹瓦。祭祀这些神祇的仪式大概是社群自行组织举行的,不需要神庙和祭司。但是后来出现了由官吏主持的祭祀礼仪。这些官吏称为卡拉潘和尤西奇(usijis),他们更像是巫师而不是祭司。琐罗亚斯德虽曾经形容自己是古老宗教的一名唱诗祭司,但他强烈地反对这种形式的宗教信仰,并奠定了一个不同寻常的宗教体系的基础。新的宗教强调只崇拜一位最高的、超越一切的、但仍然是拟人化的神,以及坚定的伦理道德行为;赞美生命和宇宙一切善物。

《加太》透露出琐罗亚斯德曾经被当时的暴力、歹瓦的观念和卡拉潘的祭祀习俗所困扰。"歹瓦是否实行过善的统治?我请那些人看看卡拉潘和尤西奇如何为了歹瓦的利益而虐待牲畜,卡维(小王公)如何一直使牲畜遭受痛苦,不关心以正义使牧场繁荣兴旺"(*Yasna*,44、20)。它在一个层面上反映了被杀死牲畜的痛苦,侵略者对牲畜的掠夺和农业生产遭到的破坏,这些都使琐罗亚斯德感到困惑,由此引起的精神危机使他不得不寻求最深邃的、宗教和哲学意义上的答案。"主啊,这就是我向你提出的问题,请向我说真话:谁是造物主、正义的原父;谁决定星辰的运动路线? 谁使月亮时盈时亏? 所有这一切,还有更多的问题,我都想知道"(*Yasna*,44.3)。

由于他的宗教幻觉和顿悟,琐罗亚斯德感觉到有一位神在和他讲话,而他自己也和这位神说了话,并且代表着这位神的利益。他用各种不同的名字来称呼这位神,如阿胡拉、马兹达,或者将两者合在一起(阿胡拉·马兹达或马兹达·阿胡拉),即"智慧之神"。他是光明、大地和百善的创造者。在《加太》热情洋溢的诗歌之中,他坦率而真诚地向神倾诉。他向神抱怨自己所受的苦难和贫穷。"我将逃往何处,逃到哪里去? 他们将我与贵族、我的同伴隔离开来,人民不欢迎我……这个国家虚伪的统治者也不欢迎。马兹达·阿胡拉,我怎样才能蒙你的喜悦? 啊,马兹达,我知道原因了。我没有(获得)任何成功,我只有少数几匹马(原因就在于此)。因此,我只有少数几个人。我向你祈求,请你看看这些。啊,阿胡拉,请给予我支持,给予我朋友对朋友的支持。请通过正义告诉我,善思的正果是什么"(*Yasna*,46.1—2)。

在琐罗亚斯德的宇宙论中,阿胡拉·马兹达是一位伟大的造物主神、一位集光明、真理和正义于化身的神。他创造了牲畜、水、各种各样的植物、星辰、大地和一切的善;他创造了正义(*asha*)。但是,还有另一位"原神"、一个"双胞胎",后来被称为安格拉·曼纽[Angra Mainyu,英文中又叫做 Ahriman(阿里曼)]。他是阿胡拉·马兹达不共戴天的仇敌,"谎言"(druj)、黑暗和邪恶的化身。在混沌之初,这一对双胞胎就创造了"生命和非生命",其中一个"追随谎言"选择了行恶,创造了"各种邪恶之物"。另一位是"圣灵",选择了"正义"。

因此,各种被造之物,特别是人类,不得不在善思、正义或者恶念、谎言之间作出同样自由的选择。歹瓦"选择了邪恶,因为他们在协商的时候痴迷袭击了他们,因此他们选择了恶念;然后,他们集中在一起,横冲直撞、无恶不作。他们可能会使整个人类社会软弱无力"(*Yasna*,30.6)。因此,他们像魔鬼一样遭到诅咒和摒弃。同样,那些"歹瓦喜欢的人"、卡拉潘和邪恶的卡维,也选择了谬误:因为他们"不遵守农牧业的规定和惯例";他们"高声欢呼着夺去公牛的生命";他们"为了毁灭生命,训练人类行可恶之事"。但是,马兹达的信徒为维护正义和反对谎言而斗争。他们尊重各种神圣之物,大地、水和火(这是阿胡拉·马兹达的象征);赞美其光辉使阿胡拉·马兹达感到愉悦的太阳;从事正当的农牧业;发展农业生产,摒弃偷盗和不必要地伤害牲畜,或者是洗劫居民点;通过节日庆典活动来赞美阿胡拉·马兹达的恩赐。

最后,琐罗亚斯德也有深奥的赎罪和救世主的观念。他保证说,凡信奉马兹达教者必将获得"救世主"之助,最终将使"谎言的追随者受到长期的惩罚,使正义的追随者得到恩典"。从某种意义上来说,这可能是马兹达教徒的敌人被打败,恩赐给他们牲畜和物质的繁荣兴旺的原因。而且,它还具有一种宇宙学上的重要意义,即因为信仰,善在与恶的斗争中取得了最后的、必然的胜利。这时,双方的信徒都将得到自己应当得到的报偿。"这时,谎言的追随者将真正地失去快乐;但是,在善思、马兹达和正义美丽的国度,那些获得美名的人将分享应许的奖赏"(*Yasna* 30.10)。因此,邪恶必将受到惩罚,或永远被消灭;而"义人……此后将生活在正义和善思的牧场",阿胡拉·马兹达将"赐予他们的肉体绵长的生命和使他们坚不可摧",使他们可以"获得胜过其他人的奖赏"。

琐罗亚斯德教显然是在一种更古老的宗教的背景之中发展起来的。它企图对这种宗教进行彻底的改造。而且,它在一个更大的宗教体系背景之中持续不断地得到了发展。在这个体系之中,琐罗亚斯德教只不过是其中的一部分。琐罗亚斯德的思想并未得到严格的遵循,最突出的是其绝对拒绝歹瓦,强调只崇拜阿胡拉·马兹达的信条被加以改造,以便容纳对其他神祇的崇拜:斯拉奥沙(Sraosha)"皈依、忠诚"之神、水神阿尔德维·苏里·阿娜希塔、太阳神和战神密特拉、阿胡拉的"众多妻子"及其拟人化的象征(六位至善天神)、英雄和统治者的灵魂弗拉法希灵。虽则如此,琐罗亚斯德提出的那些极有涵括能力的概念:阿胡拉、善与恶在宇宙间的斗争、人们选择自己行动的自由意志和能力,义人面对逆境仍坚定不变的最后奖赏,对于伊朗的宗教和文化,以及与其有过接触的其他文化,产生了一种强大而持久的影响。对于其信徒而言,正如当他们系上标志着自己已经成为琐罗亚斯德教教徒的圣腰带时唱诵的问答曲所肯定的那样,这个宗教是"所有现存的和将来的宗教中……最伟大、最优秀和最美丽的宗教"。

史诗传说

除了宗教思想之外,阿维斯陀民族对伊朗文化另一个悠久的传统、即史诗传说方面也作出了不朽的贡献。这些传说都是建立在雅利安人古代神话的基础之上,但也有部分是根据各位国王(我们能确定,其中一位就是与琐罗亚斯德有关系的那位卡维)和勇士的英雄事迹改编而成的。这些故事以循环论的历史观念来安排结构,大概是从创世故事开始,记载了第一个人(伊马,后来又被称为贾姆希德)、第一位国王(胡山)、第一个王朝(皮什达迪扬王朝)和邪恶的篡位者左哈克(又称扎哈克)。这些故事还包括凯扬王朝(Kayanian)诸王的传说。史诗在讲述卡维维什塔斯帕(或称格什塔斯帕)统治时期和伊朗人与其天敌图兰人(大概是伊朗北方的游牧部落,后来被认为是突厥人)的战争时达到高潮。尽管这些史诗传说许多世纪以来一直在发展和变化,直到很晚的时候才汇编成真正的书面形式,但其中《列王记》故事非常丰富、详细、脉络清楚、富有意义,于是曾经被当成了真实的历史记录来接受——以至于在集体记忆之中,它们几乎彻底取代了古代伊朗真实的历史。从这一点来说,要理解伊朗文化,研究它们与研究历史上"真的"发生过什么事情同样都极为重要。

米底人

阿维斯陀民族的历史,显然没有什么使用文字的邻居来记载他们的活动。相比之下,有关西伊朗人,即强大的米底部落、特别是波斯的历史则要清楚得多。大约在公元前 9 世纪,他们出现在比较先进和文字发展完备的美索不达米亚文明的边缘地区。一个仍然在激烈争论的问题是,这些部落到底是由高加索进入扎格罗斯山脉的河谷地带的,还是从东方沿着中央沙漠的边缘来到这里的? 如果我们不考虑他们究竟要怎样经过沙漠地带这样的技术问题的话,后一种可能性似乎更大一些。

无论如何,公元前 900 年的时候,米底人已经在厄尔布尔士山脉南坡和高原盆地西部的边缘地区站稳了脚跟。有一段时间,他们分成几个部落和许多自治的小居民点。在这些居民点之中,有一个名叫努什詹土丘的遗址已经被发掘,并且使我们对他们的生活、文化发展有更多的了解。在米底人之中,有一个重要的群体或等级是麻葛。希罗多德说他们是 6 个部落之中的一个。据说,他们垄断了米底的宗教。但是,他们真实的宗教信仰和仪式还有待讨论。他们显然被认为是法力强大的巫师和祭司。

米底人大概像他们在东方的某些对手一样,在一段时间之中仍然停留在分散的、部落式的、半定居的阶段。但是,其民族统一和国家形成的进程已经在加速,因为他们和正在侵略扩张的亚述帝国发生了直接的冲突。亚述的战争机器、亚述文明特有的基础极其需要马匹和铁器。而伊朗西北部则是这两类物资重要的供给来源。公元前 881 年,亚述人曾经深入这个地区。在随后的 3 个世纪之中,他们为了控制当地而深陷战争之中。伊朗人就成了这些战争首当其冲和经常的目标:例如,公元前 843 年,撒缦以色三世(Shalmaneser Ⅲ)曾经向"27 位帕苏阿什国王"索取贡赋;公元前 820 年,米底人惨败;自公元前 809 —前 788 年,塞米拉米斯女王(Queen Semiramis)和阿达德内拉里三世(Adadnerari Ⅲ)大败米底人,占领米底大片领土,并且在米底人之中留下了一种长期的、几乎是传奇式的对亚述暴政的恐惧心理。

终于,像这个地区其他许多小文化一样,米底人认识到只有联合一致,才能抵抗亚述的侵略。他们组成了许多反亚述同盟,使自己更加统一,最后在反抗斗争之中起了领导作用。根据希罗多德多少有点儿虚构的传闻,曾经有一个聪明而又野心勃勃的叫迪奥塞斯(Deioces)的人,以司法公正而出名,他说服米底人接受他为国王,围绕着君主制度建立了礼制,并修建了坚固的都城(埃克巴坦那,今哈马丹)。他统治了53 年(约前 727 —前 675)之久,在位期间统一了米底人,抵抗了亚述的侵略。迪奥塞斯几乎可以确定就是亚述文献提到的酋长戴奥库(Daiaukku),他与乌拉尔图人一起反抗萨尔贡二世,被流放到叙利亚。虽然他最后被打败了,但是他证明了亚述人是脆弱的。后来,又爆发了米底人的总起义。大约在公元前 674 年的时候,一位名叫克沙特里塔(希罗多德误称其为迪奥塞斯之子弗拉欧尔特斯[Phraortes])的统治者依靠西徐亚游牧部落的帮助,打败了几支亚述的军队。但是,他在进攻一个亚述要塞(大概是尼尼微本身[Ninevh])的时候阵亡了。国王乌瓦克沙特拉(希罗多德称其为基亚克萨雷斯[Cyaxares])在位时期,米底势力臻于极盛。他在公元前 625 年掌权,打败了占领米底的西徐亚人,因而恢复了米底的独立。据希罗多德所说,基亚克萨雷斯对米底军队进行了全面的改革,废除了部落的军事组织,以各种功能兵种取而代之(骑兵、弓箭兵和步兵),并且采用了从亚述人和西徐亚人那里学来的组织方式和战术。他还使其他的伊朗人、特别是波斯人加入了他的联盟,与亚述在美索不达米亚最强大的对手巴比伦缔结了盟约。他的全部努力(前 614 —前 609),终于以彻底打败亚述,与盟友巴比伦瓜分亚述的领土宣告完成。基亚克萨雷斯开始缔造自己的帝国,企图向安纳托利亚扩张。他和吕底亚的战争是古代世界最著名的战争之一。这场战争在双方都受到日食的惊吓之后(正是这次日食使我们可以精确地确定这场战争发生在公元前 585 年 5 月 28 日),以一纸和婚协议而告终。即使如此,这场战争也消灭了乌拉尔图王国。米底人占领乌拉尔图之后,巴比伦人开始想方设法保护自己免遭昔日盟友的统治。基亚克萨雷斯可能还向东方大大地扩张了米底的势力。他在与吕底亚人签订和约之后不久就去世了,其子阿斯提亚格斯(前 584 —前 549)继位。

　　阿斯提亚格斯在位初年的情况不明。这些年头可能是在越过阿拉斯河(Araxes)进攻亚美尼亚和格鲁吉亚的多次战争之中度过的。这些年头也有可能受到了国王、麻葛祭司和农民联合起来反抗贵族大家族的内部纷争的困扰。无论如何,有许多证据表明,阿斯提亚格斯并不是一位深孚众望的统治者。贵族集团对他的不满,造成了他的失败和波斯人的崛起。

波斯帝国

公元前 700 年的时候,波斯人已经定居在扎格罗斯山脉南部的法尔斯(亚述语称此地为帕苏阿什,希腊语为波斯)。他们大概由半传奇式的英雄创始人阿契美尼斯领导,聚居在今设拉子以北、科尔河与波尔瓦河之间的马尔乌达什特大平原上。他们必定把这个地区视为自己的故乡。后来,他们又在这里留下了许多最伟大的、具有永久意义的杰作。根据希罗多德所说,他们分成了许多部落,有些是游牧的牧民,其他是定居的农民。公元前 670 年,波斯人与埃兰人结盟,共同反对强大的亚述国王辛那克里布。波斯王泰斯佩斯在位时期(前 675 —前 640),被迫承认米底王克沙特里塔的统治权。在米底人被西徐亚人打败之后,波斯人得以恢复自治,并且取得了一个在其历史发展过程之中关键性的重大成就——征服了古埃兰的都城安尚。这个地区的统治权可能分配给了泰斯佩斯的两个儿子——阿里亚拉姆尼斯和居鲁士一世,后者成了安尚的"王"。如前所述,居鲁士一世对这个地区的统治权在公元前 640 年左右的亚述历史文献之中得到了明确的证实。他承认亚述的宗主权,并将其子阿鲁库作为质子送往亚述巴尼拔的宫廷之中。还有一份据称是以阿里亚拉姆尼斯的名义写成的铭文,尽管这份文献的真实性已经引起怀疑。他在铭文之中吹嘘自己兼并了这些地区:"这就是我拥有的波斯人的国家,出产良马和优秀士兵的国家。伟大的神阿胡拉·马兹达赐予我的国家,我是这个国家的国王。"

过了一段时间之后,波斯成了米底王国的附属国,虽然是重要的附属国。加强双方关系的必要性,大概可以解释为什么另一位安尚王、居鲁士之子冈比西斯一世(前 600 —前 559)迎娶了米底国王阿斯提亚格斯之女曼戴恩的原因。曼戴恩生了一个儿子,后来被称为居鲁士二世,也就是大名鼎鼎的居鲁士大帝。他不但成了整个伊朗历史上最著名的人物之一,而且是世界历史上最杰出的人物之一。

有许多故事说到居鲁士的童年时代。所有这些故事都打上了传奇或炒作的印记,或二者兼而有之。例如,有一则传闻大概是出自厌恶居鲁士、仇恨波斯统治的米底人之口。这则传闻声称居鲁士根本没有皇室血统,而是部落恶棍和女羊倌(这个女人做了一个梦,预兆其子将成为帝国的奠基者)所生之子。他是阿斯提亚格斯的持杯者,国王委任他镇压一场革命,结果居鲁士却自己起兵叛乱,篡夺了王位。另一方面,希罗多德说,阿斯提亚格斯因为梦见其外孙居鲁士将要夺取他的王位而大为惊恐,因而下令其管家哈尔帕戈斯(Harpagus)杀死这个男孩。然而,哈尔帕戈斯却把这个男孩给了一位牧人,牧人用自己死去的男婴代替这个男孩。10 年之后,在一场游戏之中,由于居鲁士装扮一群男孩的"国王",阿斯提亚格斯认出了他的外孙。麻葛使他相信这个无害的游戏就是梦中的预兆。阿斯提亚格斯把居鲁士送回了安尚其父母之处,但是他惩罚了哈尔帕戈斯,阴险地杀死了其尚年少的儿子,把他的肉做成菜肴给参加宴会的哈尔帕戈斯吃了。一心想要报仇的哈尔帕戈斯鼓动居鲁士起来反抗阿斯提亚格斯,并且劝说其他对阿斯提亚格斯不满的米底贵族支持居鲁士。对于未来大事象征性的梦、被抛弃的婴儿、仆人成为统治者,所有这些带有典型民间传说的经典情节,从阿卡德国王萨尔贡二世时期起,就被编织进了中东许多伟大君主的故事之中。尽管它们只能作为故事对待,但却说明当时的人觉得居鲁士大帝非常神奇。

公元前 559 或 558 年,居鲁士成了安尚王。同时,随着亚述帝国的灭亡,巴比伦人开始对其昔日的盟友米底人的势力感到担忧,并且把居鲁士作为制衡米底人的势力加以扶持。根据希罗多德的推测,某些对阿斯提亚格斯不满的米底贵族有可能已经与居鲁士进行合作了。居鲁士真正起义反抗阿斯提亚格斯大概是在公元前 550 年左右。阿斯提亚格斯派出一支军队前去镇压居鲁士,占领安尚;但是,这支米底大军被打败了(有证据表明,阿斯提亚格斯军队的主力倒戈投奔了居鲁士)。居鲁士俘获了阿斯提亚格斯,占领了埃克巴坦那,将其金银财宝掠回安尚。就这样,他把米底王国和波斯王国合并在了一起,并且使用了米底的尊号"伟大的王、众王之王、各国之王"。此后,他对米底人很好,并设法巩固米底人和波斯人的团结。不过,其统治的合法性最重要的来源不是建立在与米底王室母系亲属关系的基础之上,而是建立在自己出身于半传奇式的波斯英雄阿契美尼斯和安尚诸王的基础之上。根据他的铭文,他自称为"居鲁士王、阿契美尼德族人"和"伟大的王、安尚王冈比西斯之子、伟大的王、安尚王居鲁士之孙"。这里有必要指出,出身王室,在伊朗王权观念之中一直是决定性的因素。这可能就是习惯性的尊号"众王之王"的真意(而不是通常所以为的一位国王统治其他国王的意思)。

居鲁士从其在伊朗西部的大本营出发,开始了建立一个辉煌的、前所未有的帝国的进程。他首先将注意力集中在东部地区,维护自己对帕提亚和希尔卡尼亚伊朗人的统治权(约前594)。但是,他遇到的第一个严峻挑战来自西部。吕底亚国王克罗伊斯借米底王国崩溃之机(同时由于大大误解了德尔斐神谕的指示),侵入了安纳托利亚中部的卡帕多西亚。在经历了一场大战之后,克罗伊斯撤回自己的都城萨迪斯,请求那些因为波斯的崛起而受到威胁的国家如埃及、巴比伦和希腊的斯巴达人援助。可能是在公元前547年,居鲁士迅速包围并且攻占了萨迪斯。有些传说声称克罗伊斯被处死了(或者是自杀了)。另外一些传说声称居鲁士对他产生了怜悯之心,饶恕了他的性命,而且对他宽宏大量。作为吕底亚新的主人,居鲁士继承了吕底亚对希腊城邦爱奥尼亚(Ionia)和安纳托利亚东部其余领土的宗主权。一座大城市米利都接受了波斯人的统治;其余城市在居鲁士的将领们的威慑下被迫屈服。

居鲁士大概在伊朗东部和中亚地区经历了几场漫无目的的战争之后,已经准备好利用巴比伦的政治混乱为自己的帝国增添又一个富裕地区。巴比伦当时的统治者那波尼德(或称那布耐德[Nabu-naid])是

38

一位极不得人心的统治者,特别不受巴比伦马尔都克神势力强大的祭司集团的欢迎。公元前539年,当居鲁士大军逼近的消息传来,一场革命爆发了,那波尼德被迫逃走。根据希罗多德所说,巴比伦人仍然在抵抗居鲁士,并且已经做好了抵御长期围攻的准备。但是,居鲁士使幼发拉底河改道,使其士兵得以穿过河床进入城市而不被人们发现。当时,人们正在忙于庆祝宗教节日,因此他得以占领了该城。但是,在以其名义发布的公文之中,居鲁士(或为他书写公文的巴比伦祭司集团)坚持认为,他的军队是和平进入巴比伦城的。而且,他受到了巴比伦居民的欢迎。相反,那波尼德的垮台,则应用巴比伦的百姓以及他自己造成的恶果和马尔都克神对他的愤怒来解释。

就像居鲁士征服吕底亚使他统治了前吕底亚的附属国一样,他同样获得了巴比伦帝国辽阔的领土和通往地中海与埃及的所有道路。巴比伦习惯于以禁止附属国的宗教活动,毁灭各地的神庙或将附属国的宗教圣物掠走的方式来强调他们附属于巴比伦马尔都克神,显示自己对这些地区的统治权。居鲁士强调自己统治权的方式正好相反。他把各地神祇送回他们自己的"家",允许自由地举行祭祀仪式。他在位时期有许多例子,但最有名的例子是他把被掳往巴比伦的犹太人遣返回乡,并且允许重建耶路撒冷圣殿。为此,先知以赛亚赞美他,称其为"神所选定的人"。居鲁士在位最后10年的情况不大清楚。这些年很可能是在加强和统治其庞大的帝国,建筑宫殿和其他重要的建筑物,特别是波斯部落居住地帕萨尔迦德的宫殿。大约在公元前530年、居鲁士70岁的时候,他在乌浒河与游牧部落马萨格泰人作战的时候阵亡,安葬于帕萨尔迦德一座简朴而又令人敬畏的陵墓之中。

39

居鲁士的人格和业绩一直令古往今来的作家着迷。其中许多人(通常是君主政体的支持者、或独裁统治及其政体的辩护士)把他吹捧为理想统治者最杰出的典范。最近的学术界同样在强调(更确切地说是罔顾年代局限和充满偏见地)他对不同文化的"宽容态度"和他对"人权"的关心。实际上,有关居鲁士美德和公正的每一个故事,通常都有一个正好相反的、没那么动听的故事。要把居鲁士描绘成伊朗典型

"坏"国王的形象,也是一件很容易的事情:一位不惜与自己的外祖父作战的机会主义冒险家;一位以暴力篡夺王国,占领他国领土,屠杀已经战败的敌国的男人,却被后宫两个女人所摆布,把自己的王国丢给不配得到王国的儿子。而且他的统治是如此地松散,以至于在他死后不久,整个帝国就突然爆发了革命。最后,很少有人知道居鲁士到底是如何获得和统治他的帝国的,更不用说知道他的意图和想法。因此,这就为各种各样不同的解释打开了方便之门。他赐予的恩惠,可能是用来维护政治稳定,而不是出于任何哲学上的纯正良善。以赛亚对他的赞美,与其说是针对居鲁士的善行,不如说是犹太人为摆脱巴比伦之囚而抱有的一种泛化的对救世主的期待。居鲁士圆柱(Cyrus cylinder)上的铭文中得体的语言,只是至少自汉穆拉比时代以来祭司们代表两河流域历代统治者所表达观念的刻板重复。它们反映的与其说是居鲁士深孚众望,不如说是居鲁士对巴比伦古代历史的敬畏程度,以及他对一种他自认为显然高于自己本族文化准则的尊重。总之,居鲁士首先是一位征服者,他从一位相对而言默默无闻的人崛起为一个规模空前的大帝国的主人,使同时代的人感到震惊,并且唤醒了他们的想象力。其次,他拥有令人忌妒的才能,能够在不树敌过多的情况下完成这一切,并最终在身后留下了一个相当完美的历史名声。

居鲁士去世之后的重大事件,组成了一部最扑朔迷离的侦探小说。简而言之,居鲁士与其宠妃卡桑达恩所生之子冈比西斯二世(前 530 —前 522 年在位)继承了王位。冈比西斯似乎曾短期担任巴比伦的统治者,干得好像不怎么样。在成为国王之后的几年,冈比西斯进攻并占领了埃及(前 525)。据说他在那里再次因为自己残暴和令人不耻的行为而受人诟病,被轻蔑地称为疯子。但是,有一些对他的指控现在已经可以肯定是伪造的(例如,埃及阿匹斯神牛的碑文表明,我们没有任何根据相信希罗多德关于冈比西斯曾经嘲笑和侮辱神牛祭祀仪式的故事)。无论如何,他长期待在埃及,确实为后方波斯叛乱的种子提供了生长的大好时机。公元前 522 年前后,冈比西斯离开埃及去处理动乱或对其统治的威胁并死于途中,死因不详,是意外事件、自杀或者更糟糕的情

40

况,就看你更愿意相信哪个版本的故事了。

冈比西斯死后波斯帝国所发生的动乱,有两种令人惊奇的、但常常互相矛盾的、同样都是不可靠的相关资料:即希罗多德有趣的报道和贝希斯敦纪功(*res gestae*)铭文。该铭文是大流士王终于控制了局势之后,下令刻在高出地面 60 米处的陡峭悬崖之上的碑铭。大约在冈比西斯离开埃及的时候,有人声称是冈比西斯的亲兄弟巴尔迪亚[希罗多德称其为斯美尔迪斯(Smerdis)],要求继承王位。不过,据说冈比西斯可能已经谋害了真正的巴尔迪亚,但一直秘而不宣。冒名顶替者是一位麻葛,名叫高墨达。他知道巴尔迪亚被杀的秘密,而且正好与其外貌极为相似,甚至连这位王子的母亲和姐妹都被蒙骗过了。在与其他叛乱者联合之后,他成了波斯和米底的国王。根据希罗多德所说,冈比西斯去世之后,一个由 7 名波斯贵族组成的阴谋小集团开始怀疑巴尔迪亚的真伪,并合力搞清了他的真实身份,最后杀死了他,使他们自己之中的一个,即大流士成了新国王。接着他们在全国范围之内开始对麻葛进行大屠杀。希罗多德声称,大多数臣民对巴尔迪亚的去世感到悲伤,只有波斯人有理由庆祝他的垮台。另一方面,大流士在其铭文之中声称,各地的人民都害怕高墨达,即伪巴尔迪亚,只有他一个人敢于起来挑战他,并且靠阿胡拉·马兹达和"几个人"的帮助(他列举了这些人的名字)杀死了他,从他手中夺回了王国。然后,大流士恢复了秩序,推倒了高墨达建立的圣所①,将其侵占的财产归还给了合法的主人。这些事件的意义不断地引起人们的深思。有人解释说这是波斯人和米底人、琐罗亚斯德教徒和麻葛、或者贵族与平民之间斗争的证据。高墨达怎么可能伪造虚假世系进行欺骗,也许他真的是居鲁士之子巴尔迪亚,而大流士才是真正的篡位者?另一方面,一位掌握了政权,企图改善普通百姓命运的激进祭司的形象,也成了伊朗历史上家喻户晓的人物。最后,无论人们如何浮想联翩,唯一可以确定的是,大流士是所有这些动乱之中最主要的得利者。

---

① 这里可能有误,按照《贝希斯敦铭文》,是修复了被高墨达毁坏的圣所。——译者注

　　大流士的统治超过 30 年(前 522 —前 486)。虽然他取得统治权有些不明不白,但他像居鲁士一样,也被称为"大帝",并且是当之无愧的大帝。除了扩张领土之外,实际上他在任何方面来说都是波斯帝国真正的建筑师。居鲁士征服了一个帝国,但大流士使帝国变得井然有序,完善了制度,使它得以生存下去,这可能是一个更伟大的成就。

　　巴尔迪亚/高墨达死后,大流士仍然不得不克服许多巨大的障碍才能稳定其统治。许多行省的统治者,从东方遥远的巴克特里亚和马尔吉安纳到巴比伦、埃及、埃兰、米底甚至是波斯,都看到了这种不稳定的局面,并企图揭竿而起。大流士作为出色的军人和政治家,把他们全都镇压了。在贝希斯敦铭文中,大流士说他经过 19 次战争,镇压了 11 次革命,打败了每一位造反的国王(开始是 9 位,后来又增补了第 10 位。在浮雕之中,他们被描绘成被捆绑着、谦恭地站在大流士高大的形象之前)。他还指挥了其他的战争,诸如远征北方"尖顶盔"西徐亚游牧部落国王斯昆哈,远征利比亚、色雷斯(Thrace)和印度。这些战争或者是增添了新的领土,或者是巩固了波斯人先前只是不稳定占有地区的主权。

　　因此,大流士统治的帝国,领土一直从利比亚延伸到克里米亚,从中亚一直延伸到波斯湾,从爱琴海一直延伸到印度河,人口据估计约 5 000 万。遍及帝国各地的起义证明,居鲁士通过各地依附的封臣和官吏来统治如此辽阔的领土这种政策是无效的。大流士恢复秩序时还是只能依赖少数的、且显然很排外的波斯人的支持,这表明有必要进行统治制度上的改革。大流士出色地为这个辽阔的帝国建立了一套合适的、与居鲁士和冈比西斯松散的统治大不相同的行政管理体系。大流士把全国分成 20 个行省,除了故乡波斯行省之外(该省直接归国王统治,并且免除了税收),每个行省都必须向中央政府缴纳税收和贡赋,并且服从一名称为总督的官吏管辖。总督通常是波斯人,并且是王室成员,或者大贵族家族的成员。但是,总督必须与行省其他各种官吏、监察官员、即"国王的耳目"一起工作,以确保其治理公正,不至于势力过分膨胀,甚至闹独立。帝国本身并没有都城,因为朝廷是随着国王本人走的。但是,大臣们的官署和国库是固定在一些重要城市的。有 4 个

42

地方特别重要(在一年四季之中的某个季节,每个城市都可能是国王的行宫):它们是苏萨(前埃兰的都城,现在是冬宫)、巴比伦、埃克巴坦那(前米底都城,现在是夏宫)和波斯波利斯(主要是宫廷和春天新年庆典中心)。正如行政机关已经中央集权化和波斯化一样,军队也已经专业化和波斯化。在贝希斯敦铭文中,大流士清楚明白地指出,在他起来争夺政权的时候,所有支持他的人都是波斯人。他大概认为,波斯人是其统治最可靠的权力基础。在不排除使用其他军事组织的同时,他把波斯人作为其专业化军队的核心,组成了一支名为"万人不死军"(Ten Thousand Immortals,即士兵缺编将立刻补充)的精英部队。

大流士也认识到法律、物流运输和经济对帝国福利的重要性。他引以为豪的是,他为整个帝国编撰了一部新的法典,一部"优良的行政法令"。他规范了诸如埃及等行省现存的法典。凡是接受贿赂或道德败坏的法官,都将受到极其严厉的惩罚。公共交通对于安全和商业贸易二者都是重要的。因此,大流士扩展或修整了公路系统,包括著名的"御道"。它从萨迪斯到苏萨绵延2 600公里,沿途设置许多驿站,以便旅行者休息和获得给养。公路保卫和治安情况良好,邮差可以用最快的速度将信息传达到他们的目的地。考虑到这个帝国包括了地中海东部和波斯湾等地,大流士帝国是一个海上和陆上的大国(伊朗历史上罕见的大国)。为了巩固这个国家,大流士下令挖掘一条连接尼罗河与红海的运河。公元前497年,这条运河正式启用。经济上的措施还包括统一度量衡,最重要的是建立了新的货币体系,使用有特定重量的金币和银币。

43　　　君主制度是将波斯帝国黏合在一起的必不可少的重要成分。大流士竭尽全力把自己的统治与伊朗刚刚出现的理论和王家礼仪的要求结合在一起。不论是真的或仅仅是口头上的宣传,他用这种理论强调自己的统治是合法的。这种理论既有伊朗部落的传统(强调血缘和作战勇敢),又有近东帝国的传统(强调神权和执行法律)。第一,在贝希斯敦铭文最开头的部分,大流士宣称自己出自王室血统,但不是出自居鲁士,而是出自据说是居鲁士的祖先阿契美尼斯(该王朝就是得名于此人);因此,大流士不是篡位者,而是这个王族历代诸王世系之中第9代的代表人物。第二,他的统治是靠神的恩赐:"靠阿胡拉·马兹达之佑,我成了国王;阿胡拉·马兹达赐予我这个王国。"第三,他的统治是靠自己英勇无畏的美德:是他首先提出反对麻葛高墨达;是他打退了威胁帝国的革命。最后,他宣称自己毫不留情地反对压迫,主持正义:"我不是谎言的追随者,我不是邪恶之人……我伏义而行,强弱无欺。"王室的血统、神的恩赐、作战勇敢、一心实行正义,这些东西组成了伊朗王权绝对完美典范实实在在的内容。为了强调王权的高贵和神圣,还需有正规的就职仪式,使用各种特殊的头衔、称号和标志;而国王则被"神圣的光辉",即类似于火的光环或各种超凡的能力所笼罩,只有经过精心的例行礼仪之后,才能接近国王。

大流士值得赞扬之处,还在于他维护了一种新的、充满信心的文化认同感。我们能察觉得到,居鲁士依靠巴比伦的官僚机构,在公文之中使用巴比伦历代诸王的称号,冈比西斯竭尽全力模仿埃及法老的做法,这两人多少有点儿敬畏和尊崇被他们征服的古老文化。可大流士不仅使行政机构和军队波斯化了,他还促进了一种独特的波斯文化的出现。他被认为是创造了,或至少是完善了古波斯语的文字系统。这种文字被用来书写重要的礼仪铭文。同时,他清楚地认识到,波斯人是大伊朗世界的一部分(其父曾经是伊朗东部的统治者,大流士本人也曾经在伊朗人居住的广大地区作过战)。在他的大多数铭文之中,在他自己的认同观念之中,他既是波斯人,又是伊朗人。其陵墓铭文称他是"伟大的王、众王之王、各国和各族之王、这辽阔大地之王、希斯塔斯普之子、阿契美尼德族人、波斯人、波斯人之子、雅利安人、雅利安后裔"。

大流士在全国进行的广泛建筑活动,充分反映了其文化观点和兴趣。他在苏萨兴建的宏伟宫殿,证明了其王国的强大、富裕和多样性。在一份叙述宫殿兴建过程的铭文之中,他记载了兴建宫殿的准备工作是多么扎实:宫殿的砖来自巴比伦;雪松来自黎巴嫩;特殊的木料来自印度;黄金来自吕底亚和巴克特里亚;绿松石、天青石和红玉髓来自中亚地区;白银和乌木来自埃及;做圆柱的石料来自埃兰;加工石料的工

44

匠来自各个行省。同时,他也关注着波斯人的故乡波西斯,要在那里修建与这个宏伟的新帝国相匹配的纪念建筑。居鲁士和冈比西斯已经在帕萨尔迦德(该地名据推测出自一个词,意为"波斯人的营房")兴建了许多的公园、花园、宫殿和祭坛。这些建筑的特点是兼容并包;例如,居鲁士陵墓在庄严和和谐之中,又体现了浓厚的吕底亚设计风格。大流士则把主要建筑地从帕萨尔迦德改到了附近的另一个庆典中心——波斯波利斯。在那里,他修建了高大的、城墙环绕的平台,以便建筑包括国库、接见大厅、宴会大厅和内宫的建筑群。有一份铭文概括了大流士对其故乡的自豪感和自信心:"这就是阿胡拉·马兹达赐予我的波斯,这是美丽的、出产名马和优秀战士的地方,在阿胡拉·马兹达和我,大流士王的恩佑下,它不害怕任何敌人。"

有关大流士其后阿契美尼德诸王时期的社会、宗教情况,很难叙述。像波斯帝国这样庞大而又复杂的帝国,显然必定包括许多不同职业的人民——武士、祭司、商人、牧人、农民和工匠等等。但亲属和种族关系是比阶级更为重要的社会结构因素。从各个方面来说,居鲁士继承的并且经过大流士制度化之后的体系,是部落联盟社会,而不是定居国家的典范。在他的铭文之中,大流士认为自己是一个宗族(阿契美尼德族)、一个民族(波斯)和一个国家(雅利安人)的一名个体,一个成员,以及其他民族的最高统治者。这些民族是他根据征服的权利获得的,并且向他缴纳贡赋。在分配军队与行政权力的时候,他优先考虑自己的家人和朋友,然后是波斯人,最后是同源的伊朗人和其他的封臣。在希腊的文献之中,有许多关于波斯国王不接受外国顾问的明智建议却采纳其大臣错误建议的故事。它们可能反映了在左右国王制定政策的时候,这个核心特权集团的重要性。比较亲近的人可以获得国王的亲自接见,获得更高的社会地位;近亲关系并为国王服务,可能获得豁免税收、荣誉的礼物或其他的特权。

在阿契美尼德族裔统治时期,社会之中亲属或血缘关系的重要性,也是理解妇女地位的关键。当然,关于普通妇女的生活情况,人们知道得很少。但是,根据波斯波利斯城堡文书推测,至少有一部分妇女可以

45

外出工作,并且可以获得相应的报酬。文书还指出,波斯的自由民妇女受到鼓励多生孩子,并且可以获得生育特殊津贴(一名男孩的津贴是一名女孩的两倍,这大概是因为军队建设的需要)。希腊的文献中说,统治者和贵族都有后宫或内院,包括几名妻子和许多小老婆(例如,阿尔塔薛西斯二世据说有 360 名妻子)、还有许多女奴隶。据推测,他们大多数人都被严格地禁锢在内院之中。但是,贵族出身的妇女即使并不直接参加公共活动,也可以拥有比较大的势力和影响。婚姻(即娶妻)在赋予政治上的合法性、建立家族同盟和确定继承顺序时具有特别重要的地位。例如,居鲁士大帝得到米底人的支持,就是因为他是米底公主曼戴恩之子;据说他还娶了阿斯提亚格斯的女儿阿米提斯和被居鲁士所杀的一位贵族的遗孀为妻(她严格地说是他的姨妈。这样一个事实没有什么关系,因为与侄女、姐妹、甚至是女儿结婚,都被认为是完全可以接受的,而且是理想的婚姻),以巩固自己在米底的权力。但是,居鲁士最宠爱的是卡桑达恩,她是一位波斯大贵族之妹,为居鲁士生了 4 个子女(包括其继承人冈比西斯)。当她在公元前 538 年去世的时候,居鲁士下令全国为她致哀。阿托萨大概是居鲁士与卡桑达恩之女,她起先嫁给了其兄弟冈比西斯,后来又成为高墨达的妃子,最后嫁给了大流士。她毫无疑问为大流士增添了由居鲁士家族带来的合法性(他还娶了居鲁士另一个女儿阿提斯通)。但是,像阿托萨这样重要的人物绝不仅仅是增添国王权威的摆设,她由于自己的智慧而深受尊重。据说她在制定对希腊人的政策,以及提拔其子薛西斯为大流士继承人的过程之中起了重要的作用。国王的女儿下嫁重要的将领和官吏,以示王恩浩荡这种事情也绝非罕见。还有一些富裕而独身的妇女,她们的离经叛道行为成了人们街谈巷议的焦点。薛西斯之女阿米提斯是公认的美女,特别淫荡和善于玩弄政治阴谋。名声最不好的妇女大概是大流士二世同父异母的姐妹和妻子帕里萨提斯。她想扶持其爱子小居鲁士登上王位,企图虽然失败了,但却对波斯帝国造成了极大的伤害。这些故事之中有些可能是仇视女性和后宫势力左右政府的政治哲学家们编造的,但毫无疑问说明了这个时期的贵族妇女相当有实力。波斯波利斯出土的公文证明,她们可以旅游,拥有财产,管理自己的农庄,从事商业活动,监督雇工,获得国家仓库分配的食物和其他供应品。

波斯宗教之中,特别是在大流士之后,有许多东西类似于琐罗亚斯德和阿维斯陀民族的宗教。有人认为,大流士以牺牲麻葛为代价(他们可能不是伊朗人血统),使琐罗亚斯德教成了一种官方的宗教。其继承人薛西斯清楚明白地声明,他毁灭了祭祀歹瓦的圣所,确立了对阿胡拉·马兹达和正义的崇拜。另一方面,又有证据表明,在阿尔塔薛西斯二世在位(约前405—前359)之前,人们并不尊崇琐罗亚斯德。阿契美尼德时期的许多宗教仪式是不符合琐罗亚斯德教教义的。例如,国王有专门的王陵,他们一般安葬在那里,而不是像琐罗亚斯德要求的那样让尸体暴露在外。他们常常祈求其他严格说来是歹瓦的神祇(诸如密特拉、阿娜希塔)和阿胡拉·马兹达一起保佑自己。如果我们假设那个时候的"琐罗亚斯德教"已经是伊朗各种宗教的混合物,它包含了《加太》的某些思想,又摒弃了其他一些思想,而且,阿契美尼德王朝的宗教也受到了古代近东各种宗教的影响,那上述疑团就消散了。因此,人们可以发现农业丰产的宗教(诸如祈求大地和水神保佑的仪式)、牧人的宗教(诸如崇拜战士的太阳神和其他的天神)和王国的宗教(崇拜最高的正义之神阿胡拉·马兹达)。而且,阿契美尼德王朝的统治者继续尊重甚至参加被征服民族的各种宗教活动。例如,大流士尊重居鲁士提供资金重建耶路撒冷犹太圣殿的允诺,尊重埃及的阿匹斯神牛等等。

伊朗和希腊人

自大流士在位时期开始,有关阿契美尼德王朝历史的记载(既有古代,也有现代作家)大多以希波战争为主。吕底亚被击败后,希腊的爱奥尼亚和爱琴海某些岛屿也处于波斯的统治之下。伊朗成为地中海地区的大国。总的来说,大流士对希腊人很友好,喜欢雇用他们作顾问、雇佣兵和工匠。无论是在被征服地区或希腊大陆,波斯强国的崛起,使希腊人的意见发生了两极分化。一些希腊人期待着波斯的统治,因为成为世界主义的波斯帝国的一部分,可以获得许多经济机会,接触非希腊的知识和文化传统(这些东西实际上大大地丰富了希腊的思想,有利于促进"爱奥尼亚启蒙运动"的发展),也能使当地某一个政治派别获得支持,以击败另一个派别。而另一部分人认为,波斯对他们的政治地位、独立、文化自主、战略利益或经济是一种威胁。对于这些人而言,即使像大流士远征西徐亚人这样的事情,也被解释为是对黑海地区希腊殖民地重要的粮食供应线的威胁。斯巴达领导着反波斯运动,后来雅典在一场政变之后也加入进来。雅典人严重依赖海上的通道和港口,以出口自己生产的葡萄酒和橄榄油,并且认为自己与爱奥尼亚希腊人有着文化上的亲缘关系。它流放了本国亲波斯的政治家,当米利都僭主阿里斯塔哥拉斯企图领导爱奥尼亚各城市起义的时候,它给予了积极的支持。公元前 490 年,大流士镇压了这次起义,并且以进攻埃雷特里亚和派遣一小支军队登陆马拉松作为反击,以期雅典会发生亲波斯的政变。令他们失望的是,波斯军队反而被雅典将军米太亚德领兵分段包围并消灭。不久之后,埃及发生反对波斯人的起义,大流士无暇顾及希腊人。薛西斯一世(公元前 486 —前 465 年在位)决意继续并最终完成了其父的许多计划,包括征服或威慑希腊人(具有讽刺意义的是,前来波斯寻求避难的希腊不同政见者对他的鼓动,同他父亲遗愿具有同样大的影响力)。他缓慢而又谨慎地利用帝国各种资源向希腊人施加压力,还有大规模的陆海军入侵、架设博斯普鲁斯大桥、挖掘穿过圣山(Athos)半岛的运河以利航行安全。扼守在温泉关的斯巴达小部队被消灭了。波斯军队进入了防御薄弱的雅典城,并且放火焚烧了卫城(前 480)。在杰出将领底米斯托克利领导之下,雅典人决定依靠自己的联合舰队,把波斯舰队引入萨拉米斯狭窄的陷阱之中,使它遭受了沉重的打击。薛西斯指责其盟友胆怯而造成了灾难;他们感到被疏远,干脆回国了。薛西斯本人撤回了萨迪斯,把指挥战争的权力交给了杰出的将领马多尼奥斯负责。此人是主战派的主要支持者之一(他也应当对现在这场战争不可避免的结果负责)。公元前 479 年,马多尼奥斯阵亡,他的军队在普拉蒂亚(Battle of Plataea)战役之中被赶走。同年,波斯海军在米卡利战役(Battle of Mycale)之中被消灭。

考虑到双方士兵人数和后备力量有明显的差距,希波战争对欧洲和西方文明的重要意义是毋庸置疑的。但是,它对伊朗的意义则有些含糊,它绝不能简单地看成是希腊对波斯、或者"东方对西方"的范例——甚至连底米斯托克利在被流放后也投到了波斯国王麾下——因此,关于富裕而强大的"东方专制主义"枉然试图扼杀弱小而热爱自由的各个国家的争论,可以归入政治哲学家的空谈范畴。一个更困难的问题是,波斯的进攻是否是一个重大事件,它的失败是否标志着波斯帝国的末日开始到来;或者,它不过是一场次要的、微不足道的边界冲突?希罗多德确实说过,薛西斯率领500万大军进攻希腊,但这种说法不必认真对待。同样,把波斯人对希腊威胁的看法简单地说成是一头大象被一只小蜜蜂螫了一下,也是信口雌黄。在古代世界,后勤供应严重地制约着军队的规模和活动。即使是一支训练有素的、顽强的小部队,也能造成严重的威胁。波斯统治者已经知道希腊士兵是世界上最优秀的士兵,并且试图让他们充当雇佣兵。波斯统治者还有充分的理由担心希腊人干预波斯内政、煽动叛乱的先例可能会蔓延开来,而且它确实如此。最后,希腊海军对波斯海上利益造成的威胁,也是不能忽视的。

总而言之,有许多理由可以认为,波斯人是很认真地对待希腊问题的。而这次大规模远征希腊的失败,对伊朗本身也产生了深远的影响。战争造成的财政紧张,使薛西斯最关心的波斯波利斯建筑工程中断了。薛西斯本人将注意力从外交转移到了宗教问题上(他似乎是个十分狂热的人),并且被宫廷阴谋所缠绕。公元前465年,他在波斯波利斯被暗杀。其后的统治者大多是软弱无能之辈,很少敢上阵打仗;沉重的赋税和残酷的镇压起义,使波斯人在很多行省受到仇视。腐化堕落、宫廷内讧依然故我;前404年,阿尔塔薛西斯二世在自己的加冕典礼上勉强逃过其弟小居鲁士的暗杀!令人难以置信的是,阿尔塔薛西斯赦免了小居鲁士,后者却以雇用一支希腊雇佣兵准备夺取王位的灾难性冒险作为报答。色诺芬在《远征记》(Anabasis)之中对此已有记载。对于争夺继承权的担忧和宫廷流血事件,已经达到了可怕的程度。阿尔塔薛西斯三世奥科斯发现最好的办法就是把可能的竞争对手通通杀光,他

49

的 8 位兄弟在一天之内全部被杀死。波斯国王与其将领之间的信任纽带看来也不复存在。阿尔塔薛西斯三世只是在其总司令将自己的家庭成员作为人质,以证明自己行为端正之后才相信了他。这并不是说与希腊人的斗争已经被彻底放弃,只是波斯人的策略已经改变,把外交和贿赂手段置于军事行动之上。通过煽动伯罗奔尼撒战争削弱雅典海军实力,波斯人逐渐恢复了自己的相对有利地位。他们还利用对正在崛起的马其顿势力的恐惧,把像斯巴达、雅典这样昔日的仇敌变成了盟友。但是在公元前 338 年的时候,马其顿的腓力(Philip of Macedon)完成了统一希腊的任务。而作为一名太监策划的宫廷阴谋的一部分,阿尔塔薛西斯三世被他自己的私人医生毒死。这时,阿契美尼德王室的大部分成员都已经被杀死。王位不得不由阿尔塔薛西斯二世的外孙、大流士三世继承。公元前 336 年,腓力被暗杀,大流士三世安逸了一小段时间之后,被迫与亚历山大大帝对抗。经过三场著名的战争,亚历山大彻底摧毁了波斯帝国:格拉尼卡斯战役(前 334),它解放了爱奥尼亚希腊人,打开了小亚细亚的大门;伊苏斯战争(前 333),它使占领地中海港口和埃及成为可能;高加梅拉战争(前 331),这场战争使亚历山大得以占领巴比伦并侵入伊朗高原。苏萨的波斯国库被洗劫,波斯波利斯宏伟的宫殿群被焚毁。大流士三世逃往东方,几经失败,众叛亲离,最后在公元前 330 年被自己的一位总督囚禁并杀害。亚历山大深入伊朗东部和中亚地区,在他的后面,留下了一串希腊殖民地。

50

古代伊朗的遗产

随着大流士的去世和希腊统治的建立,伊朗历史重要的第一章结束了。古代伊朗宗教和文化遗产在未来的几个世纪之中仍将保持着影响力:波斯帝国的榜样深深地影响了、震动了从地中海到印度的各种文化。希波战争对欧洲文明的本质和形式都留下了永恒的影响。具有讽刺意义的是,对这个时期真实历史的回忆在伊朗很快就淡薄了。同时,当对居鲁士和大流士这些统治者的怀念在伊朗之外还栩栩如生的时候,他们在自己的祖国却几乎被彻底遗忘,并且被伊朗东部的神话和英雄传奇故事所取代。

那么,对于理解伊朗后来的历史而言,伊朗古代历史的真正意义何在呢? 首先,伊朗古代历史之中的主题和争执,常常被用来说明该国历史上反复出现的一些问题,即使人们不一定记得这些先例。而且,19世纪和 20 世纪重新发现的古代历史、伊朗人对其先辈宏伟业绩无可非议的自豪感,也可以为政治的、理智的领导人提供新的精神源泉,以及建设现代民族认同感可供选择的多种模式。

第三章 从安息人到蒙古人

伊朗历史的中古或中世纪时期,从公元前 4 世纪阿契美尼德王朝灭亡一直延续到公元 16 世纪萨非王朝的兴起为止。在这个时期,伊朗世界的边界大致被确定在幼发拉底河、高加索山脉、乌浒河和印度河流域之间的地区。它的中心地带是伊朗人的地区,但边缘地区的种族关系则非常复杂。这段历史的前半部分开始于城市化和长途贸易发展的暴风骤雨,以及美索不达米亚与伊朗高原之间的紧密联系。这段历史的后半部分则是以城市化生活和商业活动持续衰落,美索不达米亚在伊朗内政之中的重要性下降为标志;整个时期不时有外族入侵,以及周而复始的地方势力和中央集权之间的冲突。值得注意的是,基本的社会经济模式,还有占压倒优势的农业经济和由包括少数武士、官僚和教士的精英阶层统治的社会模式,自始至终却一直没有改变。当然,在这2 000 多年的时间之中,政治和文化发生了许多变化。这些变化可以分为四个阶段:组织松散、文化多元的安息时期(前 3 世纪—3 世纪);中央集权的萨珊帝国时期(3 世纪—7 世纪);波斯人的伊斯兰国家形成时期(7 世纪—10 世纪末);最后是突厥-蒙古人统治时期(11 世纪—15世纪)。在本书之中,我们只能对这段丰富而迷人的历史作一个简单的概述。

早期的伊斯兰伊朗

0　100　200　300英里

顿河

伊尔加河

里

咸海

锡尔河

花剌子模

河中地区

柯提

布哈拉

撒马尔罕

骨突

乌浒河

黑海

格鲁吉亚

塞尔维亚

亚美尼亚

里

海

粟特

铁尔梅兹

巴达赫尚

阿莫勒

库拉河

阿拉斯河

木鹿

巴尔赫

吐火罗

凡湖

乌鲁米耶湖

大不里士

阿尔达比勒

马拉盖

德黑兰

达姆甘

呼罗珊省

图斯

赫尔曼河

朱兹鲁

底格里斯河

阿塞拜疆

塔巴里斯坦

拉伊

内沙布尔

巴德吉斯

赫拉特

加尼兹

吉巴勒

哈姆丹

库姆

斯克尔曼沙阿

纳哈万德

卡尚

坎大哈

幼发拉底河

巴格达

伊斯法罕

亚兹德

锡斯坦

扎兰季

布斯特

库法

胡齐斯坦

阿瓦士

卡伦河

克尔曼

克尔曼

克尔曼

巴士拉

法尔斯

设拉子

巴姆

莫克兰

波斯湾

安息人

安息人大概是源于西徐亚人的一个部落联盟。他们居住在哈里·卢德河与里海之间(以今阿什哈巴德附近为中心)的地区,他们在阿萨息斯国王在位时期统一起来,并且在公元前 238 年左右起来反抗希腊人的统治。安息历代诸王控制伊朗各地约 400 年之久,但他们是伊朗历史上最模糊不清的人物。也许他们曾试图做过记录,但如今已没有安息语的历史资料保存下来。取代他们的那个王朝,很少有兴趣记载他们的业绩。结果,有关安息人的信息,绝大多数来自西方古典作家。它们涉及的几乎完全是安息人与希腊人和罗马人之间的战争,观点有些偏颇。

在安条克四世埃皮法尼斯死后,面对罗马人日益迫人的声势,而塞琉西王朝在慢慢衰落,安息人的统治于是不再仅限于伊朗东部地区。大约在公元前 155 年的时候,安息国王密特里达特斯一世进入了伊朗西部地区。前 141 年,他占领了美索不达米亚最重要的城市、底格里斯河畔的塞琉西亚(Seleucia)。公元前 53 年,安息军队在卡雷大败克拉苏指挥的罗马军队,巩固了安息人作为西南亚主要大国和罗马主要对手的地位。安息人使用轻、重装骑兵,以及佯装撤退和骑在马背上发射密集箭矢的战术,这些都让罗马人不知如何应付。马克·安东尼(Marc Antony)继续与安息发生小规模冲突;奥古斯都则与之议和,收回了在卡雷被缴获的军团军旗。尼禄(55 — 63)、图拉真(115 — 117)、马可·奥勒留(163 — 165)和塞普提米乌斯·塞维鲁(194 — 198)在位时期,进攻安息的战争持续不断。安息人与其东方邻居的关系至今还不太清楚。但是,他们与中国汉朝和贵霜人的交往看来似乎是广泛的,并且一般是友好的。

在政治上、文化上,安息帝国引人注目的特点是分散和多元。国王直接统治之下的地区零星分散。领土大部分由国王的代表即贵族武士家族、臣服的藩王、亲属和各地统治者控制着。根据传说,安息时期像阿契美尼德王朝时期一样,也存在着 7 个大封建家族,他们控制着许多重要的行省,拥有由自由民组成的私人军队,但必须为国王服役。在这些家族之中,最出名的是锡斯坦的苏林家族、厄尔布尔士地区中部的梅赫兰家族和米底的卡林家族。

古典作家强调安息国王以自认为亲希腊人而感到自豪。而且,他们似乎与希腊文化相处非常融洽。直到公元 1 世纪中期,他们仍然使用希腊语和希腊字母书写王家铭文和钱币面文;不过,他们也有自己的语言和文字,这种文字后来出现在钱币、陶器和其他物品之上。至于现有的安息文学,即使它不完全是,那也大部分是口头流传的。安息的游吟诗人和音乐家担负起了让伊朗东部传统中极其重要的英雄史诗故事流传下去的责任。许多个世纪之后,这些故事被诗人菲尔多西记载下来,成了伊朗民族不朽的史诗和诸如《维斯与拉敏》这样悲惨的爱情故事之类的、深受欢迎的小说。

安息人对各种宗教确实是宽容的:各种神秘的崇拜、基督教、佛教全都可以在安息帝国共同生存。安息人自己可能已经把希腊化宗教和伊朗宗教的成分混合在一起。但是,总的来说,他们尊奉的肯定是琐罗亚斯德教的某种形式,因为他们保留了火祠和暴露尸体的习惯;根据后来的传说,编撰《阿维斯陀》也是从那个时候开始的。

萨珊帝国

公元 3 世纪初期,安息帝国的形势相当紧张。218 年时,尽管它与罗马的最后一次间发性战争以有利的和约宣告结束,但是多年的战争显然已经削弱了安息的实力,耗尽了它的资源。安息东部的边界已经遭到塞人和贵霜人的蚕食。制造货币的贵重金属供应短缺,天灾和疾病流行给他们造成了巨大的损失。安息国王松散管理下的贵族和各地统治者,特别容易在碰到只针对国王的叛乱时发生分裂。

大约在 205 年,正巧有一场这样的起义在法尔斯(波西斯)省爆发了。这个省实际上长期存在着许多自治的公国,它们有自己的"国王"(他们先前被称为弗拉塔拉卡)以及书面语言(中古波斯语,即钵罗钵语)。这场起义的起因和实质现在完全不清楚。但是,它似乎得到当地

驻军司令阿尔达希尔的鼓动和指挥。当安息最后几位国王因为与罗马
人作战而分散了注意力时,阿尔达希尔成了法尔斯的统治者,成功地从
亲安息的封臣手中兼并了该省外围的若干地区。阿尔达希尔战略上的
胜利和日益增长的声威,使他不久就可以直接向安息国王阿尔塔班五
世进行挑战。决定性的战役发生在 224 年,以阿尔塔班五世的败死宣
告结束。在取得这场胜利之后,阿尔达希尔立即行动,以确保征服和击
败其他贵族和各地统治者,控制过去曾经是安息帝国的全部领土。226
年,他占领了位于美索不达米亚的都城泰西封,并且在那里加冕为新的
众王之王。据说他还占领了呼罗珊和锡斯坦,可能一直前进到乌浒河
与印度河流域。

　　阿尔达希尔建立的萨珊王朝,得名于某个名叫萨珊的人。但是其
理由有点神秘。阿尔达希尔被称为"帕佩克之子",但他与萨珊的关系
却并不清楚。拜占庭历史学家阿加提阿斯(Agatias)声称获得了萨珊
王家档案库的资料,说阿尔达希尔是萨珊和帕佩克之妻所生的私生子。
后来有一份铭文指出,阿尔达希尔是帕佩克"王"之子,但含糊地说他与
"领主"萨珊有某种关系,这可能是暗示萨珊与帕佩克之母有关系。无
论如何,同时提到帕佩克与萨珊都是为了要建立他和先前统治者的某
种联系,来赋予该王朝合法性。

　　阿尔达希尔作为一位行省的强人,进而成了伊朗国王。但是,他的
继承人沙普尔一世(240 — 271 年在位)野心更大。像大流士一样,他也
留下了一篇重要的铭文,记载了他的先辈、他的功绩及其宗教热忱;在铭
文之中,他清楚地自称为伊朗人和"非伊朗人"的众王之王。他的帝国统
治的区域,从阿拉伯半岛和安纳托利亚一直延伸到高加索和中亚腹地。

　　沙普尔的主要对手是罗马人。241 年,他进攻罗马人,一直深入到
叙利亚的安条克城。我们不清楚这次(以及后来任何一次战争)仅仅是
机会主义的袭击,还是企图与地中海地区建立持久的联系。无论如何,
沙普尔被罗马皇帝戈尔狄安赶回了幼发拉底河。戈尔狄安被自己的军
队杀死后,244 年双方签订了和约。这次冲突的最后阶段在 258 年和
260 年。沙普尔再次推进到安条克城和安纳托利亚中部地区。在这

里,他不仅打败而且俘虏了罗马皇帝瓦莱里安。瓦莱里安受尽折磨屈辱的形象,被刻在法尔斯省纳克西鲁斯泰姆(Nakhsh-e Rostam)悬崖宏伟的石刻之中和其他一些地方,被俘的罗马士兵则被安置在伊朗各地。这两个大帝国之间的斗争,将继续主宰古代社会后期的历史。萨珊人和罗马人(后来是拜占庭人)至少还进行了 10 次大战和许多小冲突。没有任何一方取得了决定性的胜利。

亚美尼亚是萨珊和罗马战略利益经常发生冲突的地区。萨珊人有几个理由不能忽视这个地区。一个理由是,这个地区最早是由安息国王族成员统治的,他们自然仇视萨珊人。萨珊人担心亚美尼亚会被罗马人用来威胁美索不达米亚。252 年,沙普尔侵入亚美尼亚,并且任命其子为亚美尼亚国王。萨珊人直接控制亚美尼亚大概一直延续到 279 年。那一年,罗马扶持了一位安息国王复位。萨珊人继续扩大自己对亚美尼亚的影响,赤裸裸的武力进攻不好用的话,也会使用诸如策划暗杀亚美尼亚统治者的阴谋,鼓动百姓皈依琐罗亚斯德教的办法来达到自己的目的。作为反击措施,亚美尼亚王国在 301 年正式宣布信仰基督教。364 年,沙普尔二世杀死亚美尼亚国王,洗劫了这个地区,并且将亚美尼亚并入了自己的帝国。387 年,沙普尔三世和拜占庭皇帝狄奥多西决定把亚美尼亚分成两个附属国,分别立两位安息王治理,一个与罗马结盟,另一个与波斯结盟。428 年,萨珊人在部分亚美尼亚贵族的恳求之下,直接控制了他们的地区。伊嗣埃二世(440—457 年在位)企图强行使人们信仰琐罗亚斯德教,并且加重了税收。450 年,持不同意见的贵族、基督教会首领和农民,联合高加索其他民族组成的军队起义反抗萨珊人。451 年,他们在阿瓦赖尔战役之中被镇压下去。481—483 年,另一次起义又被镇压下去了,但亚美尼亚人获得了像信仰自由之类的某些改善。591 年,亚美尼亚再次分裂,此后萨珊人试图强行迁走大多数居民,或干脆将此地变为无人区。

沙普尔一世时期,萨珊人大概已经征服巴克特里亚和旁遮普地区众多的贵霜小公国。350 年至 357 年之间,沙普尔二世也在伊朗东部广大地区作战,打败了匈奴人(Chionites,又作 Huns),并将其中某些人并入了自己的军队。其继承人则面对着更加可怕的敌人呋哒人(即白匈奴)。在很长的时间里,他们都是萨珊人的眼中钉、肉中刺。巴赫拉姆·戈尔(420—440年在位)渡过乌浒河,打败了他们,迫使他们签订了和约。但是,他们很快卷土重来,并且打败了波斯军队。伊嗣埃二世、卑路斯(459—483年在位)和巴拉什(483—485年在位)在位时期,有时还被迫缴纳贡赋。他们甚至在萨珊的内政方面也开始发挥作用。例如,他们帮助卑路斯登上了王位,并且两次扶持卡瓦德(485—498,501—531)当上国王。554年,库斯鲁一世联合中亚地区一股新的力量突厥人一起行动,终于打败了他们。

萨珊的国家和社会

安息和萨珊之间最显著的区别是,萨珊重新强调王权神赐和中央集权统治。按照萨珊王朝的理论,理想的社会就是能够维持稳定和公正的社会,维持这种社会的重要工具就是强大的君主政体。根据大约是阿尔达希尔时期琐罗亚斯德教首席祭司所写的《坦萨尔书信》(*Letter of Tansar*),社会由4个等级组成,它们是祭司、士兵、学者和工匠。个人属于哪个等级依据的是血缘关系,但也有例外,即个别特殊人物因为功绩可能转变为另一个等级。国王的责任就是确保每一个等级安分守己,使强者不至于欺凌弱者,弱者也不至于排挤强者。维持这种社会平衡,就是王权正义的本质。要有效地发挥它的功能,就有赖于将君主置于凌驾于其他所有等级之上的位置。

颂扬王权也反映在为统治者创造可追溯到古代国王和神祇的古老而显赫的家世,使用华丽的王冠和王权象征物以及伟大的称号,采用复杂的宫廷礼仪和外交礼节,建筑宏伟的宫殿和巨大的石刻。例如,沙普尔一世声称自己是"马兹达的信徒、沙普尔神、伊朗和伊朗之外各地的众王之王、神的家族的国王;马兹达信徒之子、伊朗人的众王之王、阿尔达希尔神之子、神族之子、帕佩克王之孙;我是伊朗帝国之主宰"。在一封由阿米阿努斯·马尔切利努斯摘录的、致罗马皇帝的著名信件之中,沙普尔二世自称为"众王之王、众星的伴侣、太阳和月亮的兄弟"。同样的词句也出现在许多石刻之中,这些石刻描绘了萨珊诸王头戴饰有日月象征的王冠,在其神圣祖先的见证下,从奥尔马兹达神(即阿胡拉·马兹达)手中接受王权象征的情景。为了宣扬萨珊王室而建立了专门的火祠。萨珊诸王在死后受到像神一样的崇拜。王权神圣的性质由于相信国王被赋予王家灵光的可见光辉这种观念,得到了进一步的加强。

萨珊国王除了利用宣扬王室的手段来巩固自己对帝国的统治之外,还使用了其他许多方式。多位国王采取了切实的措施来关心臣民物质和社会需求,以赢得他们的忠诚和顺从。他们也非常积极地从事新的水利工程建设,因为那可以使更多的土地用于农业生产。他们通过建立许多新的城市,大力发展帝国的城市生活。据估计,阿尔达希尔一人就建立了8座城市,沙普尔一世也建立了许多城市,用以安置战争之中被俘虏的战俘。这些工程不仅刺激了农业生产,促进了商业贸易的发展,而且增加了政府的税收。这些措施还增加了处于君王而不是贵族诸侯直接统治下的人口和土地数量。

萨珊国王被尊为社会法律和正义的维护者。萨珊国王在整个帝国,从最大的城市到最小的农村地区建立了许多法庭。至少在理论上,他们坚持即使地位低下的臣民也可以直接向君主本人上诉雪冤。实际上,大多数司法机构掌握在琐罗亚斯德教祭司集团手中,法律本身就建立在琐罗亚斯德教宗教信条、国王的命令和先前判例的坚实基础之上。库斯鲁二世帕尔维兹在位时期编纂了一部内容广泛的法律手册《千条判决书》(*Book of a Thousand Legal Decisions*)。萨珊统治者关注自己维护正义的责任,反映在后来伊朗和伊斯兰流传的许多有关他们的传奇故事之中。比如库斯鲁一世阿努希尔万曾留下许多箴言,想要效法他的后代统治者若能早将这些教诲铭记于心的话,政绩应该会好得多。这其中就有这样一些话:"君王靠军队,军队靠税收,税收靠农业,农业靠正义",以及"人民的富裕胜于一支大军,国王的正义比数倍的财富更有用"。

正如上述讨论所暗示的,宗教组成了萨珊帝国王权的重要基础。安息王朝的宽松和宽容态度,允许自己的附属国保留大量宗教派别和圣所的做法,完全无法与萨珊王朝所希望建立的那种中央集权国家共存。据说阿尔达希尔亲自开启了毁灭那些在安息时期就已经出现的宗教派别和神庙的过程,如果有必要的话,不惜使用武力来镇压未经当局授权的宗教活动。沙普尔一世铭文表明,他特别关心建立王室圣火,为其提供必要的祭品和祭司。这种做法按理来说必然导向建立一种官方的国家教会,而这也是萨珊王朝所做的事情。

虽则如此,尽管萨珊国王把自己描绘成马兹达的信徒,我们却不能理所当然地说,他们一直就想要把琐罗亚斯德教提升为国教。起初,他们对摩尼教的创立者摩尼的学说非常感兴趣。216 年,摩尼出生于美索不达米亚。大约在 228 — 240 年之间,即正好是阿尔达希尔建立自己的统治时期,他把自己获得的一系列神启,发展成了自己的宗教学说。众所周知,摩尼所宣传的宗教,是有意识地要使自身成为普世宗教的一种宗教形式,一个融合了古代伊朗宗教信仰、诺替斯教、密特拉教、基督教和佛教成分的、高度折中主义的体系。阿尔达希尔在位末期,他开始在伊朗东部各行省传教。沙普尔成为国王之后,他回到了美索不达米亚。沙普尔尊重摩尼,赐予他很高的宫廷职位,授权他在整个帝国宣传他的教义。摩尼随同沙普尔参加了一些战争,并且将自己的一份文献手稿献给了沙普尔。他的宗教迅速地传播开来,在伊朗东部各行省和萨珊帝国境外都产生了极大的影响。继任国王巴赫拉姆一世敌视摩尼,下令逮捕并处死了他(约 274),还对摩尼教徒进行迫害。这件事情的部分起因要归于摩尼是安息贵族之子这样一个事实,而且其宗教的支持者多在安息的心脏地区,其政治意图存疑。更重要的是,琐罗亚斯德教首席祭司卡提尔在拥立巴赫拉姆而不是其兄弟为王的时候,起了关键的作用。卡提尔得到萨珊贵族支持,对巴赫拉姆一世和巴赫拉姆二世具有极大影响力,得以巩固琐罗亚斯德教的国教地位。

一直以来,正统的祭司集团竭力追求琐罗亚斯德教的国教地位。大概是阿尔达希尔在位时期,建立了以国王任命的首席祭司为首的宗教等级制度。这些首席祭司之中最早的两位是坦萨尔和卡提尔,他们是前面提到的许多文献的作者。坦萨尔认为,阿尔达希尔的行为重建了真正的宗教,强调君主政体和国教利益一致:"教会和国家是一胎所生,它们联系在一起,永远不能分离。"卡提尔记录了自己是如何被立为"管理宫廷、各个行省和全国各地祭司等级的绝对权威",并且吹嘘"宗教的积极性提高了,许多巴赫拉姆圣火建立了,许多祭司感到幸福和富足"。用他的话来说,他已经"使这个国家的马兹达教和优秀的祭司们地位提高和荣耀了"①。他还起劲地吹嘘自己在迫害所有宗教对手时取得的成功。也许,摩尼教徒并不是卡提尔及其继承人实行琐罗亚斯德教不容异说政策的唯一牺牲品。在基督教成为拜占庭帝国的官方宗教之后,伊朗的基督教徒在政治上被怀疑是伊朗的"第五纵队",也不时受到迫害。但是,大多数伊朗基督教徒是聂斯脱利派教徒,在正统教会谴责其教义是异端邪说并迫害其教徒后,这个问题才不是大问题了,有些教徒还逃到伊朗寻求庇护。

萨珊王朝宗教政策一个重要的成果是,先前以口头方式存在的琐罗亚斯德教赞美诗和教义,被收集在一起编成了官方的书面文本。库斯鲁阿努希尔万在位时期,在萨珊统治者的赞助之下,各种不同版本的《阿维斯陀》被编成了最终的和最权威的完整版本。《阿维斯陀》原文用一种适应古代伊朗方言的特殊字母记录下来,并用这种方言整理出来。但是,其他宗教文献诸如《阿维斯陀》的注释集《桑德》则是用萨珊王朝本国的语言(中古波斯语或钵罗钵语)记录下来的。这可能是为了确保萨珊王朝的语言能够成为整个帝国的标准语言,是萨珊王朝而非先前的统治者因发展宗教知识而受到赞扬,于是制定的一项深思熟虑的政策。萨珊王朝对文化研究的鼓励也扩及到非宗教的知识领域。由宫廷和祭司集团监制编纂的其他文献包括历史著作和民族史诗,其代表作是《列王记》,还有从各地收集到的其他哲学和科学文献。

虽然伊朗萨珊王朝时期强调中央集权的君主政体,但贵族大家族

---

① 引自 Mary Boyce, *Zoroastrians: Their Religious Belief and Practices* (London: Routledge and Kegan Paul, 1979), p. 109。

仍然继续保有强大的势力。贵族和普通人民群众之间有严格的区别。
《坦萨尔书信》赞扬阿尔达希尔确定了贵族与普通百姓之间的界线,并
且禁止两个集团之间的任何联盟或婚姻关系。社会的鸿沟反映在有关
衣着、举止、婚姻关系和财产方面的规定之中。大家族竭力维护其财产
的集中和社会地位,而琐罗亚斯德教鼓励的血亲通婚(父女、兄妹之间
的婚姻)习俗,可能变相地给予了这种行为以宗教上的认可。一般来
说,萨珊统治者寻求笼络而不是消灭这些大家族,他们通过赐予头衔或
是特权的办法,使贵族与宫廷紧密相连,对众王之王产生依赖。例如,
据说阿尔达希尔除了划定贵族与平民的界限外,还曾经确定贵族的不
同等级和各自的特权。这就导致了一个复杂的、组织高度完善的宗教、
军事和官僚管理机构体系的建立,其首领分别为首席祭司、总司令(后
来为 4 位将军)和首相。各部门的次要等级一直延伸到地区级。特别
重要的职位通常由王室成员自己担任。与琐罗亚斯德教祭司集团结盟
的贵族势力稳定增长,又将给萨珊后期统治者造成新的问题。

危机和复兴

卡瓦德一世(488—531)在位时期,代表了萨珊历史上一个重要的
转折点。他不仅要忍受扶持他上台的哌哒人的统治,而且被拜占庭人
击败,还不得不面对伊朗历史上一次最具戏剧性的社会宗教动乱。祭
司马兹达克可能是通过唤醒琐罗亚斯德教之中的一个古老派别的方
法,开始呼吁广泛的社会改革。这些改革将严重地削弱贵族和琐罗亚
斯德教祭司的特权。马兹达克的教义,今天我们只有通过其仇敌的记
载才知道。毫无疑问,它们已经被歪曲,以便尽可能地丑化马兹达克的
形象。他的主要目的,可能是要改善农村贫民的处境,保护他们免遭势
力强大的、拥有大片地产和妻妾成群的贵族家族的压迫和剥削。按照
马兹达克的观点,世间的罪恶就是由于争夺生活资料和生活资料分配
不公正所造成的,因此他认为土地和物质资料都应当公平地分配,妇女
和儿童都应当属于整个社区。马兹达克打算如何具体完成这件事情现
在还不清楚。但是它很可能分割地产,将土地分给农民,将国库和神庙

仓库之中的食物拿出来施舍,将妇女从妻妾成群的地位之中解放出来。非常奇怪的是,卡瓦德最初可能是为了粉碎贵族家族的势力和赢得农民对君主制度的支持,支持了马兹达克的改革。

当然,贵族和正统的教士集团(这里指琐罗亚斯德教和基督教的教士),对于马兹达克教的出现和由它激起的社会起义感到了震惊。他们下定决心要用自己掌握的一切资源来对抗马兹达克教。而卡瓦德诸子之间争夺继承权的斗争给他们提供了一个好机会。马兹达克教徒喜欢支持他们的卡乌斯。但是,卡瓦德显然是被迫提名仇恨马兹达克教徒的库斯鲁作为他的继承人。库斯鲁可能是在卡瓦德死后不久,也可能是在他做了国王之后才马上行动,库斯鲁杀死了他所有的兄弟及侄子(只有一人逃脱),消除了对其权威挑战的任何可能性。然后,他转而报复马兹达克教徒。大约在 528 年,他召唤马兹达克前往都城,表面上是去参加一次宗教辩论。随后,他逮捕了马兹达克,将其拷打致死。接着,他又开始血腥的清洗。在这场清洗之中,成千上万的马兹达克教徒遭到杀害。

由于这场大规模的社会斗争杀死了大批贵族和马兹达克教徒,库斯鲁因此在恢复君主的权威和按照自己的意志改组帝国的过程之中处于有利的地位。他虽然是马兹达克教的死敌,但也愿意处理某些他们反映的不公,也显然并不希望看到贵族特权完全恢复。由马兹达克教徒要求重新分配财富而造成的混乱局面,因其进行了全面的土地测量和普查而得到控制。在此过程中,应该有大量土地被没收为王室财产。税赋的征收办法进行了改革和规范化。农民不必像从前一样交纳部分谷物而是交纳固定比例的现金。平民(不包括特权阶级)还必须交纳人头税。库斯鲁还启动了许多公共工程,通过兴修水渠、修建道路和村庄的办法,来刺激农业生产。他改革了帝国的行政管理机构,将帝国分成 4 个大行省,每个行省都由一名直接向他负责的总督管理。军队也进行了改革,办法是削弱大贵族的权力和私人军队。帝国有领饷的士兵,不过库斯鲁特别鼓励使用德赫干,即负责保卫农村的民兵,他把他们作为军队的后盾和保卫边境的主力部队。

　　在巩固王位的同时,库斯鲁还与拜占庭达成了一项永久和平条约。但是,他对查士丁尼时期拜占庭势力明显恢复感到担忧。他利用拜占庭专注于地中海西部事务的有利时机,在 540 年发动了一次出人意料的进攻,直达安条克城,在黑海地区确保了一支海军力量的存在。第一个阶段的战争一直延续到 562 年,最后双方以大致对等的条件签订了另一个和平条约。在与刚刚在中亚地区建立了统治地位的突厥人缔结同盟之后,库斯鲁打败了嚈哒人,重新确立了乌浒河为帝国的边界。由于击败了高加索北部的哈扎尔人(Khazars),把埃塞俄比亚人赶出了也门,把阿拉伯半岛南部变为波斯的保护领地,他对拜占庭取得了战略上的胜利。这就阻止了拜占庭人建立自己与东亚的贸易路线,不论是从陆上到东亚北部、还是从海上到东亚南部的路线都被阻断了。拜占庭人大概是担心自己受到这种方式的侧翼包抄,撕毁了和平条约,并且在其统治晚年(572 — 579)开展了一场新的、没完没了的反库斯鲁战争。

　　由于他的功绩,库斯鲁以绰号"阿努希尔万"(意为"不朽的灵魂")而闻名于世。他和他的首相博左格梅尔是理想统治者和精明政府的典型。许多关于政府和管理机构的箴言和充满智慧的谚语,都被认为是他们两人所留。根据后来的阿拉伯历史学家麦斯欧迪所说,它们在博左格梅尔致阿努希尔万的 12 条管理原则之中得到了最好的概述,库斯鲁则把它们刻成了金字:畏惧神灵;做一个值得信赖的和忠诚的人;寻求智者的建议;尊重学者、贵族和官员;监督法官和税吏必须严格;明察犯人的情况;确保道路和市场安全;惩罚罪犯必须根据他们的罪行轻重;供养军队;尊重家庭;保卫边界;严密监视政府官吏,清除奸臣和无能者。

　　不管库斯鲁是如何地成功,在他去世之后,萨珊帝国迅速走向衰落。一个因素是因为军队之中的贵族持续的不满情绪,特别是伊朗东北部地区的军队贵族。这种不满清楚地表现在巴赫拉姆·舒宾的起义之中。他是一位出身于古代安息王族的将军,几乎推翻了萨珊王朝。库斯鲁二世·帕尔维兹(591 — 628)打败巴赫拉姆,保住了自己的王位,在很大程度上要归功于拜占庭皇帝莫里斯的帮助。当他的恩人被自己军队之中的不满分子推翻之后,库斯鲁·帕尔兹维又一次发动了进攻

64

65

拜占庭的战争。614年和619年,波斯军队实际上可以分别攻占耶路撒冷和亚历山大城。这些初期的胜利大概使库斯鲁以为自己命中注定要统治世界。实际上,战争和宫廷的豪华奢侈已经耗尽了他的资源。627年,皇帝希拉克略在位时期,拜占庭人重振旗鼓,在各条战线都击退了萨珊人。这时,库斯鲁几个儿子参加的一场新的叛乱爆发了;库斯鲁被废黜后被谋杀。萨珊王朝剩余的年代充斥着内部的冲突、频繁地更换统治者、美索不达米亚重要的灌溉体系被忽视和毁坏、严重的疾病和饥荒爆发。

从萨珊王朝到伊斯兰

以公元7世纪阿拉伯人征服伊朗和伊斯兰教的确立作为历史的重要分界线,把这个国家历史上的前伊斯兰时期和伊斯兰时期加以严格地区分,是一种根深蒂固的习惯做法。有许多证据可以支持这种看法,但是它也可能使人产生误解。伊朗最后一个真正的帝国被推翻了,伊朗原先的国教琐罗亚斯德教急剧地衰落。另一方面,阿拉伯语并没有像它在其他许多地方取代别的语言一样取代伊朗语。萨珊文化一些特有的成分,首先是权术的理论和实践继续存在。这个近东的另一种文化传统确实没有给伊朗增添什么新的东西。阿拉伯人的入侵对伊朗来说如同古代希腊人和亚述人的入侵,既是毁灭性的灾难,又是创造力迸发的催化剂。同时,在伊斯兰文明形成的过程之中,伊朗所作出的贡献至少与它获得的东西一样多。我们也完全有理由专门讨论下一种独特的波斯-伊斯兰文化。从萨珊时期的伊朗过渡到伊斯兰时期的伊朗,应当被视为是传承和转变的一个重要阶段。由于伊朗的地理环境,伊斯兰后来的发展应当被视为是伊朗历史自然发展的结果。

美索不达米亚是萨珊人最重要的地区。不仅因为他们的都城在那里,大量的伊朗人也集聚此地。还因为它是商业贸易的中心,帝国的粮仓,国家税收最大的、唯一的来源。他们必须保护它免遭罗马和拜占庭人的进攻,还要保护它免遭从哈特拉(Hatra)到波斯湾沿海地区定居和游牧的阿拉伯人的袭击。不论有没有外界的支持,阿拉伯人威胁萨珊王朝心脏地区的能力,早在 260 — 262 年就已经表现出来了。当时,帕尔米拉国王奥德纳图斯袭击了刚刚打败罗马皇帝的沙普尔一世的军队,抢劫了军队的战利品,甚至还围攻了都城泰西封。沙普尔二世在位时期,海湾阿拉伯人也袭击了美索不达米亚,并短暂地占领了泰西封城。沙普尔以一次胜利的海军远征回击了他们。为了使阿拉伯人不敢再来袭击,他在战俘的双肩打上洞眼,用绳子把他们串在一起。因此,他在阿拉伯人之中获得了"祖-阿克塔夫"(意为"他的肩膀")的名声。萨珊后期诸王总的政策是,通过在边界上建立一个由友好、忠诚的阿拉伯莱赫米王朝统治的缓冲国,来防范阿拉伯游牧部落破坏性的袭击。这个王朝的都城在希拉。一位莱赫米王朝的国王蒙德希尔三世(505 —554)使本国的疆土深入到了阿拉伯半岛,成功地保护了萨珊王朝的侧翼。不仅如此,他还成功地袭击了拜占庭控制的叙利亚。拜占庭历史学家普罗科匹厄斯记载了这件事,说他"谨慎、身经百战、十分忠诚于波斯人、精力充沛、迫使罗马人屈服了 50 年"。

　　大约在 580 年,诺曼三世成了莱赫米附属国的国王。602 年,库斯鲁废黜了诺曼,据说是因为个人恩怨,但很可能是因为诺曼已经皈依了基督教。莱赫米王朝早期的统治者不像他们的大多数臣民,他们是多神教徒。诺曼皈依基督教则可以看作它具有转而与拜占庭结盟的潜在危险。无论如何,希拉后来在军事长官的监视之下,由一位对立的、阿拉伯泰格里布部落的酋长统治着。这就激起了贝克尔·本·韦尔部落的阿拉伯人起义。611 年,他们在祖卡尔打败了泰格里布和萨珊联军。虽然这场胜利在阿拉伯人的诗歌与传奇故事之中大肆宣扬,但它很可能不过是在一个微不足道的泉眼旁边发生的一场小冲突。不过,它确实暴露了萨珊的弱点,并且成了即将出现的许多事件的凶兆。

　　在与拜占庭交战失利引起的混乱之中,由于阿拉伯半岛出现了先知穆罕默德和伊斯兰教,这场拉锯局势之中又增加了一个新的因素。为了征服那些企图背叛伊斯兰教的阿拉伯反叛部落,著名将领哈立德·本·瓦利德指挥的穆斯林军队进入幼发拉底河下游萨珊边境以南地区。而这里也正是对萨珊而言最具威胁的贝克尔·本·韦尔、谢班和埃吉尔部落进攻萨珊领土的策源地。有一点是不可避免的,即两个集团必定会合伙利用萨珊混乱的有利时机。许多资料指出,谢班部落的首领穆坦纳·本·哈雷塔曾经访问过麦地那,皈依了伊斯兰教,并曾经向哈里发阿布·伯克尔致敬,作为对承认其领导地位和在作战时与穆斯林军队合作的报答。他实际上成了代表哈里发实行统治的附属国王。

根据阿布·伯克尔的命令,哈立德与穆坦纳联合作战,在与萨珊王朝的冲突之中获得许多胜利,直到 633 年攻占希拉。虽然这些战役有时是与伊朗军队作战,但它们大多是直接进攻亲波斯的基督教阿拉伯部落。从这个意义上来说,它同时具有阿拉伯人内战和反抗萨珊王朝的性质。634 年春天,哈立德前往叙利亚边境指挥那里的阿拉伯军队的行动,此时,穆斯林和信仰基督教的阿拉伯部落已经基本统一在穆坦纳的指挥之下。在新王伊嗣埃三世领导下,萨珊人重振旗鼓,一边防范阿拉伯人的袭击,一边开始反击,并于 634 年 10 月的"桥战"之中获得一次重要的胜利。636 年,穆斯林在叙利亚的耶尔穆克取得了决定性的胜利,第二位哈里发欧麦尔得以将军队调往东方,重新开始进攻萨珊王朝。637 年 6 月,在卡迪西亚发生的激战以萨珊军队的惨败、萨珊在美索不达米亚南部的防御体系彻底瓦解而宣告结束。阿拉伯人称为麦达因的都城泰西封暴露在阿拉伯人眼前。在经过短暂的围攻之后,这座城市被占领,并且被洗劫一空。伊嗣埃三世和部分萨珊军队往东北部逃往伊朗高原,希望能够在那里东山再起。但是,萨珊军队在贾卢拉、席林堡和马萨巴德汗的失败,使阿拉伯人巩固了对几乎整个美索不达米亚和胡齐斯坦绝大部分地区的控制。

欧麦尔非常不愿意将战争扩大到伊朗高原地区。他大概希望在阿拉伯人和自己的伊朗仇敌之间有一道"防火墙"。撇开它可能抱有的任何宗教目的不谈,在美索不达米亚进行的战争,目的在于抢夺伊朗贵族的财产(可能还有夺取可与印度进行海上贸易的各个港口的控制权),欧麦尔希望有时间巩固和保护那些已经赢得的胜利成果。但是,另外三个因素却迫使他不得不追击:他的军队仍然受到了萨珊各地首领的骚扰；如果伊嗣埃在伊朗高原招募到一支军队，反攻的威胁就仍然存在；在分配美索不达米亚战利品时，欧麦尔手下有些人感到自己得到的太少了，从而热衷于私下进行抢劫，以掠夺更多的财物。其中的一群人渡过波斯湾，经巴林前去抢劫法尔斯行省。但是他们的船只被破坏了，处于被俘虏的危险之中。这时，欧麦尔派遣了一支救援部队前去营救他们，这支部队征服了伊朗南部几座城镇。

这时，伊朗人已经设法在内哈万德聚集了另一支军队，守卫着扎格罗斯山脉通往伊朗中部的主要关口。大约在 642 年的夏天，他们遭到欧麦尔派遣的一支大军的进攻，并且被打败。内哈万德的"决定性胜利"标志着伊朗有组织的抵抗活动被有效地终结了。阿拉伯军队以库法和巴士拉城为新的大本营，分兵几路迅速进入了阿塞拜疆、法尔斯和克尔曼，通常在签订了必须缴纳贡赋数量的有条件投降条约之后，占领了当地主要的城市。直到 650 年对伊朗西部的占领才得以巩固，之后，他们开始全力征服锡斯坦和呼罗珊（关于之前阿拉伯人在呼罗珊有什么大动作的说法，几乎可以肯定是夸大其词的）。萨珊王朝在伊朗东部不太得人心，伊嗣埃三世在这里重振人气的做法不幸失败了。651 年，他在木鹿附近被自己的一位臣民杀死。652 年，锡斯坦经过激烈的战争之后被占领；为了尽可能减少财产损失，维护当地驻军司令的特权和边境防御体系，呼罗珊的许多城市和驻军选择了投降。653 年，侵略军已经在乌浒河沿线站稳了脚跟。

伊嗣埃三世的死标志着萨珊帝国的终结。但是，在哈里发统治时期真正完全吞并萨珊则是一个比本书所说的要复杂得多的过程。在早期侵略的过程之中，许多地区是干脆绕过去的，因而后来不得不加以征服；边远地区（像厄尔布尔士的许多公国和法尔斯行省的部分地区），花了很长时间才被占领和征服；有些地方的军事统治者和城市，因为期望新来的统治者不过是昙花一现，才同意投降和缴纳贡赋的，当情况被证明并不是这样的时候，他们起义了，拒绝缴纳贡赋。不同地区所驻扎的军队数量和新政府的控制力都不尽相同，一些行省控制严格，另一些行省则控制薄弱。内部问题，诸如哈里发阿里的支持者和倭马亚王朝在

68

叙利亚的统治者穆阿维叶之间的内战,使某些地区分裂出去了,需要进行新的战争来确立哈里发对它们的权威。总而言之,直到公元700年左右,伊朗绝大部分地区才可以说处于哈里发帝国的牢固统治之下。直到那时,新政权的性质才开始迅速改变。

波斯-伊斯兰文明的兴起

毁灭萨珊王朝的军队绝大多数是阿拉伯人,由阿拉伯将领控制,归哈里发指挥。他们似乎并没有以改变当地的宗教信仰作为首要目的,在他们的队伍之中既有基督教徒的阿拉伯人,也有穆斯林的阿拉伯人。但是,把这个过程称为是"穆斯林"而不是"阿拉伯人"征服伊朗可能更为合适,因为这支征服军之中也包括许多伊朗人在内,不像以部落为单位加入进来的基督教徒阿拉伯人,对于他们而言,是伊斯兰教把他们与这支军队联系在了一起。后来流传的有关半传奇式的、伊朗第一位伊斯兰教徒萨勒曼·佩克(也叫萨勒曼·法雷西)的传说强调,伊朗人皈依伊斯兰教的历程早在先知穆罕默德生前就已经开始。驻守巴林、也门的萨珊军队都曾经与穆罕默德的军队有过接触;军中许多人似乎或者皈依了伊斯兰教,或者与阿拉伯人合作。635年时,已有几千名伊朗人加入穆斯林的军队。还有报道说,他们在卡迪西亚战争之中表现如何出色,并且分享了这次战争的战利品。欧麦尔不愿扩大征服的部分原因,可能是因为他认为伊斯兰教纯粹是阿拉伯人的宗教,担心与伊朗人更广泛地接触将会削弱它的这种特质。但是,这个过程被证明是不可避免的。在整个扩张战争和随后的年代之中,伊朗人与阿拉伯人在战争和行政管理方面进行合作,以及皈依伊斯兰教的情况不断出现,一直都没有改变。当侵略军在乌浒河建立新的边界的时候,至少已经有四分之一的军队是由伊朗辅助部队和皈依者组成的。

要把这个时期伊朗特定的历史从整个哈里发帝国的历史之中分离出来并不是一件容易的事情。这一时期最重要的事件是伊斯兰教在广大民众之中的传播,抵制伊斯兰教传播企图的失败,以及波斯-伊斯兰文化和公国的出现。这个过程在伊朗的西北部、南部和东部有很大的不同。各地发展的真实详情现在还没有得到充分的研究。但是,有一件事情看来是清楚的。在这个问题上,呼罗珊省发生的事情是决定性的。这里的形势特别有利于阿拉伯、伊朗文化在伊斯兰教的框架之中进行融合。因为恶化阿拉伯人与伊朗人关系的战争在这里发生得比较少。两个民族在保卫边界,对抗中亚敌人突厥人和嚈哒人方面有着共同的利益。远离美索不达米亚的大本营,这意味着阿拉伯军队不得不长期驻守在呼罗珊;这也就增进了当地居民对伊斯兰教的了解和阿拉伯士兵的民族同化倾向。阿拉伯和伊朗精英阶层之间大体上相处融洽,共同订立了一种很有效(对非穆斯林来说特别沉重)的税收制度,导致许多非穆斯林皈依或者逃亡。著名的例子如琐罗亚斯德教徒在 700 年左右迁徙到印度的事件。

在呼罗珊安置阿拉伯殖民者和在伊朗人之中传播伊斯兰教,加重了人们对倭马亚王朝的不满情绪。像在其他地方一样,清除皈依的障碍、结束对非阿拉伯人皈依者各种形式的歧视思想,总是与支持正统哈里发的理论紧密联系在一起。这种理论强调哈里发出身于先知穆罕默德家庭的重要性(其早期的形式最后变成了伊斯兰教的什叶派)。747 年,所有这些问题引起了几乎可以确定是由伊朗人血统的阿布·穆斯利姆领导的一场大规模起义。起义队伍建立了一个包括伊朗人和阿拉伯定居者的广泛联盟。起义者巧妙地利用各个派别之间的对抗,打败了倭马亚的呼罗珊总督,把倭马亚军队赶出了伊朗,并且最终消灭了倭马亚帝国。749 年,起义将领到达美索不达米亚的时候,宣布拥立穆罕默德的叔父阿拔斯的一位后裔为哈里发。

在伊朗各地,反对新的阿拔斯哈里发帝国的斗争仍然在继续,特别是在 755 年,深得人心的将领阿布·穆斯利姆被阿拔斯王朝第二代哈里发曼苏尔杀死之后。756 年在拉伊爆发了由麻葛桑巴德领导的起义,他大概曾是阿布·穆斯利姆军队之中的一名军官;767 年,在赫拉特地区爆发了由奥斯塔德西斯领导的起义,他大概又是一位叛变的前军官;774 — 779 年,在扎拉夫尚河谷地区爆发了由"蒙面先知"穆坎纳领导的起义;817 — 837 年,在阿塞拜疆省爆发了由快乐支派领袖巴巴克领导的起义。839—840年,在塔巴里斯坦爆发了由卡林家族的少主马齐亚领导的起义。不像从前由各地军事长官领导的、本质上是世俗的抵抗斗争,绝大多数反阿拔斯王朝的起义,就像阿拔斯家族的起义一样,被认为是政治和宗教分歧结合在一起造成的起义。现有的资料常常企图把这些起义说成是旨在消灭伊斯兰教、复兴琐罗亚斯德教的反阿拉伯阴谋大联合。另外一些资料试图指出它们与后来伊斯兰教派分裂之间的联系。这就使人们很难确定它们的性质。不同的学术权威或者把它解读为民族主义和反阿拉伯性质,或者是有组织的琐罗亚斯德教抵抗伊斯兰教最后的努力,或者是伊朗前伊斯兰时期异端派别,如摩尼教、马兹达克教的重新抬头,甚至纯粹是伊朗封建主利用宗教感情维护其独立地位的努力。但或许看待它们的最好方式是,把它们看成是先前各个孤立地区一系列性质不同、相互之间没有联系的、目的在于反抗中央集权的阿拔斯王朝税收和严酷统治的起义。

在以美索不达米亚而不是叙利亚为大本营的阿拔斯王朝哈里发统治之下,伊朗人和伊朗文化的影响在伊斯兰世界稳步上升。这反映在他们在军队、官僚机构和学术界的势力日益增长,以及使萨珊创立的制度、思想,或起源于萨珊风俗习惯的制度和思想逐渐作出调适,以切合于伊斯兰教的需要。这个王朝不但是由像阿布·穆斯利姆这样的人建立的,而且其精神面貌也是由像伊本·穆卡法这类人塑造出来的。他把萨珊时期的许多文学和哲学著作翻译成了优美的阿拉伯语散文。而国家的事务则是由像出身于巴尔赫的祭司家族的巴尔马克家族的这类大臣来处理(不幸的是,很难说阿拔斯王朝很好地报答了这些支持者,阿布·穆斯利姆、伊本·穆卡法、加法尔·巴尔马基等都被多疑的哈里发杀死了)。在哈龙·拉希德的统治结束之后,阿拔斯哈里发帝国"波斯化"的鼎盛时期来到了。811年,在哈里发艾敏与其兄弟麦蒙之间爆发了一场内战。麦蒙的母亲大概是伊朗人,他当时担任呼罗珊的总督,艾敏打算调换他。麦蒙得到大多数伊朗军队的支持,军队前往阿拔斯王朝的都城巴格达,并且使麦蒙成了哈里发。他也非常信赖伊朗人血统的大臣法泽尔·本·扎尔。而且,他似乎在考虑把都城迁往呼罗珊。这个时期伊朗影响之广泛,引起某些阿拉伯国家担心其重要性将彻底丧失的恐惧。但是,这种恐惧被证明是站不住脚的。883 年,麦蒙去世之后,突厥族奴隶出身的军人取代伊朗人,成了阿拔斯政权的支柱。但是在那时候,独立自主的波斯-伊斯兰公国已经开始在伊朗本土形成。

在麦蒙的军队之中,有一位最能干和最富有侵略性的将领"两手俱利者塔赫尔",正是他领军攻克巴格达,杀死了艾敏。塔赫尔出身于一个自从起义开始以来,一直在阿拔斯王朝国事之中地位显赫的伊朗家族。塔赫尔在政治上的重要性可以与阿布·穆斯利姆相提并论。但是他没有犯像阿布·穆斯利姆一样的错误,轻信哈里发对他所建立的功绩表示感激的话,也没有长期呆在伊朗境外。821 年,塔赫尔要求并且获得了呼罗珊总督的职位,有权管辖伊拉克以东所有的行省。据说他刚一到那里,就取消了星期五主麻布道祷词中麦蒙的名字,还公然在某些钱币上不铸哈里发的名字。他发行货币,统率自己本地的军队。虽然他在一年之后就去世了,但其职务由儿子继承,并一直保存在塔希尔家族手中大约 50 年之久。这些变化的重要意义还有待讨论。从根本上说,一个独立的塔希尔王朝实际上已经形成了。而且哈里发无法也不愿与他争夺这个地区。但塔希尔王朝的权力,至少在理论上仍来自哈里发,很难将其说成是阿拔斯王朝、伊斯兰教或阿拉伯文化的敌人。把他们理解为已经伊斯兰化的军事总督和古代大封建家族可能是最恰当的。他们名义上臣服于阿拔斯王朝的众王之王,但在自己的王国之中大多是最高统治者。从这一点上来说,钟摆正在脱离早期阿拔斯王朝哈里发设想的高度中央集权的、专制主义的、神权主义的君主政体版本。在许多方面,它已经从新萨珊体制过渡到了新安息体制的类型。

在塔希尔王朝之后,各种各样王朝式的公国开始在伊朗发展起来。显然,它们无论在政治上、文化上都更加独立自主。在这些国家之中,最重要的是萨法尔王朝、白益王朝和萨曼王朝。同时,在种族和地理上,伊朗人的这三个王朝在宗教方面已经被彻底伊斯兰化了。毫无疑问,这时大多数伊朗人已经皈依了伊斯兰教的这个或那个派别。

萨法尔王朝兴起于偏远而动荡的锡斯坦行省。对于哈里发来说，这个地区一直很难统治，原因是，一个自从阿里时期就开始跟其他穆斯林派别作对的好战派别哈列哲派大量聚集到了这里。塔希尔王朝加强控制这个地区的努力引起了相反的结果，促使哈列哲派和本地的治安力量在平民出身的冒险家"铜匠耶古卜"及其兄弟旗下联合起来。耶古卜赶走了塔希尔王朝的总督，巩固了自己在锡斯坦的权力，袭击了邻近非穆斯林地区，并开始向呼罗珊、克尔曼、法尔斯和其他行省扩张。873年，他推翻了塔希尔王朝，看当时的形势，他甚至可能占领巴格达。但是，他在 876 年被一支阿拔斯王朝的军队打败。直到 911 年，萨法尔王朝仍然维持着一支强大的力量，并且在今后的几个世纪之中还是一支地区性力量。

萨法尔王朝的重要意义表现在两个方面：他们抛弃了在伊朗长期流行的对哈里发的恭顺态度，证明了在伊朗发展一种独立的、地区性平民主义伊斯兰文化的特性是有可能的。萨法尔王朝偶尔也会向阿拔斯王朝的哈里发进贡礼物，而哈里发作出的巧妙回应是承认萨法尔王朝的"总督职务"。但是，双方显然是互相仇恨、互不信任的。耶古卜轻蔑地嘲笑阿拔斯王朝对其"被保护人"的态度，他在追求自己利益的时候会毫不犹豫地和他们发生冲突。他也嘲笑宫廷诗人向他进献阿拉伯文赞歌的做法，承认自己不懂阿拉伯语，鼓励诗人用地方语言进行创作。

白益王朝同样也是由一名幸运的士兵阿里·本·布耶及其弟兄建立的。他们来自吉兰省一个偏远的、信奉异教的山区德莱木。哈里发的政权在这里建立较晚，一直很薄弱。正如哈列哲派聚集在锡斯坦一样，伊玛目阿里的后裔及其什叶派支持者经常以德莱木为庇护所，并且确定了伊斯兰教在这里发展的形式。在德莱木曾经出现过几个由当地统治者统治的微不足道的小王朝，但白益王朝无疑是最成功的。阿里·本·布耶曾经跟过一位性情古怪的总司令马尔多维奇，但后来又与他闹翻了。出身于伊朗行省贵族家庭的马尔多维奇是一名非穆斯林，占领了伊朗西部许多地区，并且当众发誓要消灭"阿拉伯人的帝国"，恢复琐罗亚斯德教和伊朗人的帝国。935 年，他在伊斯法罕庆祝琐罗亚斯德教节日的时候被刺,他的宏伟计划也因此而夭折了。阿里·本·布耶及其兄弟当时已经控制了他的大部分领土。阿里派其弟艾哈迈德前去占领胡齐斯坦。945 年,艾哈迈德又从胡齐斯坦前往巴格达,完全没有遇到任何抵抗就进入了巴格达。在得到哈里发穆克塔菲的正式承认和高官厚爵之后,白益王朝废黜了他,以阿拔斯家族一位可怜的傀儡穆帖仪取代了他的地位。白益王朝统治者的政治历史,在这里要讨论未免太复杂;只要说他们把自己的地盘在家族成员之中瓜分了就足够了。成员们一般承认他们之中有一人居首位,其他的白益家族成员统治着美索不达米亚和伊朗西部地区达一个多世纪之久。

　　在预测伊朗历史此后的走向时,白益王朝的统治有两个特点被认为具有特别重要的意义:他们表面上是什叶派教徒,但鼓励伊朗前伊斯兰政治文化因素的发展。白益王朝确实一直提倡纪念什叶派的宗教圣日(诸如传说中阿里在胡木井被任命为穆罕默德继承人的日子,以及侯赛因在阿舒拉的殉难日)、在祈祷仪式之中使用什叶派的礼仪规制、赞助什叶派学者的研究、自称为萨珊国王的后裔、使用众王之王的称号、戴萨珊风格的王冠、铸造钱币时刻上钵罗钵文的铭文。但也就仅此而已,无需过多渲染。政治环境迫使白益王朝不得不保留阿拔斯哈里发帝国,使它尽可能免遭法蒂玛王朝什叶派和其他敌人毁灭。他们所代表的什叶派类型已经完全融入伊斯兰教的主流之中。如果不能说全无行动的话,至少他们极少对伊斯兰教逊尼派采取什么行动,更不用说是进攻了。他们提倡的高雅文化可以该王朝著名大臣萨赫布·本·阿巴德的许多文学著作,或者他们赞助的文选编者阿布·法拉杰·伊斯法罕尼(一个倭马亚家族的阿拉伯人)的编著作品为例,形式和旨趣上几乎完全是阿拉伯化的。甚至还有人争论说,白益王朝的国王是否懂得他们使用的伊朗头衔和服饰的内在含义都令人怀疑。

　　萨曼王朝的国王自称是巴赫拉姆·舒宾的后裔,他们是伊朗东部(大概是巴尔赫地区)的一个德赫干家族。这个家族目前已知的最早一位祖先萨曼-胡大在阿拔斯起义之前刚刚皈依伊斯兰教。他的 4 个儿子因为支持麦蒙、塔希尔王朝而出名,并且获得了赏赐,管理呼罗珊边缘的战略地区,绝大部分在乌浒河那边。875 年,随着塔希尔王朝被萨曼王朝取代,阿拔斯王朝任命一位萨曼家族的成员纳斯尔一世本·艾哈迈德为他在河间地区的合法代表。892 年,其弟伊斯玛仪接替了他的位置。伊斯玛仪多次深入中亚地区袭击突厥游牧部落,893 年在中亚塔拉斯取得一场巨大的胜利。此战俘获的大批突厥人对萨曼王朝意义重大,他们一方面可以用这些俘虏来充实自己的军队,另一方面又可以把这些突厥奴隶出售到别的地方获得大量收入。伊斯玛仪还积极地和萨法尔王朝争夺呼罗珊的控制权,并于 900 年前后在呼罗珊打败了他们的军队。在当时,萨曼王朝的统治者广受赞誉,因为他们治域内一片繁荣昌盛,行政管理机构有效而开明,对赞助各种形式的艺术和学术总是慷慨大方。他们的都城布哈拉作为知识和商业的中心,可以和巴格达城媲美。

萨曼王朝在发展波斯-伊斯兰文明的过程中,在许多方面比萨法尔王朝或者白益王朝都要重要得多。他们在这方面的成就往往被忽略了,原因是他们本质上是一个中亚的国家,只控制了伊朗高原一块比较小的地方;他们是逊尼派和亲阿拔斯王朝的,还逐渐从伊朗德赫干势力转变为一支突厥奴隶军事武装。实际上,萨曼王朝奉行的是完全独立的政策(非常能说明问题的是,他们选择的祖先是巴赫拉姆·舒宾,一位有安息王朝背景的叛乱者;而白益王朝自称为巴赫拉姆·戈尔的后裔,莱赫米王朝的被保护国)。纳斯尔二世本·艾哈迈德(913 — 942)在位时期,他们甚至想拒绝向阿拔斯王朝效忠,而倾向于讨好法蒂玛王朝。他们后来镇压本国的伊斯玛仪什叶派,但却宽容地对待比较温和的什叶派十二伊玛目支派。他们支持逊尼派,通常是支持其中的哈乃斐支派,这是由一位伊朗裔的人建立起来的伊斯兰教法学派别,这个派别在涉及非阿拉伯人和地区事务时持自由灵活的立场。明显的事例是,他们对为了宗教目的使用其他语言而不使用阿拉伯语赋予了很大的自由。正是萨曼王朝而不是白益王朝,更不是萨法尔王朝,重新使波斯语成了书面语言(使用阿拉伯语字母作为钵罗钵语的表现形式),并给予它应有的尊重。在一份授权使用波斯语写成的宗教法令之中,萨曼王朝当局明确地宣布："在这里,在这个地区,语言是波斯语,这个王国的诸位国王是波斯国王。"他们继续赞助阿拉伯学术成就,但也尝试使用波斯语来记录国家的档案,资助把重要的著作从阿拉伯语译成波斯语的工作,提拔许多波斯诗人,如鲁达基和丹丹干,鼓励人们恢复和保留以菲尔多西的《列王记》为最完美表达形式的伊朗民族史诗。当时,萨曼王朝的国王在本国军队和宫廷之中日益增多地使用突厥人,他们还制定了培训突厥族侍从"古拉姆"的长期制度,准备让他们担任将领或各行省行政官员。这种制度确保了突厥人在新的环境之中能够真正适应新的文化,而萨曼王朝独特的波斯-伊斯兰官僚制度、文学和宗教价值观念能够成功传给突厥人,这意味着这些价值观念将与他们一起传遍伊朗内外。

突厥-蒙古时代

但是,就是由于对突厥人的依赖、财政困难和自身的过分扩张,导致了萨曼王朝的垮台。突厥人对萨曼王朝的压力来自两个方面,即已经服役的奴隶士兵和萨曼王朝边界地区已经皈依伊斯兰教的突厥人。正如在阿拔斯王朝哈里发时期奴隶军队的情况一样,萨曼王朝突厥族的某些司令官不久就开始把自己驻守的地区控制在自己手中。其中最早的是艾勒卜特勤将军。大约在961年,他利用一支由奴隶士兵组成的私人军队征服了伽色尼,在其东部就是今天的阿富汗。伽色尼的驻军严格说起来还是萨曼王朝的奴隶,他们选举自己的司令官,大部分都各自为政。最后,他们之中有一个人建立了真正的王朝,称为伽色尼王朝(977 — 1186)。伽色尼王朝因为对旁遮普和恒河平原发动宗教侵略而闻名。他们最少对印度进行了17次远征。伽色尼的苏丹马哈茂德(998 — 1030)由于在印度作战而出名,但他更感兴趣的是充实自己的国库,而不是兼并领土。在他发动侵略战争的期间,许多佛教和印度教宗教圣地被摧毁,大量的奴隶、珠宝和贵重金属被作为战利品掠走。

与此同时,亚洲内陆许多突厥部落居民成了穆斯林(通常皈依后的突厥人会被称为土库曼人,以便与其他异教徒突厥人相区别),而且开始建立他们自己的国家。在这些国家之中,第一个是喀喇汗王朝(992—1211),正是这个王朝消灭了萨曼王朝;999 年他们占领了布哈拉,并且在 1005 年杀死了最后一位想登上萨曼王位的人。喀喇汗王朝的人虽然是穆斯林,并且认为自己是合法的伊斯兰统治者,但他们的社会文化本质上仍然是突厥人的,并且孤立于穆斯林世界其他地方。喀喇汗王朝占领河中地区,标志着把这个原先属于伊朗文化的地区改变为突厥文化地区的过程开始了。

在突厥人建立的新王朝之中,塞尔柱王朝(1038—1194)最为重要。该王朝得名于部落首领塞尔柱,他显然是由哈扎尔的突厥部落联盟之中分离出来的,并且在一个名叫金德的集镇地区自立为王,这个地区靠近锡尔河流入咸海的地方。在接受伊斯兰教之后,塞尔柱和被他吸引的追随者们成为了宗教战士,抗击异教的突厥人,并且在不同的时候作为志愿军向萨曼王朝、喀喇汗王朝和伽色尼王朝提供过援助。同时,他又和当地各大城市的平民和宗教首领建立了良好的关系。随着其联盟人数的增加,在敌对集团的压力之下,塞尔柱设法迁移到呼罗珊地区,这就使他最终与伽色尼王朝发生了冲突。1038 年,在查格里和图格里勒两兄弟的领导之下,塞尔柱人占领了内沙布尔,宣告了一个新的苏丹国成立。后来,在丹丹干战役中,他们进攻并且消灭了伽色尼王朝的军队(1040)。查格里控制了伊朗东部地区的土地,而图格里勒开始在西部兼并新的领土。1055 年,图格里勒到达并占领了巴格达城。他的继承人艾勒卜·艾尔斯兰(1063—1072)和马利克沙(1072—1092)都接受了天才的波斯首相内扎姆·穆尔克(1019—1092)的指导,使塞尔柱苏丹国成为这个地区最强大的国家,统治着从叙利亚直到中亚的地区。1071 年,艾勒卜·艾尔斯兰在曼齐克尔特大胜拜占庭人,使安纳托利亚向突厥、波斯-伊斯兰文明敞开了大门。

伽色尼王朝和塞尔柱王朝的国王都是一些在行政管理方面很少或者没有经验的军人,他们不得不面临如何统治已经被自己占领的领土问题。毫不奇怪的是,他们都挑选被自己取代的伊朗人的王朝,特别是萨曼王朝的体制作为自己体制的榜样。出于需要,他们极度依赖之前的波斯官员充当自己的官员、行政人员和顾问。在伊朗政治家的影响之下(其中影响最大的是内扎姆·穆尔克),他们接受了伊朗有关王权和公正的传统理论。这套理论概括在内扎姆·穆尔克论述行政管理的著名手册《政治论》之中。同时,在他们的赞助之下,艺术、文学和科学得到全面繁荣。伽色尼的马哈茂德之所以臭名昭著,是因为他为了表明自己开明君主的形象,甚至不惜把他无法吸引到其都城来的学者们绑架来了。科学家贝鲁尼利用伽色尼王朝军队在印度作战时获得的知识,写了一本关于印度和印度文明的著名书籍。他可能是伽色尼宫廷赞助的最伟大的学者。在文学方面,突厥统治者特别鼓励波斯诗歌的创作。在伽色尼时期,一大批天才的诗人脱颖而出,其中包括法鲁西、曼努切赫里,尤其是伊朗壮丽史诗《列王记》的作者菲尔多西。这个时期还出现了可能是波斯历史编纂学上最杰出的典范、贝哈奇的《麦斯欧迪史》。该书对这些伽色尼苏丹在位时期的事迹进行了深度的报道,是一本文笔优美、详尽而又权威、深刻的书籍(不幸的是,原文只有小部分保留至今)。活跃在塞尔柱时期最著名的诗人,有奥马尔·卡亚姆、莫齐和安瓦里。

77

就宗教政策而言,伽色尼和塞尔柱王朝全力以赴地支持逊尼派法学和学术的发展,以对抗法蒂玛王朝势力的崛起和伊朗什叶派伊斯玛仪支派传教士的影响。与法蒂玛王朝在开罗设立官方培训伊斯玛仪派专家的中心爱资哈尔几乎同时,在东方(尤其是在内沙布尔)也出现了一种类似的机构,专门深入研究正统逊尼派法律的学院——马扎沙。它并非塞尔柱人创立的,但他们鼓励在帝国各地建立马扎沙学院。马扎沙靠人们无偿捐赠的不动产来维持。这些不动产被称为瓦克夫,其收入用于维修建筑物、发放教师工资和为学生提供膳宿。

这个时期宗教潮流方面的另一个重要因素是苏非派的兴起。早期的苏非派是一种高度个人化和情绪化的伊斯兰派别,它经常以各种背离宗教律法规定的行为来表达自身——一种极端是以唱歌、跳舞、饮酒等来表现自己的神秘体验,而另一种极端则是过分的禁食、过分虔诚的礼拜仪式、苦行和独身。塞尔柱时期,早期的苏非派教义已经和伊斯兰教传统的逊尼派非常密切地结合在一起,苏非派已经制度化了。通常被称为使逊尼派和苏非派调和一致的设计师,是伊朗宗教学者和传奇人物阿布·哈米德·加扎利(1058 — 1111)。加扎利是一位非常喜欢批评逊尼派理论、哲学和思辨神学的人;为了维护社会制度,他主张接受苏丹统治的权威。最重要的是,他支持使律法自由化和精神化,使它们能宽容苏非派的许多实践行为,并提倡一种"清醒的"、能够被纳入到伊斯兰教律法大范围之内的苏非派。大约在同一时间,苏非派也不再是高度个人化的行为,它已经变成了集体的和制度化的组织。被一位极具个人魅力的苏非派导师(被称为 *shaykh* 或 *pir*)所吸引的苏非派信徒,开始组织成一种被称为塔里卡(本意为"途径或方式")①的社团。这些修会有他们自己特定的入会仪式,其成员遵守导师规定的行为、仪礼和精神活动的准则。他们一般建有会舍,使教徒们在静修时期可以居住;这些建筑一般在修会创始人的陵墓附近,或者修会著名教友的陵墓附近。一个这样的修会在科尼亚的贾拉勒丁·鲁米(1207 — 1273)圣祠附近发展起来了。这位著名波斯诗人和苏非派教徒是应一位塞尔柱王公的邀请来到这里的。鲁米的杰作《玛斯那维》,是一部以押韵的对句创作的长篇神话故事集,号称是用波斯语写成的《古兰经》。从此之后,波斯古典诗歌和苏非派几乎是不可分离的。

1092 年,精明强干的首相内扎姆·穆尔克被暗杀,据推测可能是尼萨里伊斯玛仪派暗杀团一名成员干的。同年,马利克沙去世。塞尔柱帝国开始分崩离析。分裂的原因之一是争夺王位继承权的内讧。这些内讧有时接近真正的内战。此外,年轻的塞尔柱王公被派往外地,担任各行省有名无实的总督。每个王公都指定了一名太傅即监护人。他们都是从塞尔柱军队奴隶士兵的指挥官之中挑选出来的。一些监护人实际上已经把行省控制在自己手中,建立了他们自己的小王朝。另一个

---

① 复数 tariqas 意为"教团、门派或互助会",《简明不列颠百科全书》中译本译为"道乘"。——译者注

不稳定因素来自游牧部落土库曼人对塞尔柱帝国领土新的入侵。他们很难控制,并且对农村造成了巨大的破坏。1157 年,他们杀死了塞尔柱王朝的苏丹桑贾尔,并继续前进占领了塞尔柱帝国大片的领土。

　　1219 年,成吉思汗发动战争后,蒙古人开始入侵,伊朗东部因此雪上加霜,再受蹂躏。尽管有传闻说蒙古人是接受企图削弱其对手的阿拔斯哈里发的邀请前来进攻的。但是,入侵的真正原因一般被认为是成吉思汗派去见当时伊朗东部最重要统治者花剌子模沙的使者被杀。蒙古人不是穆斯林,不重视任何定居的文明,因而发动了一场极其野蛮的复仇战争;和突厥游牧部落的入侵比较,蒙古人的入侵是一场浩劫。到 1223 年,蒙古人在 4 年之间造成了巨大的破坏;像巴尔赫、木鹿和内沙布尔等大城市遭到严重破坏,人口大量减少,从此再也没有恢复它们昔日的辉煌。1255 — 1260 年,蒙古人再次发动进攻,在成吉思汗之孙旭烈兀的指挥下,蒙古军队横扫伊朗、伊拉克和叙利亚。旭烈兀铲除了什叶派伊斯玛仪支派在伊朗建立的地盘。1258 年,他占领并洗劫了巴格达城,杀死了阿拔斯王朝的哈里发,并实际上结束了这个在穆斯林体制之中最有威望的制度。在此后 300 年的大部分时间里,伊朗处于蒙古人和蒙古裔统治者的统治之下。

　　旭烈兀建立的伊儿汗王朝(1256 — 1353),残酷地剥削定居的人民,竭尽所能榨取税收,并且大肆破坏国家的农业设施。伊儿汗早期统治者十分仇视伊斯兰教,尽力支持佛教和聂斯脱利派基督教。他们的全部精力都集中在与外部敌人作战,主要是金帐汗国及埃及的马穆路克王朝。这种情况在合赞汗时期(1295 — 1304)开始改变,他皈依了伊斯兰教,依靠有才干的首相、伊朗人拉希德丁的帮助,改革了税收制度,设法振兴农业。可合赞汗不够长寿,没来得及真正改变国家,而他的继承人则乏善可陈。1335 年,最后一位伊儿汗阿布·赛义德去世之时,成吉思汗家族之中没有选出一位被承认的接班人,伊朗再次分裂为在许多蒙古官员统治之下的、通常是互相敌对的地区。

　　最后一位伟大的蒙古统治者是"跛子帖木儿"塔梅尔兰(或 Timur Lang)。尽管帖木儿是说突厥语的,但他是蒙古血统,自称与成吉思汗

79

之子察合台家族有血缘关系。帖木儿的整个成年时期(大约 1360 —
1405),基本上是在戎马生涯之中度过的。这些战争驱使他反复奔波在
亚洲许多地方:如在中亚地区建立自己的统治(1360 — 1380);征服伊
朗和美索不达米亚地区(1380 — 1387);侵略金帐汗国(1395)、德里苏
丹国(sultanate of Dheli,1398)、马榴克王朝(1400)和奥斯曼帝国
(1402)的领土。在他的身后,留下了一条宽阔的死亡与毁灭之路。但
是,要断定其战争目的是什么却异常困难,他似乎只是在尽可能地证明
自己的军事才能。在他的统治之下,伊朗再次统一了。但他的主要作
用是把以前比较进步的蒙古汗王所取得的一点儿成绩给毁灭了。

不过,也不能认为在蒙古人的统治之下伊朗就彻底变成了不毛之
地;恰恰相反,波斯-伊斯兰文化的某些方面正是在这个时期处于极其
繁荣的时期。即使是像旭烈兀这样的野蛮人,对某些科学和知识也还
是怀有一定敬意的(至少是出于封建迷信思想支配的敬畏)。就比如
说,他赞助并庇护了伊朗著名什叶派学者纳赛尔丁·图斯,并且在阿塞
拜疆的马拉盖为他建立了一座精美的天文台。在那里,图斯完成了当
时最先进、最精致的某些天文研究工作。由于蒙古帝国的建立,在蒙古
人统治时期多种文化的广泛接触成为可能,这就充实和拓宽了地理学、
特别是历史学著作的内容。阿塔-马利克·乔瓦尼的《世界征服者史》
(*History of the World Conqueror*)是一部研究成吉思汗生平的重要著
作,拉希德丁的《史集》(*Compendium of Histories*)是一部史料相当完
备、真正完整的世界历史。抒情诗和神秘主义诗歌继续流行,波斯两位
最伟大的古典诗人萨迪(1292 年逝世)和哈菲兹(1390 年逝世)就生活
在蒙古统治时期,不过是在逃脱了蒙古人浩劫的同一座城市设拉子。
据说哈菲兹有一次见到了令人生畏的塔梅尔兰,他想指责哈菲兹创作
的诗歌,但哈菲兹在与这位征服者开玩笑的时候毫无畏惧、毫不退让。
还要指出的一点是,正是由于蒙古人的赞助,才使伊朗创作出某些精美
插图的手稿,建立起许多最令人难忘的宏伟建筑。

在评价蒙古人给伊朗留下的遗产时,绝大多数历史学家的说法都
很像蒙古进攻中一位幸存者留下的名言:他们来了,他们杀人,他们放

火,他们抢劫,他们离开了。即使考虑到历史记载存在某些夸张的现象,蒙古人在伊朗造成的破坏和混乱也确实是巨大的。虽然这些破坏和混乱最后消失不见了,但遗址却仍然存在。蒙古远征在本质上是应当否定的,但它也为创造性提供了可能。他们消灭了像哈里发制度之类的旧制度的支柱,他们摧毁了波斯-伊斯兰文明中心的大城市,但把这种文明遗产的碎片散播到了城市周围的瓦砾之中;他们使伊朗文化的天平从东部偏向了西部;他们为统治制度的本质,还有统治者制定法律的特权提供了新的思想;他们为宗教异端和创新打开了大门;他们改变了伊朗种族的成分和人口的分布;他们从根本上改变了伊朗的经济和社会生活,提高了部落居民和部落政治的重要性。问题是,这些各不相同的成分,用什么办法、在什么时候能够重新组合为一个协调的整体。

第四章　近代早期的伊朗

　　　近代伊朗文化的重要线索,可以追溯到前伊斯兰时期、伊斯兰时期和突厥-蒙古时期。但是,使它得以具有一个今日民族国家特有的面貌,却是从 16 世纪早期萨非王朝建立的时候才开始出现的。有两个因素被认为特别重要,即伊斯兰什叶派宗教认同的确立和伊朗与周边强国及更大世界的关系。

蒙古统治结束之后的伊朗

　　在帖木儿短暂的统治生涯结束之后,他在 15 世纪控制的伊朗领土被分给了他的继承人。帖木儿王朝在伊朗东部,而由许多的土库曼部落组成的联盟、号称黑羊王朝和白羊王朝则在伊朗西部①。在这些国家之中,帖木儿王朝在建立一个独立的、文化发达的国家方面做得最成功。这个王朝的统治者继续进行军事征服,因为军事成就是突厥-蒙古统治者合法地位最主要的支柱之一。但是,帖木儿王朝的统治者作为伊斯兰学术、文学、艺术和建筑的赞助人也是非常出名的。在这些领域,他们之中有些人本身就很有成就。著名的人物有书法家贝索戈尔

---

　　①　按本书的英文直译过来,分别是黑羊和白羊联盟,但我国一般称为王朝,因此翻译遵从汉语表达惯例。下同。——译者注

亲王和天文学家兀鲁伯王。许多非常壮观的、精美的、带有插图的波斯手稿代表作，就是这个王朝的统治者下令制作的。帖木儿王朝选择赫拉特为自己的首都，并且用许多清真寺和其他宏伟建筑把它装点得更加美丽。统治者沙罗赫之妻高哈尔·莎德的功绩是，资助建造位于伊玛目礼萨圣陵附近的马什哈德大清真寺，它后来成了什叶派穆斯林朝圣的重要地点。1057 年，在中亚地区乌兹别克突厥首领穆罕默德·谢巴尼汗进攻赫拉特的压力之下，这个王朝终于垮台了。

　　在遭受乌兹别克人进攻之前，帖木儿王朝的主要威胁来自黑羊王朝。黑羊王朝是少数与奥斯曼人一起反对塔梅尔兰的土库曼人之一，他们一直是帖木儿王朝的对手，虽然沙罗赫之妻高哈尔·莎德还是黑羊王朝首领卡拉·优素福的姐妹。1410 年，在打败蒙古人的贾拉伊尔王朝之后，卡拉·优素福得以占领阿塞拜疆省大部分和伊朗西部许多地方。沙罗赫正式承认黑羊王朝后期的一位首领贾汗沙为阿塞拜疆总督，明显地是想把他作为自己的封臣。但是，在沙罗赫去世之后，贾汗沙起来反对帖木儿王朝的统治，占领了北至格鲁吉亚，南至克尔曼的新领土，甚至还短暂地包围了帖木儿王朝的都城赫拉特。他企图使大不里士在文化上与帖木儿王朝的许多大城市相匹敌，但它最多不过是东施效颦。

　　黑羊王朝的夙敌是以西的白羊王朝，这个王朝控制着安纳托利亚东部和美索不达米亚北部大部分地区。白羊王朝大体上是帖木儿王朝的盟友。1435 年，在白羊王朝的埃米尔卡拉·奥斯曼被黑羊王朝的统治者俘虏和杀害之后，白羊王朝就与黑羊王朝真正地结下了血海深仇。他们最强大的首领是乌宗·哈桑。他的远大理想是建立一个可以和帖木儿王朝、奥斯曼土耳其王朝、埃及马穆路克王朝并驾齐驱的苏丹帝国。1467 年他伏击并杀死了贾汗沙，夺取了原黑羊王朝的绝大部分领土，将自己的都城迁到了大不里士。两年之后，他用同样的方法打败并杀死了企图阻止他向东方扩张的宗主、帖木儿王朝的统治者阿布·赛义德。1472 年，由于受到威尼斯的鼓励，他向奥斯曼帝国挑战，但被打败了。此后，他集中全力巩固自己在伊朗的统治，通过各种改革，旨在使一个游牧民族的国家转变成定居者的国家。在他于 1478 年去世之后,这个任务接着由其子哈利勒和耶古卜继续完成。随着黑羊王朝的灭亡、帖木儿帝国的衰落以及和奥斯曼帝国陷入了相持不下的局面,白羊王朝的主要威胁来自内部的争权夺利,特别是一些土库曼部落老是跟王朝作对,他们反对加强国家的权力,喜欢萨非家族富有魅力、好战的宗教修会。

萨非王朝的兴起

　　萨非家族的修会是由谢赫·萨非丁(1252 — 1334)创立的。他是一个来历不明的人物,可能是库尔德人。他曾经是苏非派著名修行者谢赫·扎黑德·吉兰尼(Sheikh Zahed Gilani)的重要门生、女婿,最后成了其继承人。1310 年谢赫·扎黑德去世之后,萨非丁把修会从吉兰搬到了阿尔达比勒,这可能是由于与谢赫·扎黑德之子争夺教派控制权的原因。阿尔达比勒位于大不里士以东 160 英里,靠近外高加索和吉兰之间的里海走廊,是一座偏僻但战略地位重要的城镇。当时它刚被蒙古人洗劫,并常常成为格鲁吉亚人抢劫的对象。萨非丁及其追随者帮助组织了城镇的防御工作,还做一些善事,如以他们在此地修建的苏非派道堂(Khanaqah)①为穷人提供食物和住宿。在道堂和萨非丁陵墓附近有一座精致的圣祠,它是朝圣的地方和修会的总部,一直由萨非丁的后裔在主持。早期萨非修会精神领袖的活动据说受到塔梅尔兰的支持,他为建筑圣祠提供了资助,允许萨非家族征税,还释放了一些罪犯,这些人最后都成了修会的虔诚信徒。

　　在修会第四代领袖朱奈德(Jonayd,1447 — 1460)时期,萨非修会的性质开始出现变化。可能是由于受到奥斯曼帝国榜样的鼓舞,朱奈德把这个团体军事化了,吸收了大量的门徒,他们可能是土库曼部落的居民,热切希望作为"战士"参加对非穆斯林地区的抢劫活动。这就引起了黑羊王朝统治者贾汗沙的怀疑,用武力迫使朱奈德离开了阿尔达

---

　　①　也有人译为"中心"。——译者注

比勒。他在安纳托利亚、叙利亚和美索不达米亚流浪了一段时间,想必吸收了更多的追随者,之后,朱奈德成了白羊王朝和乌宗·哈桑的朋友,还娶了他的妹妹。1459 年,他企图回到阿尔达比勒去,但是被仍然怀有敌意的黑羊王朝勒令带着他的战士们前往切尔克西亚(Circassia)。为了到达那里,他不得不经过一位穆斯林统治者希尔万沙的领土。1460 年,希尔万沙进攻并杀死了朱奈德。

乌宗·哈桑继续保护朱奈德之子海达尔,并且让他娶了自己的一个女儿。海达尔发明了一种有特色的、12 道褶(以示对十二伊玛目派的尊敬)的红帽子,这种帽子后来成了追随萨非修会的各个部落的独特头饰,他们也因此被称为奇兹尔巴什①。红帽军无限忠于萨非修会的事业,并且组成了萨非修会军事力量的骨干。但是,在黑羊王朝灭亡之后,白羊王朝统治者不再需要萨非这个盟友了。乌宗·哈桑的继承人毫无疑问地把海达尔、他的独立的准军事力量,以及他与白羊王朝通过乌宗·哈桑之妹和女儿建立起来的亲属关系看成是一种潜在的威胁。1488 年,当海达尔企图进攻希尔万沙为其父报仇的时候,白羊王朝的叶尔孤白(他是希尔万沙的女婿)派出一支 4 000 的军队帮助打败并杀死了海达尔。海达尔三个儿子被逮捕,作为白羊王朝王公之间权力斗争的人质被扣押起来。1494 年,其长子被谋杀了。其他两个儿子被狂热的信徒偷偷地送往吉兰森林地区,他们在当地什叶派显要人物保护之下继续躲藏了好几年。由于许多说不清的原因,次子让出了修会首领的地位给自己的弟弟伊斯玛仪。

在伊斯玛仪时期,他和其支持者的关系明显不再类似于通常的苏非派导师与门徒,或者军事首领和士兵之间的关系。新的宣传(*dawa*)形式采用了什叶派中激进派的语言。它强调,不仅是由于伊玛目穆萨·卡齐姆的关系于是萨非家族作为先知穆罕默德后裔具有特殊的地位,而且伊斯玛仪就是救世主"隐遁的伊玛目",回来维护自己的权力,甚至还说他就是永无谬误、不可战胜的神的化身。许多资料表明,他的

---

①　突厥语,意为"红帽子",下文将按意译称其为"红帽军"。——译者注

红帽军追随者现在把他当做神一样来崇拜,以求庇祐他们在战争之中平安无事。一些属于他的诗歌毫无疑问地证明这种思想是受到鼓励的。人们在思索这个令人奇怪的发展过程的时候,有几个核心问题是必须注意的:即使在那个伊斯兰宗教思想还不十分稳定、派别区分还不像后来那样非常明确的时代,这种思想也是远远地超出了苏非派和什叶派传统神学理论之外的极端主义(*gholat*)观念。它们不大可能是伊斯玛仪本人发明的。因为他在吉兰避难的时候才 5 岁,他在 1499 年以红帽军首领身份出现的时候也只有 12 岁。在那个时候,萨非修会的思想意识形态很可能是门徒内部一个小的精英集团的产物,他们通过一个秘密组织来传播这种教义。现在还不清楚的是,这种思想意识形态的发展,是专门为了吸引红帽军士兵而特意为之呢(这些人并不严格遵守伊斯兰教义,毫不掩饰许多前伊斯兰时期的、常常是萨满教的信仰),还是当越来越多的红帽军为了保卫自己部落的独立地位而加入到萨非派领导的红帽军运动中来之后,萨非派的信条不可避免地随他们而产生了改变。

无论如何,新的宣传、红帽军、还有白羊王朝由于王朝内讧而发生的意外分裂,增加了潜在的变动可能。1500 年,在埃尔津扬大约有 7 000 名红帽军骨干加入了伊斯玛仪的军队。在相当短的时间内,他们杀死了希尔万沙,为伊斯玛仪的父亲和祖父报了仇;以少胜多打败了白羊王朝的阿尔万德的军队;并于 1501 年胜利地进入了大不里士。伊斯玛仪在那里采用了波斯帝国国王的称号——沙(Shah)。在此后的十几年里,伊斯玛仪所向披靡。1503 年,他占领了扎格罗斯山脉中部地区(哈马丹周围)和法尔斯省;第二年,他又占领了剩下的里海各省(马赞达兰、戈尔甘)和伊朗中部地区(亚兹德)。伊朗西部地区(主要是库尔德和胡齐斯坦)承认伊斯玛仪为统治者。1505 年到 1508 年之间,在外高加索、安纳托利亚东部和巴格达取得的胜利,使他控制的帝国可以和乌宗·哈桑统治之下的白羊王朝相匹敌。但它还使得萨非王朝与两个危险的对手为邻:西边的奥斯曼人和东边的乌兹别克人。这两个国家都是坚定的逊尼派,鄙视萨非王朝进行的宗教宣传。1510 年,伊斯玛仪在木鹿一场大战之中击败乌兹别克军队,乌兹别克首领穆罕默德·谢巴尼汗在这场大战中被杀。伊斯玛仪将战死的汗的头骨做成饮器,将塞满稻草的头颅送给奥斯曼苏丹作为礼物——这仅仅是许多蓄意侮辱之一,另外还包括以诗歌嘲笑奥斯曼人,当着奥斯曼使臣的面杀死逊尼派重要人物,在安纳托利亚的土库曼人中散布谣言,插手奥斯曼王位继承问题。

对萨非王朝采取和解政策的奥斯曼苏丹巴叶济德二世被迫于1512年退位,"勇敢的塞利姆"取而代之。塞利姆立刻镇压了奥斯曼帝国境内的红帽军,屠杀、监禁和流放了大约4万人。他还封锁伊朗出口丝绸的贸易(萨非王朝主要的收入来源),积极准备对伊斯玛仪发动一场先发制人的进攻。1514年8月,伊斯玛仪确信残余的红帽军肯定会加入他的军队,遂率领自己的军队进入安纳托利亚,在查尔德兰迎战塞利姆。奥斯曼人用马车和大炮箱子堆砌成掩体,而装备着滑膛枪的精锐禁卫军则隐蔽在后面射击,成功地使强大的红帽军骑兵失去了作用。一方是装备有火器的现代化军队,而另一方是由克里斯玛型领袖率领的传统草原游牧骑兵,在这场极其激烈的冲突之中,红帽军尽管毫无畏惧地向前猛冲,但无法抵抗奥斯曼军队的火力。萨非王朝的军队遭到了重创,特别是军队的高级指挥官伤亡惨重。伊斯玛仪自己也被击中受伤,军队不得不撤退。塞利姆希望乘胜追击,但其军队以安纳托利亚严酷的冬季即将来到为由拒绝前进。第二年,他再度进攻,短暂地占领了大不里士,掠走了该城许多工匠,但他没有打算长期控制阿塞拜疆,这大概是因为他对叙利亚和埃及的兴趣日益增加的缘故。

查尔德兰战役造成了许多的后果,特别是对萨非王朝的思想意识形态造成了深刻的影响。萨非王朝晚期的历史学家哈桑·鲁姆卢企图把这次战争的重要性贬低为"微不足道的挫折",也贬低它对红帽军忠诚度与精神的影响。虽则如此,他在言辞中还是暗示出了事情的实际情况,他说这场失败是因祸得福,因为它可以阻止"天真的红帽军"过分地相信伊斯玛仪的权威,以免使他们偏离"宗教信仰的正道",陷入"严重的谬误之中"。确实,红帽军很难继续相信伊斯玛仪是永无谬误的。

一个有力的事实是,在后来十多年之中,直到 1524 年伊斯玛仪去世之前,他再也不敢率领军队作战。他几乎对国家大事失去了一切兴趣,整天酗酒。在他去世的时候,他 10 岁的儿子塔赫马斯普已经继承了王位,塔赫马斯普在位直到 1576 年。

伊朗萨非王朝的结构

查尔德兰战争突出并加速了确定萨非国家特征的各种倾向的发展。在查尔德兰失败之前,萨非王朝领地的边界大致等同于伊朗古代突厥-蒙古国的边界,在这场战争失败之后,它永远地失去了安纳托利亚东部地区,其在美索不达米亚的领地也不声不响地渐渐流失。因此,萨非王朝和奥斯曼帝国的边界大致沿着今天伊朗-土耳其边界线确定下来。在东边,乌兹别克人在谢巴尼汗去世之后,迅速地重振旗鼓,并在 1512 年打败了萨非王朝的军队。乌兹别克人和萨非王朝彼此的斗争还继续了一段时间,但情况很明显,在中亚地区已没有萨非王朝的立足之地,呼罗珊就是萨非王朝最东部的边界。在阿塞拜疆省和政府人员之中,突厥人和红帽军仍然势力强大。但是,萨非王朝却很大程度上成了插在突厥语奥斯曼人和乌兹别克人之间的一个波斯语大国。这个国家的边界非常近似一直延续到今天的边界,因此我们也用不着对后来的作家把它称为"伊朗",它的波斯文化特征变得更加重要而感到奇怪。

萨非王朝的宗教政策也使伊朗与其强大的逊尼派邻国相分离。在同一时期,它开始停止使用极端主义的红帽军装饰。1501 年进入大不里士后不久,伊斯玛仪沙立即宣布他的国家官方宗教将是什叶派——不是红帽军的极端主义什叶派,而是有点保守的什叶派十二伊玛目支派。他大概是在吉兰受卡尔吉亚·米尔扎·阿里保护的时期接受了十二伊玛目支派的影响。关于这项政策的证据是,在主麻日的布道之中要呼唤诸伊玛目的名字,在钱币上铸有什叶派的口号。这样传播什叶派十二伊玛目支派,无疑是萨非王朝最重要和最持久的功绩。但是,它是怎样和为什么这样做,在没有得到满意的答案之前,还必须进行更多的研究。人们一般认为,在1500年的时候,伊朗是一个逊尼派占主导地位的国家,把它改造成什叶派国家要依靠威胁手段——在很多时候肯定是使用了暴力。实际上,这种变化过程并不像上面暗示的那样非常显著。有一个必须记住的事实是,在萨非王朝的边界之外,中亚地区仍然有许多伊斯兰教逊尼派真正的堡垒继续存在。众所周知,在伊朗西部地区长期存在着异端派别,那里还有许多什叶派社区和公国存在也是众所周知的事实。况且,一般而言,先知家族特别喜爱的什叶派,几个世纪以来已经深深地扎根于民众的宗教之中。什叶派的许多观点,特别是它重视正统的观念,非常迎合伊朗人的感情。例如,萨非王朝的统治者就非常巧妙地利用了这种信念,即伊玛目侯赛因娶了伊朗最后一位国王的女儿为妻,因此后来历代伊玛目和萨非家族都是出自这个世系。最后,实行这个政策与其说涉及的是改变伊朗民众的宗教信仰,不如说是要以当时受到民众支持的什叶派乌里马(宗教权威和法官)取代逊尼派的乌里马。为了实现这个目的,使用提供物质支持的办法招聘了一些人员,同时从其他什叶派社区(特别是从巴林和黎巴嫩埃米尔山区)引进了一些人员。凡是反抗此政策的人或是被处死,或是像哈桑·鲁姆卢所说的,被迫"偷偷地爬到哪个角落里躲藏起来了"。

88

无论如何,萨非王朝提倡什叶派所获得的好处是非常明显的。皈依什叶派十二伊玛目支派,使支持萨非王朝的支持者队伍壮大了;作为伊玛目的后裔,萨非王朝统治者增添了一份额外的正统因素;淡化了国家特有的土库曼红帽军色彩;建立了照王的意愿行事的(至少在初期是这样)司法机构;取得了与奥斯曼、乌兹别克进行斗争的思想意识形态根据。但这样做的代价也是明显的。首先,在把什叶派、逊尼派的教派分歧引入到战争和政治斗争之中的时候,也就彻底地恶化了伊斯兰两派之间的关系,并且引起了对双方的血腥迫害。第二,什叶派乌里马很快就巩固了独立自主的地位,它除了是萨非王朝的支持者之外,也是一种威胁。形势非常类似萨珊时期琐罗亚斯德教祭司集团的情形。这一点对于后来伊朗全部历史都是十分重要的,必须特别重视。

伊斯兰教是没有祭司集团和宗教权力机构的,这一点的确不假。

但是,在萨非王朝时期发展起来的什叶派,可以说已经形成了强大的准教士阶层和教会制度。许多因素有利于这些东西的形成。萨非王朝统治者建立了像萨德尔这样的机构来统管宗教活动(虽然其创建的初始目的是为了控制教士阶层),这本身就为什叶派乌里马提供了所需的承认和官僚机构。介入慈善捐助(瓦克夫,其中包括萨非王朝贵族捐助的大笔财产)的管理工作,还有征收某些宗教税费,使乌里马拥有大笔独立的资金来源。由于乌里马执行的司法工作需要接受高深的教育,懂得阿拉伯语,这就必然使他们与普通波斯语或突厥语民众有所区别。萨非王朝对伊朗的其他苏非派修会并不信任,苏非派既不能代替什叶派,又不能成为民众喜欢的宗教,就像他们在逊尼派国家的作为一样。重要的教士家族一般世代垄断宗教地位。而且他们的地位又由于他们之间的婚姻和血缘纽带而变得更加巩固。许多人声称自己是伊玛目的后裔,因此拥有特殊的地位和合法正统地位。他们的权威最终来自他们对什叶派法律的知识,他们没有特殊的理由把重要的地位(如苏非派修会的精神导师或红帽军超凡的领袖)和萨非王朝国王的角色联系在一起。最后,他们为了自己的权威发展出了完善的思想理论基础,而这种权威并不依赖于萨非王朝统治者。当"隐遁的"第十二位伊玛目尚未现世之前,有关宗教的各种问题必须不断地由接受过传统法律和审判方法(osul-al-feqh)训练的、有充分能力进行"伊智提哈德"(意为"创制")的学者们(穆智台希德)作出决定。一般信徒必须向穆智台希德请教,"效仿"他们的榜样,这种习俗叫做塔格利德(意为"仿效")。这种观念并没有马上就完善起来,在什叶派之中也有非常强烈的反对意见。但是,一旦这种观念已经形成,它就赋予了宗教界上层人士巨大的影响力和权威。通常,穆智台希德控制了捐助系统,拥有重要的财政来源,并且通过下层毛拉或者阿訇网络来扩大自己对整个国家的影响。

伊朗萨非王朝的鼎盛和衰败

教士集团影响日益增长的趋势,早在塔赫马斯普沙在位时期就已经显而易见。有很多文献中谈到某些宗教权贵与国王过从甚密。他们干预政事,他们的要求,不管是物质利益方面的,还是想干什么事情,都一定会得到满足。根据一个有名的传说,1532年,伊玛目阿里在梦中来见塔赫马斯普。此后,塔赫马斯普对自己的酗酒和其他恶习表示了"忏悔",并且发布了许多苦行僧式的规定来规范公众的行为。这个故事确实证明了什叶派穆智台希德开始对宫廷施加影响,并且心照不宣地承认了国王不再是完美无缺的精神导师,必须接受传统的宗教法律和习俗的束缚(但是必须承认,酗酒、吸鸦片、纵欲仍然是塔赫马斯普之后的很多统治者最喜欢的消磨时间方式)。

塔赫马斯普沙的忏悔还可能是为了与"红帽军"保持距离,以求获得其他支持力量。有至少10年的时间,摄政的、专横的红帽军首领,还有土库曼各部落之间一场真正的内战曾经使年幼的塔赫马斯普深受困扰。这就使奥斯曼和乌兹别克人能够进一步对萨非王朝施压,蚕食它更多的领土。1533年,塔赫马斯普终于将剩余的红帽军首领之中大权在握的侯赛因汗·沙姆卢处死,开始亲政。在他的指挥之下,萨非王朝军队开始更多地使用滑膛枪和火炮等热兵器。塔赫马斯普仍然无法打败奥斯曼人和乌兹别克人,但已经能够相当有效地抵御他们。1548年,他将都城从容易受奥斯曼人攻击的大不里士迁移到更加安全的加兹温。由于无法收复已经丧失给奥斯曼的领土,他企图在高加索地区进行扩张以寻求补偿。这件事被证明是非常重要的,因为它使萨非王朝控制了非波斯和非穆斯林民众。其中有些人作为封臣为萨非王朝服役,其他大多数人被驱往伊朗作为国家的奴隶,类似于奥斯曼的卡皮·库拉里(*kapi kullari*,此为突厥语,伊朗语则称为 *gholman*[古尔曼],意为侍从或奴隶)。正如奥斯曼人通过德伍希尔曼制度(Devshirme)[①]在巴尔干地区使用基督徒奴隶来补充苏丹的实力一样,萨非王朝历代统治者使用格鲁吉亚人、切尔克斯人和亚美尼亚人建立了另一个与红帽军、波斯语居民和什叶派教徒平行的支持基地。

1576年,塔赫马斯普去世之后出现了12年的混乱、阴谋和分裂。

90

---

① 突厥语,意为"进贡的儿童",用作太监或侍从。——译者注

随着萨非王朝最伟大的统治者阿巴斯沙(1587 — 1629)即位,这种状况才结束。阿巴斯非常清楚,那些曾经使王朝强盛的红帽军,现在已经成了叛乱之源和王权的绊脚石。他想方设法使用计谋来战胜他们。军队的一部分仍然从土库曼人之中招收,但他们被选上是因为他们忠于国王本人;他们的显赫地位不是因为部落的关系(如红帽军中的鲁姆卢、沙姆卢、阿夫沙尔和卡扎尔部落),而是因为他们是"热爱国王者"。阿巴斯还使用塔赫马斯普积累的资金改组和扩大了自己的军队,有效地使用国家奴隶也是他成功的因素之一。他建立了一支王家禁卫军和骑兵部队,完全由古尔曼组成,装备了滑膛枪。为了进一步消除对红帽军的依赖性,他在常备军之中增加了波斯滑膛枪部队和炮兵团。随着这些可靠的新部队建立,阿巴斯成功地使全国行政机构实现中央集权制,收回了征税权。他还成功地处理了外交问题,首先是和乌兹别克的关系问题。1598 年,他在赫拉特城外打败了乌兹别克人,有效地维护了边界安全,这就使他可以和奥斯曼人对抗。在 1603 — 1607 年之间的一系列战争之中,阿巴斯再次显示了个人的勇敢和领袖品质,收复了从前丧失给奥斯曼人的许多地方。1623 年,他攻入伊拉克,收复了巴格达,利用它抵挡住了奥斯曼人的一次进攻。这次战争当然具有重要的心理意义,因为它使伊朗人重新控制了许多什叶派圣城。

91

　　阿巴斯还看到了外交同盟关系和国际贸易的潜在利益,并且采取了许多相应的步骤使伊朗向世界开放。他寻求与莫卧儿帝国和欧洲大国建立外交关系,以增加对乌兹别克人和奥斯曼人的压力。他对将波斯湾开辟成不必经过奥斯曼和乌兹别克领土的贸易路线也开始产生了兴趣。在 1507 — 1515 年间,葡萄牙人企图巩固他们在印度洋的霸主地位,占领了波斯湾和印度洋海峡之间的霍尔木兹岛。阿巴斯企图收复该岛,但没有足够的海军力量。英国东印度公司和荷兰东印度公司出现了,双方当时都在与葡萄牙人竞争,迫不及待地想与伊朗发展贸易关系,这就给阿巴斯提供了一个机会。1622 年,英国人为了报答贸易优惠权,帮助阿巴斯把葡萄牙人从霍尔木兹赶走了。在 1635 年之前,英国人和荷兰人合作打败了葡萄牙人。然后,他们彼此之间就开始打起来了。总而言之,这么多欧洲商人、外交家和传教士来来往往,他们都受到阿巴斯的欢迎和保护,也给这个时期的伊朗带来了世界的新鲜空气。

　　塔赫马斯普沙以资助书籍出版和绘画(他本人也是一名业余画家)的方式,在再现帖木儿时期赫拉特艺术的辉煌方面获得了成功。阿巴斯发扬了这种传统,但建筑方面的成就是其在位时期最高的文化荣誉。1579年,他决定将都城从加兹温迁移到伊朗高原中心附近的一座古城伊斯法罕,这是塞尔柱人非常喜欢的城市。在扩建伊斯法罕南郊的时候,阿巴斯把它改造成了世界上最宏伟和最美丽的城市。在这座精心设计的城市的中央,是一块巨大的空地,或者说是一个长方形广场,其面积之大足以举行马球比赛。四周的长廊上是各式各样的商店。广场北端一座宏伟的大门通向一个大巴扎①,南端另一座大门通向国王清真寺。这座清真寺以其规模宏伟、彩釉瓷砖贴面、庄严的穹顶和独特的设计,被公认为是全伊朗最令人神往的清真寺。广场西端一条长廊旁边有阿巴斯个人的凉亭,名叫阿里·卡皮,它是一个宽敞的高屋顶阳台。国王在阳台上可以观看广场上活动的情况。在东端走廊的中央,是国王个人的清真寺,以谢赫·卢特夫-安拉(一位著名的传教士、国王的岳父)的名字命名。阿巴斯还修建了一条宽广、笔直的林荫道,名叫恰哈尔·巴格。这条大道连接着花园、宫殿,一直延伸到城南扎因鲁代河对岸的郊区。这些仅仅是阿巴斯建筑的中心部分;实际上,伊斯法罕成了萨非王朝文化生活的博物馆。

　　阿巴斯有许多功绩,但是,在他建立的宏伟业绩之中也存在着许多的缺陷。他扩大、加强了他的军队,但使他的国家不堪重负。他仿效了奥斯曼人行之有效的制度,但也重犯了奥斯曼人的许多错误;例如,他将几个儿子幽禁在宫廷之中,不让他们取得治理行省的经验。他还仿效其前辈的做法,把被怀疑阴谋反对他的儿子处死或弄瞎眼睛。后宫妇女、太监和宫廷官员干涉政务的现象继续存在。他从来没有建立过

92

───────────────

　　①　波斯语,意为"永久市场"。——译者注

制度性的机构来维护统治者对教士集团的权威。这些问题缓慢地、不可阻挡地削弱了萨非王朝的国力。到下个世纪结束的时候,无能的统治者、道德沦丧、贿赂公行、政治阴谋、军队的腐败、领土的丧失、乌里马独立性的日益增长和宗教迫害,开始敲响了萨非王朝统治者的丧钟。

阿巴斯树立的最危险的先例之一是将"国有土地"转变为"王室土地"。对于加强中央集权和维护国王对税收的控制权而言,这项政策其实也并不是不好,但它最后实行的结果却使"采邑制度"完蛋了。这些土地本来是赐予红帽军首领以酬谢他们管理采邑和招募军队保卫采邑的。在新的制度之下,国王更直接地承担了保卫行省的责任。由于热衷于增加国家税收,萨非(1629 — 1642 年在位)和阿巴斯二世(1642 — 1666 年在位)实际上把全国的土地都变成了王室土地。他们还考虑在军事上出现紧急情况的时候,将具有战略意义的行省恢复为"国有土地"。事实上,这个政策对真正重要的边境地区而言是一场灾难,使这些地区很快就丢失给了外国侵略者。对于这个时期的萨非王朝统治者而言,最大的幸事莫过于当时有能力联合起来进攻伊朗的外敌并不多,而有能力的又觉得实在犯不着那么做。

93　　　　这个时期也是教士集团势力膨胀问题最严重的时期。据说阿巴斯沙曾经允许一位穆智台希德称呼他为"一个借来的帝国的奠基人",并且走在一名骑马的穆智台希德之前步行穿过广场,以表示谦恭的姿态。他对于整修什叶派圣所十分慷慨,并创立了慈善捐助。他大张声势地朝拜伊玛目礼萨陵这样的宗教中心。有一次,他步行走完了由伊斯法罕到马什哈德的全程,并且做了许多像打扫清真寺、剪蜡烛芯这样的下贱工作。对于阿巴斯而言,他使用奉承和财政奖励这些办法,可能只是想驯化穆智台希德,树立他自己虔诚的形象。但是,后期萨非王朝诸王显然都屈服于教士集团的利益。例如,以胆小和迷信出名的苏尔坦·侯赛因沙(1694 — 1722 年在位)就完全受乌里马的控制。什叶派大法学家穆罕默德·巴吉尔·马吉利希(1699 年去世)担任了最高教士的职务(当时称为毛拉巴希),鼓励这位国王迫害他认为是异端的非穆斯林和穆斯林。具有讽刺意味的是,这个新的宗教偏执狂主要攻击的目标之一,就是马吉利希所说的苏非派"邪恶和可怕的发展",也就是萨非修会最初捍卫的那个宗教本身和他们那个运动的基本理论。在这个发展过程之中,有一种观念是不言而喻的,这就是只有穆智台希德而不是国王,才是隐遁伊玛目的代理人,国王充其量不过是穆智台希德的行政代理人而已。

苏尔坦·侯赛因沙对他的国家受到的外来威胁也是令人奇怪的漠不关心。阿富汗一个新的部落吉尔扎伊人已经出现在萨非王朝的东部边界上,他们既是侵略者,又是狂热的逊尼派教徒。1704 年,他们的首领米尔·韦斯因控诉萨非王朝坎大哈总督的恶行而被逮捕,在伊斯法罕羁押了一段时间。苏尔坦·侯赛因沙把他放了,让他去麦加朝圣。1709 年,在获得麦加逊尼派宗教权威授权发动革命反对这位有罪总督之后,米尔·韦斯赶走了这位萨非王朝的官员。直到他自己去世之前(1715),他一直管理着这座城市。1719 年,其子米尔·马哈茂德进攻并短暂地占领了克尔曼省。1721 年,他对伊朗又发动了一次入侵。1722年,在打败了前来阻止他前进的萨非王朝军队之后,米尔·马哈茂德将伊斯法罕包围了 6 个月,迫使民众忍饥挨饿,苏尔坦·侯赛因沙被迫退位。虽然直到 1773 年之前波斯各地还存在着萨非王朝的傀儡国王,但吉尔扎伊人的入侵,事实上已经结束了萨非王朝的统治。

94

萨非王朝之后的过渡时期

阿富汗人在伊朗立足不稳,不久,权力已经开始回到红帽军部落集团手中。许多卡扎尔和阿夫沙尔部落居民重新被安置在呼罗珊和戈尔甘保卫边界。这些部落(与此地一些库尔德部落一起)团结起来支持萨非王朝在伊朗北部的王位觊觎者塔赫马斯普二世。1727 年,正当这个国家将要被奥斯曼和俄国瓜分的时候,塔赫马斯普二世任命纳迪尔汗·阿夫沙尔为他的军队司令。纳迪尔是一位出身平民、野心勃勃的人物,他证明了自己是自帖木儿以来最出色的将领。他非常崇拜帖木儿,并极力想要超过帖木儿。1729 年,他在呼罗珊打败了吉尔扎伊人。1730 年,他在伊朗西部地区打败了奥斯曼人。1732 年,他从阿富汗的阿布达利部落手中夺回了赫拉特。同时,塔赫马斯普已经计划好亲自指挥进攻奥斯曼人,但是他被打败了,被迫和奥斯曼、俄国签订了不利的条约。纳迪尔汗说服红帽军首领废黜了塔赫马斯普,并且任命自己为塔赫马斯普之子阿巴斯三世的摄政。随后,在 1733 — 1735 年之间的多次战争之中,纳迪尔汗击败了奥斯曼人。由于俄罗斯人起初只是想阻止奥斯曼人夺得俄国边境地区原属萨非王朝的领土,此时遂逐渐地撤回了自己的军队。1735 年,他们与纳迪尔汗签订了《甘杰条约》,确定了边界线,并且约定建立一个防御同盟。

1736 年初,纳迪尔汗召开机要会议,大会在穆甘(Moghan)平原其狩猎的营地附近举行。会上显然有一个事先策划好的计划,纳迪尔汗宣布在打败了伊朗的敌人之后,他将前往呼罗珊退隐,大会可以选举一位萨非王朝的新统治者。但大会反而选举了纳迪尔汗为国王(用不着惊奇,因为支持萨非王朝继续存在的一位最著名人物,在出席大会人员众目睽睽之下就被处决了)。纳迪尔汗接受了,但条件是什叶派不再是官方宗教。什叶派可以继续活动,但只能以纳迪尔汗所谓的"贾法里教派"形式活动,即必须抛弃那些冒犯逊尼派的习俗,诸如诅咒最初的三位哈里发,并只能作为与逊尼派的四个教法学派类似的宗派存在。宗教政策上这种突然大转变的全部理由引起了许多的猜测,其意图可能是为了进一步削弱萨非王室获得的宗教声望。它显然也是纳迪尔汗的重要计划、直接与奥斯曼帝国达成和解的一个必备条件。一位奥斯曼使节出席了大会,在大会期间起草并批准了条约的条款。条款规定了贾法里派的法律地位,允许伊朗穆斯林和其他国家的穆斯林一样参加朝圣活动,授权交换使节,以及其他使双方关系正常化的措施。1736 年 3 月 8 日,在所有问题解决之后,纳迪尔加冕称王,从纳迪尔汗变成了纳迪尔沙。

在保证了西部边境安全之后,纳迪尔沙把注意力转向了东方。1738 年,在经过长期包围之后,他占领了坎大哈。他从这里出发,经过喀布尔、白沙瓦前往印度,随即占领了拉合尔,并在格尔纳尔打败了一支庞大的莫卧儿王朝的军队,于 1739 年进入了德里。在达成了其子与莫卧儿公主婚事的协议,获得了大量的金钱和珍宝(最著名的是库赫·努勒钻石和孔雀宝座),并获得印度河西岸大片土地之后,纳迪尔沙让莫卧儿皇帝继续统治,自己则回到了赫拉特。接着,他进攻乌兹别克人,打败了他们,把乌浒河确定为自己国家的东北边界,把马什哈德作为国家的都城。伊朗南部也引起了纳迪尔沙的关心,他准备在波斯湾建立一支舰队,并且已经计划好入侵阿曼。

不过在 1741 年之后,纳迪尔沙开始状况百出,他的举动越来越严厉和难以捉摸。他的兄弟在高加索作战的时候被杀死了,纳迪尔极力要为他报仇的举动引起了俄国人对其意图的怀疑。他最终不得不放弃了这种念头,因为它已经引起伊朗几个省爆发了革命。1743 年,奥斯曼人拒绝了先前拟定条约的一些条款,如承认贾法里派;战争重新在西部边境打响了。纳迪尔沙在纳杰夫又召开了一次宗教大会,再次确认拒绝承认萨非王朝的什叶派,但这个决定对奥斯曼人和伊朗民众都没有产生明显的影响。战争状态一直延续到1746 年,直到有关贾法里派的条款被删除,一个其他条款均与 10 年前拟定的条约类似的条约才得以批准。

纳迪尔沙的功绩虽然令人难忘,但它终究是非常短暂的。尽管他有力地保护了帝国的边境,但他的行动是突厥-蒙古式的,并没有鲜明的伊朗特征。由于全力以赴进行了这么频繁的军事冒险活动,纳迪尔沙在为这个国家建立持久的行政和官僚机构方面是失败的。即使是掠夺来的印度战利品也不能满足他野心勃勃计划的财政需要。他被迫宣布取消自己答应过的豁免税收的申明,并且使伊朗民众承担了更沉重的新税收。他疏远了自己早期的追随者,他们是军队之中的阿富汗和乌兹别克辅助部队,曾经获得许多特殊的恩惠。更糟糕的是,1741 年出现了暗杀纳迪尔沙的阴谋。他的儿子礼萨-戈利牵涉其中,受到了刺瞎眼睛的惩罚。后来还出现过使萨非王朝复辟的企图和多次起义,有的起义还是由纳迪尔曾经信任过的人领导的。纳迪尔因此对任何可以感觉得到的挑战反应都非常激烈,以至于有传闻说他发疯了。1747 年6 月,他的一伙官员害怕他将要把他们处死,遂乘纳迪尔睡觉的时候把

96

他杀死在自己的营帐之中。

　　纳迪尔的外甥大概参与了暗杀阴谋,被拥立为国王,号称阿德尔沙。他下令处死了纳迪尔沙所有的儿子。不过,此时纳迪尔沙的军队和帝国早已经分崩离析了。阿夫沙尔王朝后来的统治者(1747 —1796),没有一位在伊朗历史上有真正重要的地位。

第五章　从桑德王朝到卡扎尔王朝

在纳迪尔沙被杀之后的混乱局面之中,桑德和卡扎尔两个主要的 部落集团为争夺伊朗的霸权而斗争,卡扎尔人最终获胜。在这个时期,重建伊朗政治和文化统一的工作已经开始,这个国家也开始进入了与西方帝国主义、西方文化影响接触的第一阶段,接触到了这些影响伊朗日后发展的决定性因素。

桑德的霸权

桑德人的起源不太清楚,但肯定是属于伊朗人的一支。他们游牧在扎格罗斯山中部地区。在纳迪尔沙与奥斯曼帝国作战的时候,他们曾经帮助过他。1732 年之后,他们绝大部分已经移居到呼罗珊地区。在阿德尔沙即位之后,他们在部落首领卡里姆·伯(Karim Beg,即后来的卡里姆汗)指挥之下,打败了阿夫沙尔王朝的军队,回到了本部落的故乡。在这里,他们最初与另一个返回故乡的部落巴赫蒂亚里合作,在伊朗西部建立了霸权。1751 年,他们在伊斯法罕扶持萨非王朝一位年轻人上台,号称伊斯玛仪沙三世。后来,卡里姆汗和巴赫蒂亚里部落首领阿里·马尔丹分道扬镳,并击败了他,独自成了这位傀儡国王的"代 表"或摄政。

卡扎尔人是红帽军诸部落中的一个,在萨非王朝时期就已经出名。

这时,他们已经分成两个主要支派和若干部族,聚集在戈尔干地区。他们为了支持塔赫马斯普二世而与纳迪尔沙结成的同盟是不稳固的,因为卡扎尔部落有些酋长各怀野心。德弗卢部族首领穆罕默德-侯赛因汗显然和纳迪尔沙之子礼萨·戈利达成阴谋;他应当对鼓动礼萨·戈利杀死塔赫马斯普及其诸子(他亲自动手干这种可怕的事情)负责,并且是暗杀纳迪尔沙的幕后主使。对立的古雍鲁部族首领穆罕默德-哈桑汗和纳迪尔以及穆罕默德·侯赛因汗决裂之后,在土库曼部落的支持之下,发动了一场针对两位敌手的真正血腥的长期战争。在纳迪尔被杀之后,他揭竿而起,占领了伊朗北部许多地区。1752 年之后,桑德人和卡扎尔人互相混战,竭力控制来自各自内部的挑战,并企图把更多的行省并入自己的领地。要在这里全面回顾战争的详细情况实在是太复杂了;只要说在 1763 年桑德人取得了胜利,控制了除呼罗珊之外的伊朗全部地区就够了。至于呼罗珊,他们反倒宁愿把它留在阿夫沙尔王朝手中。

胜利者卡里姆汗把设拉子作为自己的都城,他在那里统治到 1779 年去世。卡里姆汗非常关心加强波斯湾地区的防务,促进当地与海上大国的商业往来。1763 年,他授权英国东印度公司在布什尔,即设拉子港建立据点。他企图要设法使欧洲与印度的贸易改道前往伊朗的港口,以便从中牟利。这是他在 1775 年决定与奥斯曼帝国开战,并进攻巴士拉的主要因素。在其他方面,卡里姆汗的政策似乎是有意抛弃纳迪尔时期的所有政策。他从来没有使用"沙"的称号,继续以代表的身份行事,但他现在是"人民的代表"(*vakil-ai-raaya*),是"人民的"摄政,而不是萨非王朝王公的代表。他支持什叶派的宗教仪式;他维持适当的税收,并且公正地执行;他很少求助于残暴的、过分的刑罚。他以非常类似阿巴斯沙发展伊斯法罕的方式改建和美化了设拉子。

在伊朗作家和现代历史学家的眼中,卡里姆汗作为该国前所未有的最受爱戴、最仁慈的君主,赢得了令人羡慕的美名。初看起来,这种观念似乎很难理解。因为他一生的大部分时间都是在争城夺地、镇压叛乱、从事各种各样的勾当之中度过。所有这一切,与他那些风评不怎

99

么好的同代人相比似乎也没什么区别。正如后来的事实证明的那样，对于卡里姆汗的这点尊敬，并没有使得普通民众如何衷心地拥护桑德王朝。很有可能的是，当这个国家摆脱了司空见惯的灾难之后，卡里姆汗治下的伊朗相对而言比较平静，而对这种生活恬静、舒适程度的回忆，则在与他上台之前和在他去世之后所发生的那些巨大的、灾难性的事件比较之下被夸大了。至少在人民的想象之中，卡里姆汗代表了自居鲁士以来伊朗部落首领胸襟广阔、具有家长制作风的共同传统。而与他同时代的绝大多数统治者，都是典型的、突厥-蒙古式的、残酷剥削被征服人民的统治者。

卡扎尔王朝

卡里姆汗的桑德王朝把卡扎尔许多部族的重要人质扣留在设拉子，作为制止其部族叛乱的预防措施，其中就有上述古雍鲁部族首领穆罕默德·哈桑汗之子阿迦·穆罕默德汗。他小时候曾被其父的仇人阿德尔沙俘虏，并且在重获自由之前被阉割了（其称号阿迦、即"大太监"就是由此而来）。据说，卡里姆汗对阿迦·穆罕默德非常尊敬，并且常常同他讨论政治问题。阿迦·穆罕默德被允许外出打猎消遣，当他听到卡里姆汗去世的消息后，就利用这个机会逃回了本部落。

正当桑德王朝的王子们为争夺卡里姆汗的继承权而斗争的时候，阿迦·穆罕默德证明了自己是一名部落政治的高手。他逐渐巩固了自己作为本部族在马赞达兰的首领的地位，明智地使用暴力与安抚两手，统一了卡扎尔部落的两个支派，靠成功地袭击厄尔布尔士南部地区和吉兰，获得了财物与威望，得到了更多部落的支持。1784年，他挫败了桑德王朝占领马赞达兰的企图，并且从他们手中夺取了伊斯法罕。1786年，他占领了德黑兰，使它成为卡扎尔王朝向伊朗北部扩张势力的基地。

1791年，桑德王朝的卢特夫·阿里汗企图收复伊斯法罕，但是由于自己的军队叛乱而失败了；他不仅被从伊斯法罕赶走，而且在设拉子的手下还拒绝他入城，他只好逃往克尔曼，并在那里对卡扎尔人进行了最

100

后的抵抗。阿迦·穆罕默德汗包围了这座城市,该城于 1794 年 10 月失陷,但卢特夫·阿里汗成功逃往了南方的巴姆。阿迦·穆罕默德汗对卢特夫·阿里汗得以逃脱和克尔曼人奋力抵抗感到极为愤怒。据说,他把该城绝大多数男子的眼睛挖掉,把妇女、儿童分给士兵作奴隶。在卢特夫·阿里汗被出卖遭俘虏之后,阿迦·穆罕默德汗下令将 9 000 名俘虏斩首,用他们的头盖骨建成了一座金字塔来纪念这个重大事件;卢特夫·阿里汗本人也受到了虐待,他被刺瞎了双眼,押往德黑兰处死。不幸的是,这些暴行还仅仅是阿迦·穆罕默德汗种种暴行的起点。

1795 年,阿迦·穆罕默德汗要求纳迪尔沙从前的封臣、格鲁吉亚国王埃雷克勒二世(Ere - kle Ⅱ,又名希拉克略)同样必须承认他的宗主权。埃雷克勒拒绝了他的要求,决意与俄国结成同盟。于是阿迦·穆罕默德汗侵入这个国家,打败格鲁吉亚的军队,洗劫了第比利斯。在取得这个胜利之后,阿迦·穆罕默德在 1796 年正式使用了"沙"的尊号。然后,他出发前往呼罗珊。在那里,他废黜了纳迪尔沙之孙沙罗赫。沙罗赫在被严刑拷打,逼他供出据认为是他占有的宝石王冠藏在何处之后死了。俄国的叶卡捷琳娜女皇为了报复他毁掉格鲁吉亚的行为,派出一支军队占领了杰尔宾特。但是,女皇的继任者沙皇保罗把这支军队撤回了国。阿迦·穆罕默德沙利用这种有利形势对高加索地区发动了第二次入侵。在这场战争期间,1797 年 6 月 16 日,因为两名仆人争吵打搅了他,他下令把他们处死。但这件事情正好发生在穆斯林的宗教圣日主麻日,他被说服等到更合适的时候再执行死刑,并且让两名仆人继续履行自己的职务。当他在睡觉的时候,两名仆人和第三名合作者刺死了他。由于这个离奇插曲发生在针对非穆斯林的战争期间,因此,这个残暴的、恶毒的,但不可否认是能征善战的君主还获得了"殉道的国王"这个称号。

在国家大事方面,阿迦·穆罕默德沙则不会让这种偶然事件发生。由于清醒地认识到继承权争执所造成的诸多问题(这是导致阿夫沙尔王朝和桑德王朝衰败的一个主要的因素),他早就指定了其外甥法塔赫-阿里汗(后来称为 Baba Khan[巴巴汗])作为他的继承人,并且作了精心的安排,确保他能继承王位。1797 年 7 月,法塔赫-阿里汗听到阿迦·穆罕默德沙被刺的消息之后,离开了他在伊朗南部总督任所设拉子前往德黑兰,并于 1798 年 3 月 19 日加冕。第二年,他确认其子阿巴斯米尔扎为王储①,并且委任他治理重要的阿塞拜疆行省,因为它经常受到奥斯曼帝国和俄国两方面的威胁。阿巴斯并不是长子,可能也不是最有才干的儿子,但是他的母亲是卡扎尔部落德弗卢部族首领的女儿,因此为了维护卡扎尔部落的团结,他是最适合的人选。

　　虽然阿迦·穆罕默德沙的预防措施确保了法塔赫-阿里汗的王位,但后者为了保住王位还不得不面对许多挑战。阿迦·穆罕默德沙的兄弟阿里-戈利汗要争夺王位,但几乎没有人支持,在他拒绝向法塔赫-阿里汗行礼之后,被刺瞎了双眼。出自桑德、萨非和阿夫沙尔王朝的争夺王位者,也都被他轻而易举地打败了。更严重的威胁来自库尔德部落首领萨德克汗·沙卡齐(Sadeq Khan Shaqaqi)。他在阿迦·穆罕默德沙被刺时的举动,至少可以说是值得怀疑的。他已经制造了一顶宝石王冠,并且带领一支大军企图占领德黑兰。1798 年 8 月,法塔赫-阿里汗的军队使他遭到了决定性的失败。法塔赫-阿里汗自己的兄弟侯赛因·戈利汗执意要分享统治权,终于在 1803 年被处以死刑。

　　有一个事实明确地表明法塔赫-阿里汗已经巩固了王位,并决心独立地甚至是专断地行动。他废黜了势力强大的首相易卜拉欣·卡兰塔尔·设拉齐。在卡里姆汗时期,易卜拉欣·卡兰塔尔已经是设拉子的市长。但是他与卢特夫·阿里汗作对,勾结卡扎尔人。阿迦·穆罕默德沙任命他担任首相,易卜拉欣·卡兰塔尔在使伊朗南部地区与卡扎尔原已控制的北方统一、在组织卡扎尔行政机构、在阿迦·穆罕默德沙被刺之后维护军队的团结、在确保法塔赫-阿里汗继位的过程之中提供了重要的帮助。1801 年 4 月,法塔赫-阿里汗捏造参与阴谋的指控,免去易

---

①　需要指出的是,米尔扎(Mirza)在个人名字之后意为"王子",在名字之前仅仅是一种荣誉称号。

卜拉欣·卡兰塔尔的首相职务,将其逮捕、断肢,最后处死了他及其家庭绝大多数成员。对于国家来说,要撤销易卜拉欣的职务可以有许多充足的理由,但是他为卡扎尔王朝作出如此巨大的贡献却得到这种报答,实在是可悲。

在政治上,尽管他用了确实非常过分的手段对待倒霉的首相,处死了易卜拉欣·卡兰塔尔,表明他除掉自己不喜欢的人时那种残忍的程度并不亚于自己的前任,但在其他事情上,法塔赫-阿里沙一般比阿迦·穆罕默德沙更温和。他把治理各行省的大部分事务交给了阿巴斯米尔扎和其他诸子。他在位时期,诸子之间的竞争严重地影响了各种事态的发展。正如一些欧洲访问者指出的,法塔赫-阿里沙陶醉于扮演全副武装的伊朗君主角色;他喜欢豪华的宫廷礼仪,赞助艺术(特别是那些在绘画和宏伟的雕刻之中把他描绘成像帝国先辈一样的艺术),培养宗教学者,供养一个庞大的后宫。按照某种方式来说,他就是一幅东方学者想象中的东方奢侈君主最夸张的漫画。真实的情况是,他统治着饱受战争创伤的伊朗,它的财政、军事和战略地位都在迅速地衰落。他所控制的宫廷,正如著名的英国大使约翰·马尔科姆爵士所描绘的那样:"软弱、傲慢和自欺欺人"。在他统治末期,这种令人痛苦的反差开始清晰可见。

伊朗和欧洲列强

王位巩固后,外交事务是法塔赫-阿里沙(1797 — 1834)在位余年的主题。1799 年,格鲁吉亚最后一位国王不再满足于仅仅与俄国缔结防务同盟。他实际上将自己的国家变成了俄国的保护国,俄国军队占领了第比利斯。其时正值沙皇亚历山大一世在位时期,俄罗斯宫廷重新出现扩张主义和反伊斯兰情绪。1802 年,格鲁吉亚血统的齐齐阿诺夫亲王在高加索地区发动了一场侵略战争。他占领了甘杰,对卡扎尔王朝的威望造成了严重的打击,对吉兰和阿塞拜疆地区造成了潜在的威胁。1804 年,当齐齐阿诺夫前往通向阿塞拜疆省的大门埃里温时,法塔赫-阿里沙派阿巴斯米尔扎前去抵抗他。第一次俄波战争

(1804 —1813)因此爆发。

　　与俄国的冲突,以及认识到与外国使节接触的正当和重要性,使法塔赫-阿里沙愿意接近其他欧洲大国。伊朗迅速掉进了拿破仑时代的外交圈套之中。1800 年,英国东印度公司派遣约翰·马尔科姆前往德黑兰,他用慷慨礼物和允诺今后提供财政援助的办法,签订了一项旨在排除法国的影响、取得与伊朗合作反对被认为是其共同敌人的阿富汗埃米尔扎曼·沙·多拉尼的条约。法塔赫-阿里沙后来感到后悔,他发现英国人不愿意将条约扩大到援助他们反对俄国人,因为这时英国人已经和俄国人结成同盟反对法国人。1807 年 5 月,拿破仑利用这个机会,与伊朗签订了《芬肯斯坦条约》。在条约之中,伊朗和法国同意联合对抗俄国和英国。在外交接触的同时,法国还派遣了由克洛德-马蒂厄·德·加当内领导的军事代表团前来援助伊朗反对俄国人的斗争。但是,只过了两个月,拿破仑前往蒂尔西特与俄国人签订了和约,法国在伊朗的影响力开始消失。英国外交部门从东印度公司手中接管了伊朗事务,派出了一名全权大使哈福德·琼斯爵士到德黑兰来挖法国人的墙脚。琼斯向卡扎尔王朝提供财政援助和军事援助以对抗俄国人,并且在 1809 年以正式的条约再次确定下来。英国军事顾问来了,作出了一些努力来加强伊朗军队的实力。但是,在 1812 年英俄再度成为盟友之前,他们只取得一点微小的进步。尽管军中有英国军官,但 1812 年 10 月 31 日,伊朗驻扎在阿斯兰杜兹的军队还是遭到俄国人出其不意的攻击,损失惨重。在这种情况下,英国人所能做的事情就是帮助调解,缔结了 1813 年的《古利斯坦条约》。这是又一个对伊朗非常不利的条约。《条约》再次确认原高加索地区各行省绝大部分的丧失,禁止伊朗海军在里海地区的存在。这个条约还把俄国人牵扯进伊朗的内政问题之中,俄国人许诺保证支持王储继承王位。同时,英国新大使戈尔·乌斯利爵士通过谈判达成了 1814 年的最终条约,取代了 1809 年的条约。条约许诺如果伊朗遭到欧洲强国的进攻,英国将提供军事或财政援助,同时规定伊朗不得允许英国的敌人通过伊朗的领土前往印度,如果阿富汗人进攻印度,伊朗必须帮助英国(但在伊朗与阿富汗冲突之

103

中,英国人则保持中立)。此外,条约还规定,只能聘请英国军官(或英国友邦的军官)训练伊朗的军队。

　　1826 年,《古利斯坦条约》有关领土含糊不清的叙述引起的争执,加剧了伊朗与俄国之间的紧张局势。大量穆斯林逃往伊朗躲避俄国的统治,进一步给伊朗的公众舆论火上浇油,宗教领袖开始号召在高加索地区进行圣战。阿巴斯米尔扎对自己的王储地位从来就没有什么安全感,希望在和其兄弟(其中有些人在呼罗珊和反奥斯曼帝国的斗争之中小有成绩)的竞争之中能够出人头地,于是加入了主战派。1826 年 7月,他率军队向俄国的多个阵地发起了进攻。在取得初步的胜利之后(这些胜利绝大部分要归功于俄国司令官的无能和阿巴斯军队现代化的装备),战争转而对伊朗不利,俄国人推进到了大不里士。其主要原因是法塔赫-阿里沙已经拒绝全力以赴提供人力和资源支持,坚持阿巴斯米尔扎只能使用自己作为阿塞拜疆省总督的资源来进行战争。英国也拒绝按照 1814 年的最终条约提供援助,因为英国认为,伊朗是战争之中的侵略者。1828 年 2 月,阿巴斯不得不接受了屈辱的《土库曼恰伊条约》。伊朗不仅丧失了高加索地区有争议的领土,还必须给在伊朗的俄国臣民及其财产提供经济优惠、治外法权,并支付总额高达2 000万卢布的战争赔偿。不过,阿巴斯米尔扎最艰巨的任务还是把这个最后条款告诉他那个小气得出名的父亲。

　　战后俄国的第一位驻伊朗大使 A. S. 格里博耶多夫来到了伊朗,但他在当地的所作所为使伊朗对《土库曼恰伊条约》条款的执行经受了严峻的考验。格里博耶多夫瞧不起"亚洲人",用各种方式显示其盛气凌人的态度,包括强迫伊朗与俄国一道对奥斯曼帝国宣战。公众的情绪早已经由于战争形势的逆转、酗酒的哥萨克骑兵在德黑兰大街的丑态被激怒了。格里博耶多夫致力于安排高加索地区原先的基督教徒居民的遣返工作,却没有仔细考虑他们是否已经成了穆斯林以及他们在伊朗的地位,这一切都造成了麻烦。出于目前还不太清楚的原因,国王自己的一名太监和前首相(此人以反俄情绪出名)的两名妻子被扣留在俄国使馆之内。毫无疑问是由于这位大臣的鼓动(因为他是被迫把这两名妇女交给了格里博耶多夫的),德黑兰一位有影响力的穆智台希德以要求解救这些妇女和这名太监(如果这名太监已经宣布放弃伊斯兰教,就应当把他当成叛教者杀死)为由来煽动群众的愤怒情绪。1829 年 2月 11 日,德黑兰的集市罢市以示抗议。群众冲入俄国使馆,除了一人逃命之外,全体馆员被杀死。这件事情发生的时候,俄国正在与奥斯曼帝国进行战争,因而决定不进行报复。沙皇接受了国王的道歉,这次暴力事件总算平息了。然而,它的重要性在于,它是外国势力在伊朗引起强烈反感的最早信号,特别是当它卷入了宗教感情和文化价值的冲突之中的时候。

　　1831 年之后,阿巴斯米尔扎成功地镇压了中亚地区多次起义,并多次打败呼罗珊的敌人,挽回了自己因为在高加索地区失败而蒙受耻辱的名声。他显然已经计划好充分利用俄国的支持夺取赫拉特,恢复萨非王朝时期伊朗东部边界的状况,以弥补在西北部地区损失的领土。然而在 1833 年 10 月 25 日,他还没有完成这些事情的时候就去世了。他的父亲法塔赫-阿里沙几乎在第二年的相同时候,即 1834 年 10 月24 日也去世了。王储和国王本人在如此接近的时间去世,使继承问题变得不确定起来。但俄国人和英国人共同支持阿巴斯米尔扎之子穆罕默德米尔扎继承王位。实际上,一名英国军官亨利·林赛·贝休恩已经下令军队在德黑兰支持穆罕默德沙上台,并且打败了其叔父、法尔斯省总督哈桑-阿里米尔扎法尔曼法尔马。

　　由于担心俄国在伊朗势力的加强和俄国支持伊朗进攻赫拉特对印度的影响,以及俄国人所表现出的要进入外里海地区的迹象,英国人用提供金钱和军事代表团的办法讨好新国王。但是,哪一种办法都没有起多大作用。因为穆罕默德米尔扎还是王子的时候就已经发誓要夺回阿富汗,现在正是他实现誓言的时候。1836 年,他带领一支伊朗军队前往呼罗珊,开始了征服当地土库曼部落的战争。接着,在 1837 年他又前往赫拉特,包围了该城。一名英国军官埃尔德雷德·波廷杰根本没有考虑最终条约的条款,帮助组织了赫拉特的防御战。当另一名英国密使约翰·麦克尼尔劝说国王(他受到俄国特使的鼓励要坚持到底)

放弃围攻失败之后,英国占领了波斯湾的哈尔克岛,并且威胁如果国王不终止包围,放弃他已经得到的阿富汗领土,就将和他开战。面对日益增长的开支和又一次夺取该城的失败,穆罕默德沙的态度软化了,并且在1838年解除了包围。但直到1842年,战争遗留问题才得到解决,英国才把它的军队撤出哈尔克岛。

在赫拉特遭到彻底失败之后,穆罕默德·阿里沙似乎再也没有兴趣去冒险了,且受到保守的首相哈吉·米尔扎·阿迦西左右。1840年,他面对了法塔赫-阿里沙任命的克尔曼总督、什叶派伊斯玛仪支派首领阿迦汗·马哈拉提(Aqa Khan Mahallati)的叛乱。1847年,阿迦汗被迫逃亡印度,并得到英国人的保护。两年之后,其兄弟企图在俾路支行省立足也失败了。1842年,由于边界冲突和奥斯曼人在卡尔巴拉镇压伊朗什叶派教徒,他和奥斯曼帝国间的战争一触即发。但是,由于俄国人和英国人的调停,这场战争没有打起来。为了防止日后的争端,1843年成立了一个边界委员会,起草了《埃尔祖鲁姆条约》(Treaty of Erzurum),并且在1847年签字生效。这个条约确定了伊朗西部边界的基本轮廓(但细节问题在19世纪剩余的时间和20世纪之中一直在引发争端)。1848年,穆罕默德·阿里沙去世,其子纳赛尔丁没有遇到任何挑战便继位了。

伊朗卡扎尔王朝时期的宗教问题

在国内问题上,卡扎尔前期伊朗宗教的发展具有重要的意义。首先,卡扎尔王朝的出现,正好与伊朗什叶派的乌苏勒学派取得对其对手阿赫巴尔学派(又称圣训派)决定性胜利的时候同时。在17世纪初期,什叶派的阿赫巴尔学派曾经在伊朗萨非王朝时期盛行一时,并且在某种程度上成了对抗日益强大的穆智台希德的中心。按照毛拉穆罕默德-艾敏·阿斯塔拉巴迪(1624年去世)的教诲,阿赫巴尔学派认为,有关历代伊玛目的圣训(akhbar),在第十二位伊玛目隐遁时期就构成了引导什叶派社区的主要的、充足的法源。由于这些圣训已经非常完整,并且已经由古代什叶派学者收集和汇编成书,可以被理解和准确地解释,因此这里既不需要逊尼派教法学派之中的一致和类推方法,也不需要遵行穆智台希德的权威得以确定的创制惯例。而乌苏勒学派则坚持教法需要经过理智的检验和不断地重新解释。而这些工作只能由训练有素的、善于使用创制的学者来进行。这就证明在什叶派社区之中,划分指导者(穆智台希德)、必须寻求并遵循指导者[moqalleds(穆卡里德)]和神职人员的教阶制度是合理的。在整个 18 世纪之中,阿赫巴尔学派占据统治地位。但是,它受到乌苏勒学派大穆智台希德穆罕默德-巴吉尔·贝赫巴哈尼(1792 年去世)的猛烈攻击。贝赫巴哈尼成功地抵抗了对穆智台希德权威的所有挑战。

即使是萨非王朝最强大的几位统治者,即使他们本身就带有浓厚的宗教领袖色彩,但仍然无法对穆智台希德的权威和影响力置之不理。卡扎尔王朝只是依靠军事力量才维持了统治。尽管他们真的很虔诚,但缺少最起码的宗教合法性。他们为了证明自己作为什叶派保护人的合法性,非常关注像修建清真寺之类的宗教事业,十分慷慨地捐赠财物。除此之外,他们别无选择。从一开始,他们就小心谨慎地表现出非常尊重宗教首领的愿望和利益。例如,贝赫巴哈尼之子穆罕默德-阿里是一个极其富有的人,他拥有由信徒组成的私人武装扈从,强制执行自己的判决,并且发动了一场反对苏非派宗教对手的真正的战争。阿迦·穆罕默德沙企图流放他,却无法迫使他走出他据守的一处德黑兰的宗教圣所。法塔赫-阿里沙任命他为荣誉顾问。一位阿赫巴尔学派的米尔扎·穆罕默德甚至还没有显示表面上的神奇能力,高加索地区俄军总司令就按照许诺,彻底消除了乌苏勒学派对早期卡扎尔宫廷的影响。当然,偶尔也会有宗教对手,特别是苏非派对手的挑战。有的时候,统治者和宗教部门发生冲突也是不可避免的事情。在这些冲突过后,穆智台希德决定政府的政策,或者相反,激发公众不满情绪的能力将充分显示在未来的事件之中。

但是,在伊朗卡扎尔王朝时期宗教的地位的确经历了一次极端严重的挑战。1843 年春天,作为一系列宗教幻觉的结果,一位赛义德(Sayyed)米尔扎·阿里-穆罕默德·设拉齐宣称自己是巴布,即通向隐

107

遁的第十二位伊玛目的大门和这位伊玛目的代表。他的身边聚集了18位门徒。1844年7月,他们出发前去向什叶派世界宣传巴布的思想和学说。

巴布教作为一种高度神秘主义的、弥赛亚式的千禧年信仰,受到了谢赫学派的思想非常直接的推动。这个教派是由谢赫·艾哈迈德·艾赫萨伊(1753—1826)的教义而产生的什叶派变种。艾赫萨伊宣称,真正的宗教知识(例如他自己的)是通过梦中直接来自穆罕默德和历代伊玛目。他强调必须以心领神会、比喻的方式对待宗教思想,应当把直觉和心灵的洞察力置于程式化的学习之上。他和他的信徒都十分强调"完美的什叶派教徒"的作用。在每一代人之中,他们都是永无过错的导师。米尔扎·阿里-穆罕默德曾经与卡齐姆·拉什提领导的谢赫派联合;在拉什提去世之后,他的信徒大多加入了巴布教。

然而,早期的谢赫派曾经寻求在什叶派的十二伊玛目支派范围之内生存,巴布教徒却开始提出更加激进的教义,使人回想起伊朗伊斯兰早期的军事化异端教派运动。一言以蔽之,他们认为巴布已经为隐遁的伊玛目准备好了回归之路,并且做好了与不信者进行最后决战的准备;换言之,他已经发明了一套全新的思维方式和将要取代《古兰经》和传统伊斯兰教教义的神启。在巴布教的学说之中,有一种强烈的反教士集团的成分,还有对激进的社会变动和改革的关注。这些极为生动地反映在一位最忠诚、最有争议的巴布教徒戈拉特·艾因的言行之中。她是一位非常特立独行的妇女,敢于不带面纱出现,并且当众发表宗教演说。据说她自称是穆罕默德之女法蒂玛的化身,公开把巴布的生日当成宗教节日来庆祝,并声称现存的伊斯兰法律必须废除。

巴布教徒积极寻求政府权势人物支持他们的事业。同时,如果有必要的话,他们似乎也不惮于诉诸暗杀和武装叛乱。1848年7月,动乱在全国范围内加剧,巴布被召唤到大不里士去向纳赛尔丁米尔扎和一个高级宗教人士委员会解释他的学说。在这次审问之中到底发生了什么事情,是有争论的。但是,米尔扎·阿里-穆罕默德似乎声称他自己就是隐遁的伊玛目。在这种情况下,不论是纳赛尔丁的政治权威,还是学者们的宗教权威,就将统统站不住脚了。委员会经过询问满意地发现,他对阿拉伯式的以及其他形式的教义知道得都不够多,之后否定了他的声明。他遭到了拷打,被送往切赫里基边境监狱监禁。此后在几个省发生的巴布教徒叛乱,使纳赛尔丁(他现在成了国王)和首相米尔扎·塔吉·汗·埃米尔·卡比尔决定下令处死他。他被押到了大不里士要塞实行枪决;第一次齐射只不过是打断了捆绑他的绳索,巴布差点儿在弹药的烟雾之中逃跑了,然后他被抓回来,再次被带到射击队之前,这一次他们完美地完成了任务。其后两年,尤其在1852年暗杀国王的企图失败之后,有3 000多名巴布教徒被处以死刑。

处死巴布、残酷地镇压其信徒,当然会使这个运动的思想、神学理论和目标发生变化。最后,这个运动分裂成了阿塞利派和巴哈教派。由于巴哈派信徒主要活跃在流亡者和非伊朗人之中,巴布教-巴哈教派后来的历史大多已经超出了本书关注的范围。不过,巴布教所代表的不同意见和改革要求仍然拥有强大的潜能,并且这种能量以对伊朗有重要影响的其他形式显现了出来。在这方面,阿塞利派巴布教作用重大,它的某些领袖采用什叶派的塔基亚手段来掩藏他们之间的联系,并成功进入教士和政府机构的圈子之中。在伊朗国内和国外,阿塞利的教徒继续活跃在反对卡扎尔王朝统治的斗争之中,他们被认为对伊朗现代民族主义和宪政的发展作出了重要的贡献。但是,巴哈教徒被什叶派当局认为是叛教者,一般都会被处死,他们经常成为教士集团发泄怒火的对象。

改革与反响

在纳赛尔丁沙上台之前,伊朗很少致力于政府机构和社会改革,不论是现代化的还是西方化性质的改革。除了阿巴斯米尔扎时期在欧洲顾问帮助之下进行的军队重建之外,这方面的主要成就是派遣了几批学生前往欧洲学习:1811年有两人随哈福德·琼斯爵士前往伦敦,1815年有一批5人去了英格兰,1845年另一批5人去了巴黎。尽管他们人数不多,而且绝大部分专攻狭窄的理工课程,但这些学生在传播欧

109

洲文明的物质成就和理性基础的知识方面起了某种重要的作用。例如,其中最有名的一个人米尔扎·穆罕默德-萨利赫,曾经在牛津接受通识教育,回到伊朗之后创办了一个出版社,发行了伊朗第一份报纸,出版了许多书籍介绍大英帝国的历史和政治制度,以及他自己在英国的经历,并且给许多显要人物的子女当过教师。

1848年,虽然之前没有什么坚实的基础,一座改革的闸门真正被打开了。新国王纳赛尔丁沙只有16岁,十分信赖米尔扎·塔吉汗。这位官员曾经是纳赛尔丁的监护人,在穆罕默德沙去世之后,他不辞辛苦把纳赛尔丁送往德黑兰来加冕。纳赛尔丁沙任命他为自己的首相。他没有使用一般的官衔,而是被称为阿塔巴克(*Atabak*,意为"摄政")、埃米尔·内扎姆(Amir Nezam),或者是更出名的称号埃米尔·卡比尔。米尔扎·塔吉汗(或者叫他埃米尔·卡比尔)出身卑微(其父是一名厨师),他在政府各个部门不同级别稳步提升靠的是自己突出的才干和成绩,而不仅仅是个人关系。有两段经历使他不同于一般的廷臣,并且使他成了一位具有远见卓识的改革家:他曾经作为代表团成员前往圣彼得堡,就格里博耶多夫被杀事件向沙皇道歉,有机会熟悉俄国政府和行政机构的运作方式,熟悉俄国的学校、工厂、商业和文化生活。他还在起草《埃尔祖鲁姆条约》的委员会中起着重要作用。这又使他得以接触到奥斯曼帝国称为"坦志麦特(突厥语,意为'规范')运动"的广泛的司法、行政改革计划。

埃米尔·卡比尔担任首相之后碰到许多难题:卡扎尔王公哈桑汗·萨拉尔的叛乱、呼罗珊省某些土库曼部落的起义、巴布教徒的暴动和俄国人抗议土库曼海盗进攻里海阿舒拉达的海军基地。然而,他还是提出了旨在加强伊朗政府和社会的改革纲领。这个纲领在其广度和有意识地避免依赖俄国或不列颠王国方面都使人感到震惊。埃米尔·卡比尔曾经负责阿塞拜疆省军队的财政和后勤供应,非常清楚军队的需要。他设法使军队之中的部落士兵训练工作现代化,用在农村地区建立征兵制和建立非穆斯林军队的方式来扩大征兵的基础。他企图确保士兵得到他们应得的军饷不被军官们克扣。他禁止强迫公民为军队提供给

110

养的传统做法。为了减少伊朗对英国、俄国军需用品的依赖,他设法发展伊朗本国的军工业,并且从奥地利、意大利等国家引进军事顾问。为了解决政府的财政问题,埃米尔·卡比尔整治了那些自古以来就有的、会逐渐导致腐败的习俗,诸如卖官鬻爵、官员之间交换"礼品"(即贿赂)。他还设法建立正规的税收制度和海关机构,官员的薪水被减少了,过高的养老金被取消了。他大大地加强了政府对经济生活的干预,以促进农业和商业活动:如引进棉花、甘蔗之类的经济作物;建立许多工厂,鼓励工匠学习新的制造技术;在首都和各大城市重新开始进行城市化改造项目。他开始出版一份政府公报,用以通报有关政府规章制度,告诉读者有关世界政治、科学发展的情况,鼓励发展新的波斯诗风,摆脱过去盛行的荒诞、复杂、华而不实的诗风。

　　埃米尔·卡比尔改革最具革命性之处可能是在教育与法律方面,二者都侵犯了伊朗什叶派教士的传统地盘。他把宗教法庭置于政府当局严密监视和控制之下,严厉惩罚腐败的宗教法官,他企图限制允许罪犯为逃避逮捕而躲进宗教圣所避难的习惯做法。他最主要的成就无疑是建立了道如福农这所由政府主办的德黑兰军事和技术学院,于1851年12月开学。学校决定从与伊朗没有利害关系的国家之中挑选、聘用外籍教员,军官班绝大多数使用法语,至于医学、药学、军队战术、工程学、采矿学和诸如历史、数学等基础课程,则使用欧洲和中东各国语言。对于整整一代的伊朗精英阶层而言,这个学校是一个培训基地。它也是其他高等教育机构模仿的榜样。

　　可悲的是,当道如福农举行开学典礼的时候,埃米尔·卡比尔已经不再是首相了。正如在别的许多地方而不仅是伊朗一样,诚实、效率、正直和天才等品质,都不会得到那些没有这些品质的人重视。埃米尔·卡比尔致力于消除腐败,抑制挥霍国库钱财,打击传统的利益集团,这就必然使他树敌众多。以他在官僚机构之中的主要对手阿迦汗·努里·埃特马特道莱和王太后马赫迪·乌利亚为中心形成了一个派别,从埃米尔·卡比尔担任首相之日起便阴谋反对他。据说,他们使年轻而轻信的国王相信,埃米尔·卡比尔正在组建的这支军队是为政变

111

准备的。1851 年 11 月 16 日,纳赛尔丁沙突然解除了埃米尔·卡比尔的官职。虽然埃米尔·卡比尔奉行明确的、独立的外交政策,但俄国人和英国人还是对他的下台感到震惊。他们重视他对稳定伊朗的作用,因为他们的首要目标就是避免出现任何将使他们陷入冲突,从而破坏欧洲力量平衡的动乱。俄国人还有一层担心,即埃米尔·卡比尔被免职之后,阿迦汗·努里一旦得到英国人的保护,就有可能使英国人占了上风。俄国大使犯了一个错误,他声明埃米尔·卡比尔处于俄国人的保护之下,并派了一支武装卫队去保护他的住宅。这种明目张胆破坏伊朗主权的做法,只能加强国王的疑心,断送埃米尔·卡比尔的命运,甚至连他和国王妹妹的婚姻关系也不能挽救其命运。他被遣送到卡尚附近的巴格芬,软禁在卡扎尔王朝的一座行宫之中。1852 年 1 月 10 日,德黑兰派来的一位行刑者把埃米尔·卡比尔拖进浴室里,他的手臂和大腿动脉被切开,任其流血而死。

112

新首相阿迦汗·努里不仅使埃米尔·卡比尔的绝大多数改革倒退回原地,而且使埃米尔·卡比尔极力要铲除的恶习又大量滋生。他很快就使伊朗卷入了一场国际危机。在克里米亚战争时期,由于努里看来要与俄国结盟以对抗奥斯曼帝国和英国,伊朗与英国的关系出现了紧张。1855 年,努里和英国特使查尔斯·默里就英国代表团在设拉子雇佣了一名努里的对手哈希姆汗的问题,发生了一场可怕的争吵。此后,努里支持散布默里和哈希姆汗的妻子(国王的姐妹)有染的谣言指控默里破坏了外交关系,赶走了英国外交使团。后来,努里又违背1853 年英国人担保签下的条约,决定支持国王再次收复赫拉特的意图。这一次,伊朗的军事行动很顺利,1856 年 10 月占领了赫拉特。英国人立刻向伊朗宣战,他们从波斯湾进攻伊朗,而不是冒险去攻击赫拉特。12 月,他们占领了哈尔克岛。1857 年 1 月,陆军占领了布什尔。同年 3 月,又炮轰和占领了穆罕默雷。在这之前,伊朗人已经同意了拿破仑三世居间调停达成的《巴黎协定》。英国人的目的是通过战争,把赫拉特从伊朗控制之下解放出来,但又不希望战争的失败严重到使伊朗发生混乱,或者把这个国家完全推到俄国一边去。因此,在巴黎签订的条约非常宽厚。伊朗放弃了对赫拉特和整个阿富汗其他地方的领土要求。默里恢复公使职务,但没有强制索取战争赔偿金,努里也被允许保留原职。

1858年,纳赛尔丁沙因为许多与英波战争无关的事情免去了努里的职务。他拒绝提名其他人担任首相,开始亲自掌管更多的政务。但是,必须说明的是,除了建成国家的第一条连接德黑兰、克尔曼沙赫与布什尔的电话线之外,他的成就不大。而且,严重的干旱、可怕的饥饿、蚕丝的减产、商业贸易总体衰败,这些灾难结合在一起,严重地削弱了这个国家的经济。随着俄国人在中亚地区的迅速推进,塔什干(1865)、浩罕(1866)、布哈拉和撒马尔罕(1866—1868)相继被占领,这个国家焦虑的事情还在进一步增加。

同时,围绕在伊朗外交部门有活力和有才能的人物米尔扎·侯赛因汗·穆希尔-道莱周围,又开始形成一个新的改革派团体。他曾经在两个地方工作过。这两个地方向来对伊朗改革派人士具有非常重要的影响。一个是高加索地区(1852—1858年为驻第比利斯领事),一个是奥斯曼帝国(1858年之后担任驻伊斯坦布尔公使)。他在奥斯曼帝国的时候,正值"坦志麦特"运动的高潮时期。这个时期英国充当了奥斯曼帝国领土完整的主要保卫者,以及提倡帝国进行司法、行政、财政制度开明改革,医治帝国各种弊病的主要倡导者。这段时期的见闻,显然在他形成伊朗需要什么的观点过程之中起了重要的作用。他也和许多知识分子,诸如法塔赫-阿里·阿洪德扎得(一位有争议的伊朗民族主义和世俗主义辩护人)、米尔扎·马尔库姆·汗(政府和国家经济基础发展咨询机构早期的支持者)建立了友好的关系。穆希尔-道莱和纳赛尔丁沙保持着经常不断的公文和书信往来,向国王报告奥斯曼帝国正在发生的变化,以及值得伊朗学习的可取之处。1870年,经常喜欢炫耀自己虔诚的纳赛尔丁沙决定去奥斯曼帝国境内的伊拉克什叶派圣地参观,穆希尔-道莱随行。这对改革派的发展是一个幸运机会,因为当时治理巴格达的正是奥斯曼坦志麦特派最有才干的一位政治家米德哈特·帕夏。参观活动正好可以用来向国王介绍正在进行的现代化、西方

113

化改革的情况。在回到伊朗之后不久,纳赛尔丁沙召回了穆希尔-道莱,任命他为司法部长、军队司令,最后又任命他为首相。

　　穆希尔-道莱的任命在伊朗又激起了一个改革的浪潮。但是,情况不久就非常清楚,这个改革完全不同于埃米尔·卡比尔时期改革的性质。在进行许多必要的司法、行政和军事改革的同时,穆希尔-道莱主要致力于发展国家的经济。他和他的支持者放弃了自力更生的路线,有意识地鼓励引进外国的力量,特别是英国的力量。这样做的理由,是建立在他对奥斯曼帝国经验的观察、可能还有他反思错误的真诚基础之上。因为当时俄国在中亚地区的推进已经对伊朗造成了一种潜在的威胁,必须把英国人引诱过来抵消俄国的威胁;而且可以预料,俄国人在反对穆希尔·道莱想要进行的改革的时候,英国人将会支持他,因为有一个强大的伊朗作为缓冲国是符合英国人的利益的。最能代表穆希尔-道莱心目中所构想的计划的,就是 1872 年的"路透特许权":计划给予一位已加入英国籍的伊朗臣民、实业家尤利乌斯·德·路透男爵为期 70 年的排他性特权,内容包括开发伊朗几乎所有的矿藏和其他资源,建设水库、公路、铁路、桥梁和其他公共工程,建立国家银行。为了使纳赛尔丁沙相信这些项目的好处,他鼓动国王在 1873 年对欧洲进行了首次大肆铺张、最后效果则适得其反的访问。

　　民众的非议、俄国人的激烈反对、英国人的冷淡支持,导致了"路透特许权"被否决,并且加速了穆希尔·道莱的垮台。不幸的是,一个真正的潘多拉盒子已经被打开了,越来越多的伊朗官员为授予欧洲人一个又一个特许权开始进行游说活动。在绝大多数情况之下,在建设祖国的爱国主义热情和为个人谋取私利之间是很难划清界限的。而对授予权的争夺,则加剧了伊朗官僚机构中早已存在的地方派别活动和不满情绪。经济竞争使俄英在伊朗的利益之争更加复杂化,一些不可避免的问题开始出现了。因为授予一个国家的国民特许权,就不得不相应地授予另一国的国民类似的特许权;如果某个大国的臣民无法被说服,许多有益的项目就必须放弃。从这些计划之中获得的税收对国家的好处微不足道,因为它们绝大部分都被花在了宫廷的开支,支付国王

在欧洲旅游的费用和其他不重要的事情上面。部分政府官员的金钱
欲,导致了诸如横征暴敛、买卖官职和年金的腐败作风。国家命脉极其
重要的部门已经转入外国人手中:军队(以 1879 年建立的俄国军官指
挥的哥萨克旅为标志)、交通(1888 年林奇兄弟建立的卡伦河轮船公
司)、银行(1889 年允许路透开办波斯帝国银行)。即使是这个国家和
俄国、阿富汗、英属印度的边界,也是由外部的大国划定的,伊朗已经沦
落得如同一个旁观者。在仅仅 10 年多一点的时间里,伊朗已经迅速地
滑向衰败、破产和附属国的地位。

第六章　民族国家的形成

　　在 19 世纪最后的 10 年和 20 世纪最初的 10 年间,伊朗反对外来统治、独裁统治和公共生活腐败作风的各种力量,朝着民族复兴的方向迈出了勇敢的第一步,但结果却只是眼看着自己被更大的耻辱无情地拖向相反的方向。在伊朗历史上,第一次世界大战期间是一个特别严峻的时期。但战争结束之后,在新的巴列维王朝时期,却出现了声势浩大的维护伊朗主权国家建设的运动。

烟草叛乱

　　如果说有一个重大事件可以作为伊朗现代民族国家历史的开端,那可能就是 1891 — 1892 年的"烟草叛乱"①了。纳赛尔丁沙经常需要钱,特别是在 1889 年他第三次挥金如土的欧洲旅游之后,下令大臣阿里-阿斯加尔汗·艾敏苏尔坦向英国臣民、杰拉尔德·塔尔博特少校出售一份特许权,允许后者在伊朗建立帝国烟草公司,以换取国王的一笔现金收入,外加每年需向伊朗交纳的租金和 25％的利润。公司将获得为期 50 年的生产、销售、出口伊朗所有烟草的排他性特权。由于伊朗吸烟现象非常普遍,这个特许权将不可避免地影响到伊朗所有地区的

---

　　①　也叫做"反烟草专卖运动"。——译者注

几乎所有阶层。批评特许权的文章开始出现在改革派的报纸《星报》（这份报纸于19世纪90年代后期在伊斯坦布尔出版，极具煽动性）上。这些文章显然出自著名的泛伊斯兰主义理论家、英国殖民主义批评家哲马鲁丁·阿富汗尼（即阿萨达巴迪[Asadabadi]）之手。1891年1月，他刚从俄国回到伊朗。

这年春天该公司代理人到达之后，设拉子爆发了动乱。烟草交易中心和商人罢市以示抗议。一名愤怒的教士阿里·阿克巴·法拉西里煽动暴乱，并且鼓吹对烟草公司发动圣战。后来，在其他许多城市也发生了同样的暴力事件。阿富汗尼和法拉西里都被驱逐出伊朗，逃到伊拉克。他们在那里向当时最著名的什叶派法学家米尔扎·哈桑·设拉齐（法拉西里的岳父）发出呼吁，要求采取行动反对国王和特许权。设拉齐给纳赛尔丁沙写了一封信，就特许权和虐待法拉西里问题提出抗议。但是，无论是这封信件还是后来给卡扎尔王朝官员的信件，都没有产生任何明显的效果。1891年末，设拉齐要求德黑兰一位著名教士米尔扎·哈桑·阿什提亚尼代表他处理此事。此后不久，1891年12月，一份据说是由设拉齐发布的禁止抽烟的法特瓦①在德黑兰传播开了（现在普遍认为它是伪造的，但设拉齐从来没有否认过它）。作为什叶派最高权威的司法裁决，人们很难对这个法特瓦置之不理，一场广泛的、普遍的抵制吸烟运动由此引发。1892年1月，在抵制运动和日益增加的暴力游行示威压力之下，国王同意废除烟草特许权，设拉齐发电报要求停止抵制运动。作为对烟草公司的赔偿，伊朗不得不支付大约50万英镑。这又使国家进一步陷入了债务之中，最后不得不向英国和俄国银行借贷，才解决此事。

反对烟草特许权运动的成功，在现代伊朗民族主义者的神话中意义重大，尤其重要的是，教士集团在这个运动之中起了特殊的作用。按照上述观点，烟草叛乱反映了一个由愤怒的教士集团领导的、改革派知

---

①　fatva，什叶派宗教权威人士发布的正式法律见解，在司法审判之中可以用作裁决的依据。——译者注

识分子和商人的联盟已经出现。他们迫切地努力发动群众,反对腐败的政府和外国的统治,表达了整个民族对把祖国出卖给帝国主义的愤怒心声,成为后来立宪革命和其他民族斗争的先声。出现在烟草叛乱之中的这种情绪,有些还有点儿难以肯定。不过,它在某种程度上预示了日后许多运动的成分、组织、战术和方式。然而,这种解释方式还有很多漏洞。教士集团并没有作为一个铁板一块的集团行动,某些重要的宗教人士并没有支持抵制运动;那些卷入运动的人与其说是领导,不如说是各种不同利益的代理人或倡导者,他们攻击的对象实际上集中在特许权本身,而不是更大的问题。当游行示威看来似乎有脱离控制的危险时,绝大多数人都迫切希望赶快解决问题。而群众被发动起来,更多的只是因为单纯地反抗外国人的剥削,而不是因为接受了刚刚出现的民族主义。废除特许权可能帮助了某些商人,但它也使得烟草种植者蒙受损失,还迫使国家向外国银行借贷以赔偿烟草公司的损失。政府内部也有人反对特许权,某些官员可能是决心要使艾敏·苏尔坦难堪而反对特许权。还有人认为,纳赛尔丁沙自己不喜欢这份特许权,也对人民的反抗感到恐惧。因此,这场精心安排的抗议活动为他提供了废除特许权的借口,而又不至于激怒英国人。

　　烟草叛乱最直接的意义在于,它揭露了英俄在伊朗争夺势力范围的广度,它已经通过代理人深入到了商业贸易的领域。这样一份特许权而不是一份更广泛的特许权就能够激起一场叛乱,这个事实使人有理由联想到俄国人是否参加了鼓动甚至领导叛乱。俄国人担心特许权的存在将成为英国势力正在上升的证据;俄国特使谴责了这份特许权,他们鼓励抵制这份特许权,并通过他们与阿富汗尼和米尔扎哈桑·设拉齐的接触,以及他们在德黑兰和大不里士的活动来表明自己的态度。毫无疑问,叛乱起到了削弱英国、加强俄国势力的作用,艾敏苏尔坦也相应地调整了自己的政策。烟草叛乱还显示了教士集团引导民意的能力;英国人注意到了这个问题,开始加大力度笼络教士集团之中的亲英分子为他们工作,制造舆论来更加卖力地抵消亲俄派教士的影响。

穆扎法尔丁沙的统治

烟草特许权的流产和俄国势力的崛起,削弱了改革者和现代主义者在卡扎尔王朝宫廷之中的地位。纳赛尔丁沙对国事越来越不关心,把大小事务都交给艾敏苏尔坦处理。在 1892 年之后的年代里,政治阴谋和诡计、债务日益增加和经济困难、各个行省法律和秩序荡然无存成了主要的标志。1896 年 5 月 1 日,当纳赛尔丁沙到达德黑兰城外阿卜杜勒·阿齐姆沙圣所庆祝自己在位第 15 年开始之际,他被刺杀了。凶手是米尔扎·礼萨·克尔曼尼,一位前阿塞利派巴布教徒和与阿富汗尼有关的人(大概是他唆使进行了这次暗杀活动,以报复将他驱逐出伊朗)。

穆扎法尔丁继承了纳赛尔丁的王位,他曾经以王储的身份长期担任阿塞拜疆省的总督。穆扎法尔丁随身带来了一批他担任总督时期器重的官员,他们通常被视为突厥派和大不里士派。在卡扎尔家族另一位势力强大的成员阿卜杜勒·侯赛因-阿里·米尔扎·法尔曼法尔马(他是穆扎法尔丁沙的女婿和连襟)的帮助下,他们在 1896 年 11 月把艾敏苏尔坦搞下了台。但是,穆扎法尔丁唯一关心的事情就是如何充实他由纳赛尔丁那里继承来的、空空如也的国库。他的新首相、改革派艾敏道莱无法在英国筹措到必要的贷款,结果被免职。1898 年,艾敏苏尔坦官复原职。

艾敏苏尔坦转而向俄国请求财政援助,并于 1900 年 1 月通过谈判获得了一大笔贷款,但禁止伊朗在 10 年之内再向其他国家贷款,以确保伊朗只是俄国一国的债务人;还规定这笔贷款必须以海关收入来偿还。这是艾敏道莱建立的、由比利时人管理的一个新机构。国王十分高兴地赐给艾敏苏尔坦一个新的称号:阿塔巴克·阿扎姆(现在一般简称他为阿塔巴克)。1901 年,两国开始谈判第二笔贷款,并于 1902 年达成一致。而谈判得以达成,则是基于海关管理制度的修改。新的关税制度由比利时籍海关署长约瑟夫·诺斯起草(他实际上是以财政大臣的身份行事),他大大地降低了俄国商品的进口税,提高了英国产品的关税(特别是茶叶)。

英国人强烈反对这些变动。但是,其他麻烦事情妨碍了他们在这方面花费更多的精力。英国投资者在烟草特许权失败之后,也开始对伊朗有了戒心。为了安抚这些投资者,避免俄国人的完全垄断,阿塔巴克和英国新公使阿瑟·哈丁合作,达成一项毫无疑问是卡扎尔王朝赐予外国人的所有经济特许权中最为重要的一项。1901 年 5 月 28 日,穆扎法尔丁沙签署了一份协议,给予澳大利亚矿业百万富翁威廉·诺克斯·达西开发全国(除北方 5 省之外)天然气、石油资源 60 年的排他性权利。作为回报,达西将提供 4 万英镑现金和股票,外加将来利润的 16%。然而,这个协议实际上也是一个非常冒险的赌博。到 1905 年的时候,达西几乎到了接近破产的地步。但是,英国海军正在考虑从使用煤改为使用石油作为燃料,帮助安排伯马赫石油公司支持达西。最后,在新公司几乎要绝望的时候,终于在 1908 年 5 月 26 日发现了石油。这件事导致了 1909 年英波石油公司的成立。英国政府在 1914 年成为大股东,以保障政府的战时需要;这个新进展的重要意义,自然导致了对英国在伊朗利益的彻底重估。

各种各样的贷款、特许权和财政改革,并没有减轻伊朗的经济危机。穆扎法尔丁沙把许多收益挥霍在欧洲的豪华旅游之中。诺斯努力推行新的税法,削减政府开支。这样做既得罪了伊朗商人,又得罪了那些受到影响的官员。巴布教徒的叛乱、宗教界的煽动、粮食动乱、政治阴谋、英俄两国对其信任的丧失,这一切引起了动荡,并在 1903 年导致了阿塔巴克下台,他的仇人、残酷无情和专断独裁的艾因道莱(Ayn-al-Dowleh)被任命为大臣接替他。但是,1904 年俄国被日本打败,以及随后发生的 1905 年俄国革命,在伊朗政治思想界引入了一个全新的因素。由于俄国干涉威胁的消除,使反对政府政策的各种人士大胆地组织了一个更多元的联盟,其行动纲领也空前激进。

立宪革命

在 19 世纪末期和 20 世纪初期,立宪政府开始被许多人认为是解决国家各种政治难题的灵丹妙药。日本惊人地打败了俄国是在日本颁布宪法之后的事情,这似乎就成了证明这种理论正确的一个证据,并且是俄国立宪革命(1905)、伊朗立宪革命(1906)、其他地方爆发立宪革命和奥斯曼帝国恢复宪法(1908)的部分原因。所有这些革命旨在结束独断专行地行使权力;它们没有一个想要废除现存的君主制度。但是,在伊朗与其邻国奥斯曼帝国的立宪革命之间,还是有一些重要的、有启发意义的不同之处。

　　就奥斯曼帝国而言,它在 1908 年之前就已经有了很长的改革历史。奥斯曼的知识界生活在见多识广的环境之中,他们可以直接地接触到欧洲立宪思想的资料。与奥斯曼改革传统相一致的是,其宪法与其说是从上而下,不如说是在人民群众的要求压力之下颁布的,军队起了关键的作用。革命拥有强大的世俗动力,因为革命的矛头就对准了暴虐的苏丹阿卜杜勒·哈米德和他用以证明其独裁统治合法的伊斯兰思想体系。宪法的通过,目的还在于有助于解决帝国体系之内的种族和少数教派问题。在伊朗,要求实行立宪制度的知识界传统根基太浅,而且大多数是间接受到伊斯坦布尔、第比利斯和巴库等地提倡者的影响后才形成的。在 20 世纪的伊朗,具有改革思想的官吏只取得了非常有限的成就。而且,这里的军队对变革要求没有给予有力的支持。对于革命的支持来自一群极端折中主义的政府官员、新闻工作者、知识分子、宗教界不同政见者、教士、批发商、零售商。他们有着非常不同的目的,徘徊在真诚的爱国主义和十足的个人利己主义之间,并且经常随着政治形势的改变而改变自己的立场。立宪主义思想和原则与其说在革命之前就已经出现,不如说是在革命爆发之后才发展起来的。从一开始起,革命就具有宗教色彩,而且随着时间的推移,这种特点使得少数教派的问题变得更加严重,而不是有助于这个问题的解决。

　　在伊朗革命的第一个阶段,革命主要是反对艾因道莱和诺斯政策的抗议运动,反映的是经济问题。在整个 1904 年和 1905 年,许多秘密和半秘密的政治团体"恩楚明"被组织起来,其成员散发传单,并为在伊朗建立宪政统治制定蓝图。它似乎要进行类似于日本式的神奇改革。

由于烟草叛乱的教训记忆犹新,某些恩楚明的成员(虽然其中包括非穆斯林、阿塞利派巴布教徒、巴哈教徒和政教分离主义者)得出一个结论,对于他们的运动而言,获得穆斯林教士集团的支持是非常重要的。他们非常成功地获得了年轻的宗教学校学生的支持,并且得到两位高级教士穆罕默德·塔巴塔巴伊和阿卜杜拉·贝赫巴哈尼的同情。在 1905 年 11 月,他们同意协调行动。他们需要寻找一些借口来重新制造公众舆论。而在第二个月,一个突发事件提供了这种借口。12 月 12 日,德黑兰总督安拉道莱下令鞭打不服从政府降低糖价命令的两名著名商人。在抗议者遭到攻击,并且被污蔑为巴布教徒之后,塔巴塔巴伊和贝赫巴哈尼带领约 2 000 人前往阿卜杜勒·阿齐姆沙圣所避难(bast,这是伊朗的一种习惯法,规定任何人在一所宗教建筑中获得庇护后都能拥有避难权和免于被捕权)。起初,他们仅仅是要求撤销安拉道莱的职务。但是,在恩楚明活跃分子甚至还有一些宫廷派别的推动之下,这个要求很快就加码了:他们要求免去艾因道莱和诺斯的职务,建立"公正之家"①。国王拒绝免去其大臣的职务,但于 1906 年 1 月 10 日同意建立"公正之家"。他认为这不过是一个"实施宗教法律、保障臣民安全"的机构。7 月,警察企图逮捕某些直言不讳批评政府的人士,包括深得人心的宣传家哲马鲁丁·韦斯·伊斯法罕尼。在接踵而来的抗议活动中,一名宗教学校的学生又被杀死了。为了避免全面的对抗,塔巴塔巴伊和贝赫巴哈尼又在库姆组织了一次由教士和宗教学校学生参加的避难。

1906 年 7 月 23 日,一群和教士团结一致、大概还受到贝赫巴哈尼(他一直被看成是亲英派,并且与英国代办伊夫林·格兰特·达夫的关系很好)鼓动的商人要求在英国驻德黑兰公使馆大院避难。过了一个星期之后,整个德黑兰的商人、批发商、工匠、零售商实际上全部都加入了其中,人数从 13 000 人增加到差不多 20 000 人。这标志着革命进入了一个新的重要阶段。商人们现在团结一致,坚决要求改革。恩楚明

---

① "公正之家",即西方的"法院"。——译者注

成员在公使馆公开向人群发表演说,告诉他们当前的政治局势。在他们的引导之下,运动具有明确的民族特点,而且形成了一个重要的要求,即选举代表大会①。7月29日,艾因道莱辞职。稍后几天,8月10日,建立全国咨议机构代表大会获得批准。宗教人士在库姆的避难和英国公使馆的避难随之结束。

　　宫廷仍然做了一些反对举措之后,《选举法》还是在9月签署了。法律规定,年龄在30岁以上、拥有财产的伊朗全体男性公民,不分宗教信仰(这就包括许多非穆斯林商人,但整体上排除了农民和穷人)均有选举权。分配给德黑兰的议会(即人民大会)席位数多得不成比例,以利于迅速完成各项议程。10月7日,议会举行了第一次会议,并于年底前起草了宪法大纲,即《基本法》。法律授权建立立法院,但没有明确其职责,而且60名成员中有半数由国王任命。但是,基本的权力仍在议会。作为全国人民的代表,议会每两年选举一次,有权监督立法、财政和外交事务。1906年12月30日,穆扎法尔丁沙在去世之前签署了《基本法》。这样,伊朗在建设民主和多元社会之中取得了惊人的迅速进步。但是1907年时,在进一步前进的道路上出现了三个重要的障碍。

　　首先,穆扎法尔丁沙在1907年1月6日去世了。其继承人穆罕默德-阿里沙在革命的早期阶段曾经为抗议者求情,究其原因却是他希望看到艾因道莱垮台,因为他怀疑艾因道莱阴谋阻扰他继承王位。除此之外,他顽固地反对激进的改革、议会和宪法。待穆罕默德-阿里沙加冕并感到王位安全之后,他开始反对所有的一切。

　　第二,如果不能说是英国政府的话,至少是英国公使馆的人员曾经公开对立宪主义者表示同情,以至于连一般观察家也认为这个运动是受英国控制的。格兰特·达夫不仅允许伊朗人在公使馆避难,他还向运动的领导人提供建议,为他们向国王说情。但是,无论立宪主义者可

------

　　① maqles,"代表大会",后来被西方称为伊朗的"议会"或"国会",后文将称为"议会"。——译者注

能抱着什么样的幻想请求英国人的帮助,这些幻想都被 1907 年 8 月 31 日签订的、声名狼藉的英俄协议无情地粉碎了。大英帝国和俄国正在设法共同对抗正在崛起的德国势力。作为双方恢复友好关系的一部分,必须消除相互之间可能爆发冲突的潜在威胁。这就影响到了伊朗;该协议保证"尊重伊朗的领土完整和独立",但继续把这个国家划分为俄国和英国的势力范围。俄国在北方地区,沿着自席林堡经亚兹德到俄国与阿富汗和伊朗边界的交叉点一线以北地区,可以不受英国的竞争和干涉,自由地决定一切的政治或经济事务。英国人的势力范围在南部,沿着自阿富汗边界到阿巴斯港一线以南。双方将分享伊朗政府的海关、邮政和电报业务收入,以确保其可以偿还英俄银行现有的贷款。由于英国还控制着波斯湾地区(而且还计划在伊朗西南部地区扶持一个傀儡政权),这就使立宪政府实际上所能控制的不过是中央沙漠盆地。而当时议会正在忙于为宪法而斗争,无法以任何有效的方式回击这种挑衅。

最后,立宪主义者内部也开始出现了分裂。裂痕首先出现在世俗的民族主义者和保守的伊斯兰教徒之间。有些领导人企图用渐进主义的方式,使用来源于阿拉伯语的含糊不清的、空洞浮夸的词汇,诸如 adalat-khaneh、majles,mashroutiyyat,这类意义不明确的术语来取代借用欧洲语言中的术语,以掩盖和粉饰这种分歧。结果,这个运动得到了像塔巴塔巴伊和贝赫巴哈尼,甚至还包括敌对的保守派教士法德尔-安拉·努里的支持。但在第一届议会之中,有一个人数较少但组织健全、立场坚定、较激进的大不里士恩楚明思想的进步派别,提出了一个建立在人民主权、世俗主义和民族主义思想基础之上的议案。在哈桑·塔吉扎德的领导之下,他们控制了议会,他们的思想由于有像马利克·穆塔卡利敏这样深得人心的宣传家,还有像阿里·阿克巴·德胡达这样的作家在著名的报纸《天使号角》上的宣传,有效地传播到了群众之中。这种影响明显地反映在用以补充宪法的《补充法》之中。它们包括确认人民主权、司法独立、公民不分宗教信仰权利平等、国家控制之下的义务教育和出版自由的条款。

由于害怕议会讨论之中的世俗主义倾向,保守派宗教领袖努里草拟了一个条款,要求议会通过的法律必须获得一个由教士组成的委员会批准。当这个条款被修改成议会将控制这个委员会的任免权之后,努里背弃了他与立宪主义者的联盟,并且在 1907 年 6 月在阿卜杜勒·阿齐姆圣所组织了一次他自己的避难。在宫廷的支持之下,他开始更猛烈地抨击立宪主义者的非穆斯林性质。努里提出,在议会之中只能允许什叶派穆斯林存在;所有的立法都必须符合现有的宗教法律;由于对出版物中用讽刺的方法对教士进行批评不胜其扰,他还提出言论自由应当受到限制。国王与努里勾结起来,拒不签署《补充法》。

这就引起了塔吉扎德和其他激进分子的强烈反对,以及大规模的抗议示威运动。激进派还试图发动民兵强制执行议会的命令。随后在 8 月 31 日,首相艾敏苏尔坦·阿塔巴克被暗杀,暗杀者随即当场自杀。杀手的动机现在仍然是一个谜,只知道他是大不里士人,显然与当地一个激进的恩楚明有关系。但是,阿塔巴克和议会的立场已经非常接近。因此,有些人声称可能是国王策划了这次的暗杀阴谋,希望借此败坏激进派的名声。要是这样的话,这个阴谋就产生了事与愿违的结果。大量群众集会庆祝这个独裁者的死亡。国王和努里被吓坏了,因此,《补充法》得以在 1907 年 10 月 7 日被批准。它的世俗的、自由主义的条款原封未动地被保留下来了。但是,作为与努里和解的姿态,《补充法》确认了什叶派十二伊玛目支派为官方宗教,还有一条是必须由宗教学者审查法规的条款。

有一段时间,国王和议会似乎可以建立起合作关系,但是,当人们要求采取具体措施实施宪法的时候,紧张关系再次出现了。议会坚持要控制宫廷的财政,并有意提出建立一支不受国王控制的国家军队的议案。穆罕默德-阿里沙确信议会成员正在密谋废黜他,支持卡扎尔家族另一名成员、长期担任伊斯法罕总督的其叔父泽尔苏尔坦。当议会要求将反对立宪主义者的廷臣萨德道莱和埃米尔·巴哈多尔流放的时候,国王以将要出现政变的企图来反击。12 月 15 日,首相纳赛尔穆尔克被捕,一群从德黑兰贫民区雇用来的暴徒攻击了议会大厦。努里及

124

其支持者急急忙忙前去支援他们,并占领了附近的土普豪奈广场。但是,恩楚明的成员已经获得了武器,成功地保护了议会。在英国和俄国的压力之下(他们不希望任何一方战胜另一方),温和派官员极力主张和解,国王勉强停止了进一步施压。这场"政变"(如果在计划中它应该是一场政变的话)失败了。

保王派在土普豪奈事件之中的失败,鼓励了激进派抓住机会充分利用他们的优势。为此,他们疏远了温和派教士贝赫巴哈尼及其司法改革的思想。他们对穆罕默德-阿里沙日益增长的敌视态度,以及他们与德国人在外交上的眉来眼去,也使英国人和俄国人感到担忧。经济困难也开始削弱了人民群众对运动的支持。与此同时,国王急急忙忙地组织了一支自己私人的军队,使他很快就可以采取非常强硬的态度。他逮捕了几位被认为是同情激进分子的卡扎尔王室贵族,并且发出一份最后通牒,要求将某些最直言不讳的激进分子驱逐出国。议会拒绝接受这份最后通牒,恩楚明再次被动员起来保卫议会。1908 年 6 月 23 日,哥萨克旅一支部队清除了赛帕赫达尔清真寺附近的保卫者,包围并炮击了议会大厦。几位著名的立宪主义者、包括演说家马利克·穆塔卡利敏和《天使号角》编辑贾汉吉尔汗被捕获处死;其他许多人被逮捕,其中最重要的是贝赫巴哈尼和塔巴塔巴伊;还有许多人或是在英国公使馆避难,或是逃亡出国。

6 月政变开始了革命时期所谓的"小专制主义"时期。炮轰议会象征着德黑兰立宪运动的失败,努里高声赞美君主制度,强调宪法违反伊斯兰教。但是,反动派的胜利是非常不彻底的。在伊拉克许多圣城的安全之地,什叶派高级教士批评国王的行动。流亡在外国的立宪主义者致力于争取欧洲特别是英国公众舆论支持他们的事业。在许多省,像吉兰、呼罗珊,特别是阿塞拜疆,对于保王派的反抗十分激烈。在伊朗南部地区,许多势力强大的巴赫蒂亚里部落首领宣布支持议会,并且控制了伊斯法罕。毫不奇怪的是,大不里士成了抵抗运动的中心。恩楚明的成员、由高加索和亚美尼亚来的志愿者、小商人、宗教学校的学生、周边地区的农民和部落居民联合在一起,共同反对可恶的艾因道莱

和反动教士米尔扎·哈桑。大不里士反抗运动的英雄和领袖萨塔尔是
一位不可思议的人物,他从前只是一名无赖(louti)和仆人。保王派占
领了城市部分地区,但萨塔尔汗和抵抗战士在附近地区筑起路障,抵住
了10个月的围攻。1909年2月,保王派包围了大不里士,居民面临饥
饿的威胁。然而,救援来自没有意料到的渠道。立宪主义者长期以来
一直担心俄国人将会插手,支持穆罕默德-阿里沙;相反,俄国人要求国
王接受停火,恢复宪法。4月29日,在得到大不列颠帝国的支持和同
意之后,俄国军队进入大不里士解除了包围,并且允许供应食物。俄国
人的动机现在还不完全清楚,但有可能是为了保持与英国的谅解,避免
这座城市失陷之后外高加索和其他地区舆论上一片哗然。

　　同时,在拉什特也发生了政变,并且成立了一个由亚美尼亚达什纳
克党①首领埃普雷姆·汗、穆罕默德·瓦利汗·赛帕达赫尔领导的革命政
府。后者原先是卡扎尔王朝的军官,后来投奔了大不里士的立宪主义
者。5月5日,他们派遣了一支军队前往加兹温,和当地在大不里士被
俄国人占领之后逃来的抵抗战士联合在一起,这支联合起来的立宪主
义者军队准备向德黑兰进发。同时,由部落首领萨姆萨姆·萨尔塔内
领导的巴赫蒂亚里部落军队也从伊朗南部地区向德黑兰前进。在希望
达成妥协的企图失败之后,两支军队在7月13日进入了首都。三天之
后,一个特别委员会(majles ali)废黜了已经逃往俄国的穆罕默德-阿
里沙。

　　由于得到俄国和英国的支持,穆罕默德-阿里沙的幼子艾哈迈德
被立为国王。同时,卡扎尔家族受人尊敬的首领阿佐德穆尔克担任
了摄政,另外还组建了一个"临时委员会"在新议会选举出来之前继
续管理国家的事务。还成立了一个特别法庭,依法起诉反立宪主义
者的首要分子,其中被宣判有罪并处死的有保守派教士首领法德尔-
安拉·努里。

　　第二届议会于12月15日召开。它在人员组成上与第一届议会有

────────────

　　①　帝俄时期亚美尼亚要求民族独立和自治的资产阶级政党。——译者注

很大的不同。按照已经修改的选举法,它扩大了选民的范围,增加了各省代表名额。这个法律实际上起到了削弱激进分子影响的作用,使他们在鼓动投票者支持他们挑选的候选人方面,无法与地主、部落首领和富人竞争。1910 年,温和派与激进派(现在称为民主派)之间的分裂已经变得非常严重,这种仇恨表现在 7 月 15 日贝赫巴哈尼被暗杀的事件之中。这几乎可以肯定是塔吉扎德策划的阴谋。接着,塔吉扎德被驱赶出议会,流放到伊斯坦布尔。

第二届议会面临的主要问题是必须恢复秩序,解决财政问题。虽然它在人员的政治构成上分裂明显,但它还是成功地处理了这两方面的问题,可付出的代价则是与俄、英两国对立。在所有方面它都转向了其他国家:如建立一支由瑞典军官指挥的宪兵作为警察部队,雇用美国人摩根·舒斯特作经济顾问以解决财政危机。舒斯特的任命被证明是非常有争议的。俄国人开始变得越来越不友善,拒绝从加兹温撤走俄国军队,要求哥萨克旅继续存在,坚决要求撤销他们不喜欢的阿塞拜疆和呼罗珊总督。舒斯特与民主派密切合作,但他实在太有效率,还侵入了俄国人认为是属于他们的地盘(但使他感到意外和失望的是,英国人也很不喜欢他)。1911 年 7 月,当前国王企图从俄国返回伊朗的时候,舒斯特提供赏金捉拿前国王,并且在财政上支援军队最后打败了前国王。10 月,根据议会的命令,他企图没收前国王之弟、俄国人的被保护者绍萨尔塔纳的住宅的时候,遭到了俄国人的强烈反对。他还委派官员管理俄国划归自己地盘的伊朗领土,而且此人还是一位众所周知的有反俄倾向的英国人。这让俄国极为不满。他还在伦敦的《泰晤士报》上发表一封信,批评英俄两国,使俄国和英国政府陷入困境。

根据英国人的建议,在美国驻俄国大使否认对这件事情有任何兴趣之后,俄国人破坏外交关系,派兵前往拉什特,并且发出一份最后通牒,要求免除舒斯特的职务,赔偿俄国侵略伊朗的费用!12 月 1 日,议会拒绝了这些侮辱性的要求。俄国人野蛮地镇压了拉什特、大不里士的抵抗之后,他们的军队开始向德黑兰进发。同时,英国人在伊朗南部建立了一支英国的军队。面对着首都将要被占领的无情事实,政府各部大臣在埃普雷姆·汗领导的警察部队支持之下,要求议会接受一份修订后的最后通牒。当这个要求被拒绝之后,他们宣布解散议会(虽然这个行动毫无宪法依据),并且查封了议会大厦。1911 年 12 月 24 日,第二届议会和立宪革命就这样结束了。在各省,抵抗外国占领的斗争断断续续还持续了几个月。但是,在 1912 年 3 月俄国人报复性地炮击伊朗最重要的圣地之一马什哈德的伊玛目礼萨圣所之后,抵抗运动逐渐停止了。

伊朗和第一次世界大战

在穆罕默德-阿里沙被废黜之后建立的摄政政府,随着 1914 年 7 月艾哈迈德沙的加冕就正式结束了。希望年轻国王可以恢复卡扎尔君主制度被玷污的威望,这种指望迅速破灭。从 1909 年起,艾哈迈德就饱受来自立宪主义者和他们的对手、诸如艾哈迈德的外祖父卡姆兰·米尔扎双方施加的重压。这使他在很大程度上已经没有了真正的政治信念。他非常感兴趣的一直是如何寻找借口出国旅行,积聚私财(主要是通过贿赂手段),避免承担一切令人讨厌的责任。但即使他是一个更加坚韧顽强的人,他也很难对付在他加冕几个星期之后就爆发的第一次世界大战强加给伊朗的困难。

严格地来说,伊朗在大战之中是一个中立国和非参战国。但是,由于奥斯曼帝国加入了同盟国,而他的敌人俄国、英国则全面干涉了伊朗事务,这就使伊朗也不可避免地卷入了冲突之中。首先,伊朗北部的阿塞拜疆省成了俄国和奥斯曼两国军队的战场。1915 年,俄国军队驻扎在加兹温,有可能占领德黑兰。第二,英国已经决心保护英波石油公司在胡齐斯坦极其重要的企业,并且开始利用伊朗在阿瓦士周围的领土作为军事行动的基地,入侵奥斯曼帝国的伊拉克地区,以保护输油管道和其他设施免遭奥斯曼人的攻击。第三,德国在伊朗的代理人已经开始积极支持他们的奥斯曼盟友,并且给在伊朗的英国人和俄国人制造了许多麻烦。最著名的德国间谍威尔海姆·沃斯姆斯对英国在布什尔的领事馆和交通站造成了威胁,并且在法尔斯省多次煽动反英部落的

128

起义。1916 年,为了加强自己对这些地区的控制,英国组织了一支辅助部队"南波斯步枪队",并且加强了和支持英国人的部落(主要是法尔斯省的巴赫蒂亚里部落和胡齐斯坦省谢赫·哈扎尔领导的阿拉伯人)的联系。最后,有相当多的伊朗人对德国人有好感,有一群政客还企图说服艾哈迈德沙追随奥斯曼帝国的榜样,站在德国一边参战,但他们没有成功,部分原因是由于俄国军队的存在,部分原因是亲英派政治家对国王的影响。曾经有一段时间,在库姆和克尔曼沙赫组建了一个"国防委员会"与德国人合作反对俄国人和英国人,但最后还是逐步瓦解了。

因此,对于伊朗而言,战争成了一场巨大的灾难。战争暴露了伊朗
129 政府所指挥的这支微不足道的军队是如何突出的、可耻的无能,它只有哥萨克旅(大约 8 000 人)和宪兵部队(大约 7 000 人),他们在保卫国家主权方面根本就无能为力。战争突出地反映了统治阶级精英集团中大多数人的优柔寡断、腐败和自私自利。战争造成了巨大的经济困难,加剧了食品短缺和饥荒现象,特别是在俄国人与奥斯曼军队交战的伊朗北部地区。在很多方面,这个国家实际上已经瓦解了。除了外国军队在其领土上的军事行动之外,还有部落骚乱的升级。中央政府对各省本来已经很微弱的控制,也正在悄悄地消失。最严重的情况出现在吉兰。当地的伊斯兰联盟游击运动①头领库切克汗在 1917 年占领了这个地区。虽然伊朗面临重重困境,英国人却还设法阻止了伊朗在巴黎和会上提出自己的问题。

作为 1917 年俄国革命的结果,也是根据《布列斯特-立托夫斯克条约》(1918 年 3 月签署),俄国军队从伊朗撤走了。但是,奥斯曼的军队继续在阿塞拜疆和高加索地区活动。为了填补俄国人撤走留下的真空,英国人决定派遣由邓斯特维尔少将指挥的一支小部队(人们戏称它为"邓斯特军",后来又被称为"诺佩军")进入伊朗北部地区。邓斯特维尔成功地赶走了库切克汗,占领了里海的港口安扎利。他想从那里援助巴库的反布尔什维克和反奥斯曼武装,但没有成功。1919 年 6 月,

---

① Jangalis,又被称为"森林人",我国一般译为"森林游击队"。——译者注

苏联布尔什维克政府放弃了沙皇时期从伊朗获得的特权和特许权。这些重大事件似乎标志着俄国在伊朗的势力彻底消失，只留下英国这个唯一的外国控制着伊朗的北部和南部地区。

1919 年的英波协定

英国外交大臣纳撒尼尔·寇松和他在伊朗的公使珀希·考克斯设法通过 1919 年的《英波协定》，使下述观念转变为现实。寇松是一部名著《波斯与波斯问题》（*Persia and the Persian Question*）的作者，该书既是伊朗相关信息的丰富宝库，又对伊朗人怀有非常浅薄而带有侮辱性的看法。他是一个思想流派的重要成员，该派认为俄国是一个扩张主义大国，主张英属印度需要用一个由英国人占支配地位的边缘国家作为盾牌来保护是合乎情理的。在这个体系之中，伊朗是加倍的重要，原因是英国在波斯湾和伊朗石油上的利益。这些至关重要的问题，就反映在英国与伊朗 3 位亲英派大臣达成的这份协定之中。他们是首相沃苏克道莱，外交大臣菲鲁兹·米尔扎·努斯拉特道莱和财政大臣萨雷姆道莱。协定保证英国将"绝对尊重波斯的独立和领土完整"；约定由伊朗支付费用，英国向伊朗提供行政管理所需的"全部高级顾问"；提供军官和必要的装备建立一支可靠的伊朗军队；通过建筑铁路和其他设施，帮助改善贸易和交通状况；以及成立一个联合委员会修改关税制度。为了在财政上帮助这些项目，英国提供了 200 万英镑贷款，偿还期限为 20 年，年利率 7%。这个协定的全部依据就是，一个严重被削弱的伊朗将经历一个艰难的时期，才能摆脱国内外挑战。在它进行重新改组的时候，将需要一个外部大国的保护，而英国就是实现这个目标最合适的大国。大多数伊朗人，还有像法国、美国等其他国家，都把这个条约看成是英国极力要把伊朗变成一个真正的、类似于英国在埃及建立的、由克罗默统治的、充斥着大批依靠宗主国支付工资的官僚和机会主义分子的附属国。

姑且放下这个协定的性质不论，光是亲英派为确保它通过而采用的蹩脚手段就足以使得它前景不妙了。它的条款一直是暗中协商的，

130

议会从来就没能按照宪法的规定开会公开商讨批准它,它也从来就没有提交国际联盟审查。而且据说英国人每月支付一笔津贴给艾哈迈德沙,主要是为了保住沃苏克道莱的官职。还有谣传说,伊朗参加谈判的人员都接受了贿赂,以便协定能够顺利通过(这种说法后来证明是可信的)。有关协定的消息点燃了阿塞拜疆省和吉兰省分裂主义的烈火,激起了民族主义者的愤怒,遭到了其他各国政府的谴责。它也使苏维埃新政权感到担心,证实了它对英国利用自己在伊朗的霸主地位支持白俄军队和哥萨克旅反布尔什维克分子的忧虑。1920 年,红军几支部队在追击白俄难民和船只的时候占领了安扎利,开始与库切克汗合作,迫使当地一支英国小部队撤往加兹温。苏联人声称,只要英国人继续待在伊朗,他们就不会撤走自己的军队。

131　　这样一来,就连原本支持这项协定的伊朗人也都看清局势了,英国人在真正帮助伊朗反对其死敌的时候,提供的只是这种微不足道的"保证"。而在当时,英国在伊朗的机构都好像是太上皇,但此时这个国家已经饱受部落、各省骚乱的折磨,这个政府已经丧失了一切信任,英国军队在伊朗的部署已经挑起而不是阻止了另一个大国的入侵。在英国本国,并不是所有的人都认可寇松建议与伊朗进一步协商合作的重要性。大战结束之后,政治气候的变化要求英国收缩自己在国外的军事和经济活动。它正在面临着埃及、巴勒斯坦和伊拉克地区出现的困难,印度事务部宁愿集中资源保卫印度自己的边界,而不是将这些资源使用到缓冲国之中去。因此,英国政府被迫同意在 1921 年 4 月之前从伊朗撤出自己的军队,并派遣埃德蒙·艾恩赛德将军负责迅速撤退诺佩军队,并将它的军事职责移交给撤销了白俄残余军官的哥萨克旅。面对反对协定的意见日益增长,1920 年 7 月沃苏克道莱辞职了。其继承者穆希尔-道莱严格避免履行协定的任何规定,并且坚持必须遵守宪法规定的由议会批准协定,有效地阻止了条约的实行。

1921 年 2 月 21 日政变

虽然寇松继续为达成协定而努力,但其他英国官员认识到协定已经完蛋了,并且开始认识到英国在波斯湾和印度的利益如果交给一个稳定而独立的伊朗来保护,比交给一个事实上的被保护国去保护要好得多。英国的政策旨在体面地从伊朗撤出自己的军队,并且留下一个既有能力防止国内的动乱,又能谨慎地处理与布尔什维克关系的政府。问题是将要成立的政府是一个什么样的政府,以及由谁来领导这个政府。1921 年 2 月 21 日,这个问题意外地解决了。当时,驻扎在加兹温的一支哥萨克旅在礼萨汗上校的指挥下进入了德黑兰,控制了政府各个部门,宣布实行戒严,驱逐了在法塔赫-安拉·阿克巴·赛帕赫达尔领导之下的无能内阁。政变的结果是赛义德·齐亚丁·塔巴塔巴伊取代赛帕赫达尔成了首相,礼萨汗成了军队司令,后来又成了国防大臣。

造成 2 月 21 日政变的各项事件,已经由历史学家进行了多方研 132究,但很多重大事件的真相现在仍然不清楚,对它们的解释也是五花八门。目前,许多证据表明伦敦的外交部不知道,也没有策划这场政变。但是,英国在伊朗的重要官员艾恩赛德将军和英国公使赫伯特·诺曼都积极参与了这件事情。不过,他们大多是作为个人行动的。艾恩赛德一直在寻找一位能干的伊朗军官领导伊朗唯一的一支重要军队哥萨克旅,并且认为伊朗没有任何一个人比礼萨汗更能胜任这项工作。他极力要求艾哈迈德沙任命礼萨汗担任总司令。艾恩赛德在政变之前不久离开了伊朗,奉命前往埃及参加一个会议。他大概向礼萨汗保证过英国人不会反对他将要采取的行动。诺曼也企图寻找一位合适的替代人取代唯命是从的沃苏克道莱。在经历了几次不成功的努力之后,他显然注意到了赛义德·齐亚丁,一位实际上是英国驻伊朗公使馆报刊的新闻记者。现在不清楚的事情是,艾恩赛德和诺曼之间在多大程度上有过合作,同样不清楚的还有礼萨汗和赛义德·齐亚丁这两个出身微贱、也不是当时政治精英集团成员的人到底是怎样设法组成了一个联盟,共同发动了这场政变。按照许多伊朗人的看法,所有这一切都是英国人安排好的,但结果表明这些发展不完全符合英国的利益。

赛义德·齐亚丁显然觉得这场政变对自己十分有利(他不太喜欢使用首相的官衔,并且喜欢把他自己设想为罗马人所说的"独裁者"),

并且开始鼓吹一个野心勃勃的改革方案。当这个方案付诸实践的时候，这就彻底毁坏了他的名誉。尽管他提出了废除《英波协定》，但还是无法动摇公众认为他是英国人傀儡的观念。寇松希望让菲鲁兹·米尔扎·努斯拉特道莱这样的人掌权，虽然诺曼一直力图促使他接受赛义德，但寇松对赛义德·齐亚丁这样自命不凡的暴发户不感兴趣，特别是在他使寇松挽回协定的希望破灭之后。赛义德·齐亚丁还犯了一个错误，逮捕了许多原先的政治精英集团人物，其中既有支持协定的，也有反对协定的人物，主要是为了向他们勒索钱财。这些人从牢狱之中释放出来之后，公开谴责赛义德·齐亚丁，并且毫不留情地策划反对他的阴谋。赛义德·齐亚丁还因聘用英国军官的事情与礼萨汗也发生了争吵。礼萨汗不允许文官干涉军队事务，并迫使赛义德·齐亚丁在 5 月 23 日辞职。后者立刻逃离了伊朗，毫无疑问是害怕他自己树立的仇敌将会杀死他。卡瓦姆·萨尔塔内继任首相。新议会在 1921 年 6 月召开，这是自 1915 年以来第一次开会。

礼萨汗和卡扎尔王朝的崩溃

与赛义德·齐亚丁许多空洞的许诺相反，礼萨汗采取了许多具体的行动来证明他是有能力恢复秩序和国家统一的。在政变之后第 5 天（1921 年 2 月 26 日），苏联－伊朗友好条约签订了。除了保证和平关系、撤走苏联军队之外，这个条约在另外一个方面对礼萨汗也是有利的：它抽掉了布尔什维克在吉兰和马赞达兰支持分裂主义运动的条款，有利于礼萨汗维护政府对这些地区的控制。他的军队打败了库切克汗的森林游击队，1921 年 11 月，倒霉的库切克汗企图逃跑，结果冻死在厄尔布尔士偏僻的山区。

礼萨汗奉行由他和伊朗军官牢固控制军队的政策，他免去了宪兵队瑞典军官的职务，以伊朗人取而代之，并把宪兵队并入陆军之中。他不顾英国人的极力反对，把南波斯长枪队的残兵败将并入了陆军之中。他关心确保自己的军队能够获得足够的军饷；为了这个目的，他让国防部承担了某些征税的功能，并且在 1922 年同意聘请美国财政顾问阿瑟·米尔斯波来整顿财政部门。在 1921 — 1923 年期间,礼萨汗利用这支新组建的、人数增加了的军队,极其有效地将对中央政府权威的多次挑战镇压下去了。

礼萨汗在军事上的成功提高了他自己的威望,也提高了他在公众和伊朗许多政治派别眼中的地位。1923 年 10 月 28 日,艾哈迈德沙任命他担任首相之后,立刻离开伊朗前往欧洲。自从 1919 年以来,他大多数时间几乎都住在那里。礼萨汗还保留着国防大臣的职务,并且继续全力以赴镇压库尔德斯坦、阿塞拜疆、法尔斯、马赞达兰、洛雷斯坦、戈尔甘、呼罗珊和俾路支各省的部落叛乱分子。这些战争没有一场是容易的,但是最冒险的行动显然是 1924 年进攻胡齐斯坦(当时称为阿拉伯斯坦)穆罕默雷地区的谢赫·哈扎尔的决定。有传闻说,艾哈迈德沙正在煽动谢赫·哈扎尔给礼萨汗制造麻烦。而英国人也认为在围绕着自己在波斯湾利益而建立的许多小酋长国之中,他是一位关键的被保护人。哈扎尔拒绝缴纳税收,并且写信向议会控告礼萨汗威胁国王,阴谋把胡齐斯坦并入英国在伊拉克的委任统治地区;英国人警告礼萨汗不要插手,并且派出武装直升机前往该地。礼萨汗不惧威胁接受了挑战,并亲自参加远征穆罕默雷。结果,英国人对于自己的石油设施的关心胜过了对谢赫·哈扎尔的关心,没有采取任何行动来保护他。哈扎尔立刻投降了,后来被逮捕,送往德黑兰过着舒适的流放生活。由于礼萨汗敢于在英国人的巢穴之中勇敢地面对英国雄狮的挑战,可能没有任何一件事情像这件事情一样大大地提高了礼萨汗的威望。

这些事件正好发生在有关卡扎尔君主制度前途争论日益激烈的时候。1923 年召开的第五届议会,是一个由支持礼萨汗的各派政治家:主要是自由主义者、改革主义者、民族主义者和世俗的复兴党政治家占统治地位的议会。他们立刻批准了义务兵役制法案,这是礼萨汗一直想要,而又无法从保守的第四届议会获得的法案。他们还通过了其他许多措施,这些显然也是礼萨汗的意愿,包括废除卡扎尔王朝使用的贵族称号,采用欧洲式的姓氏(比如礼萨汗现在成了礼萨·巴列维)。一些激进主义的改革家显然受到了穆斯塔法·凯末尔(阿塔图克)在土耳

134

其废除苏丹制度的影响,开始宣传废除卡扎尔君主制度、建立共和国的思想。有一股重要的力量,特别是宗教领袖反对这种思想,他们当时坚持说共和政体的形式违背伊斯兰教义。礼萨汗在从复兴党得到他想要的改革法律之后开始转向保守派。他会见了库姆宗教界的重要人物,并极力威胁说如果不停止有关共和政体的争论,他将退出政坛。

后来,事情的结果显然而且必然是以妥协而告终:卡扎尔王朝被废除了,但君主制度依然存在,礼萨汗成了礼萨沙。1925 年 2 月 14 日,议会授予礼萨汗总司令的称号,这通常是保留给国王的称号。10 月 31 日,在艾哈迈德沙表示有意返回伊朗之后,议会投票废黜了艾哈迈德,并且任命礼萨汗为国家元首。同时,制宪会议开始为新政府成立作出安排。1925 年 12 月 12 日,制宪会议修改宪法,授予礼萨汗及其后裔君主地位。1926 年 4 月 25 日,新国王礼萨沙·巴列维在德黑兰古利斯坦宫举行了令人难忘的加冕典礼。

礼萨沙的统治

在伊朗历史上,礼萨沙·巴列维可以跻身于最重要的人物之列。这里无须谈论他的功绩,只要谈谈他个人极其坚强的意志和力量就够了。他出生于 1878 年 3 月 16 日,故乡是厄尔布尔士山区一个偏僻的小村庄埃拉什特。他的父亲在他出生之后不久就去世了,他的母亲决定离开这个家庭回到她在德黑兰的老家。他的舅父是哥萨克旅的士兵,帮助小礼萨(大约在 12 岁到 15 岁之间)参加了这支军队。当时识文断字的人很少,而他每天都坚持自学读书写字。他的军事才能非常突出,在 40 岁的时候,已经稳步提升为哈马丹分队的指挥官。就是在那个时候,他被艾恩赛德发现了,并且举荐他为统率哥萨克旅最合适的人选。政变之后,他表现出可以战胜当时任何最狡猾的政客的能力,并且使自己真正当上了国王。

作为统治者,礼萨沙的目标可以归结为一句话:完成使伊朗成为现代民族国家的任务。由于军人出身的背景,他凭直觉就能理解完成这个任务最基本的必要条件,那就是必须要有一支专业化的军队,并粉碎任何部落叛乱和分离主义的苗头。早在他成为国王之前,他就设法统一了现有的军事力量,保证了必要的财政资源,开始派遣军事院校的学生出国接受先进的军事训练,实行了征兵制度。在20世纪30年代之前,他已经建立了一支十多万人的军队,装备有机械化的运输工具和飞机。他还改善了通讯和后勤供给。伊朗人长期以来就希望建立本国的铁路体系,但由于外国的干涉和山区建筑工程的巨大困难而失败了。1927年,礼萨沙开始兴建伊朗大铁路,并且在1938年竣工。他还拨出大笔资金建筑公路,到1940年之前已经建成了15 000英里的公路。

礼萨沙把军队的利益放在首位,其最终目的既不是想要在国外进行冒险,也不是为了保护国家免遭侵略,而是意在确保国内的稳定局势,首先则是要粉碎部落势力。典型的做法有解除武装、逮捕和处死部落首领、把部落纳入官僚机构与行政体系的管辖范围、强征税收和强制定居。因此,在立宪革命之中起过重大作用的巴赫蒂亚里部落被禁止直接与英国人或英波石油公司打交道,他们的许多首领被杀死,他们放牧的地方被分给伊斯法罕和胡齐斯坦总督管理。在1929年法尔斯省的部落大叛乱之中,卡什加、博伊尔·艾哈迈迪和马马萨尼部落全都被打败了。许多批评家对这些措施给游牧民族造成的无可否认的苦难表示遗憾。这些民族曾是自由而自豪的,有着自己独特的文化和工艺,而现在却被迫居住在拥挤的村庄,从事不熟悉的职业。但是,这种看法无疑带有不少歌颂"游牧民族"神话的色彩。而众多的农民和定居者则不太可能为不必再遭受游牧部落蹂躏而感到惆怅。对国家来说,一个拥有自己的武装的政府已经不再需要依靠部落的善意才能进行统治,也不会再听任他们充当外部大国的马前卒。

在社会和经济改革上,礼萨沙深受曾为其政治盟友的复兴党的主张和同时代的穆斯塔法·凯末尔·阿塔图克在土耳其树立的榜样的影响。两者实际上都主张建立完全民族自主的国家。而且,这个国家必须是统一的、现代化的。

国家的统一,不仅需要一支强大的军队和一个中央集权的政府,还需要消除种族、地区和宗教上的对抗。因此,人们开始颂扬前伊斯兰时期的伊朗历史,以波斯语和波斯文化为规范,极力营造一种伊朗民族特性的普遍气氛。考古工作受到了鼓励,一个专门的文化机构试图用清除波斯语之中外来的阿拉伯语语法和词汇的办法,来净化波斯语。像菲尔多西这样的古典作家被认为是真正的伊朗民族主义者,因而被挑选出来受到特别的颂扬。而使用像库尔德语、突厥语之类的少数民族语言则在很多方面受到压制。

现代化包括建立官僚化的国家机构和教育体系,促进经济发展和进行社会改革的任务。因此,它导致了一些新的政府部门建立,从中央政府到各省、区和地方层面行政机构的重新改组,官僚机构的规模也随之扩大;此外,还建立了许多中小学和大学,增加了交通运输、工厂和其他基本建设项目的投资。礼萨沙处理经济问题的方式像阿塔图克一样,是坚定的国家主义者,鼓励建立国家垄断和国有工业部门,而不是私人投资和工商企业家。许多批评者认为,国家的投资还经常被用于满足华而不实的国家自豪感,而不是满足真正的经济需要。

在社会改革方面,除了使部落居民定居之外,礼萨沙最大的成就就是解放妇女的措施。从整体上来说,礼萨沙认为妇女应当接受教育,应当走上工作岗位,应当享有与男子同样的基本权利。按照他的明确要求,1936年德黑兰大学开学的时候,男女学生都允许进入学校学习。1934年,他从土耳其访问回来之后,更加关心妇女状况问题,这无疑是受到了他和阿塔图克会谈的影响。他不遗余力地攻击妇女在公共场所戴面纱的习俗,这是一个表明妇女社会地位的细微而又极具象征意义的标志。礼萨沙长期以来都努力想让自己的妻女作出榜样,不戴面纱出现在男女混合的社交场所之中。1934年通过了一项法律,禁止女学生和教师穿查达尔这种妇女们出现在公共场合的时候穿的一种传统的、长及脚跟的罩巾。1936年,这项法律又扩大到适用于其他许多公共场所的妇女。但是,使用查达尔就像土耳其的面纱一样,从来没有被完全宣布为非法,因此,虽然政府并不提倡,但它在日常生活之中仍然常被使用。在这个方面,也像在其他许多方面一样,礼萨沙的改革并没有比阿塔图克的深入多少。妇女解放遭到什叶派教士集团的强烈反对,许多男性政治家,包括改革派分子都很少关心这个问题。无论如何,对于查达尔的争论分散了对于更重要问题的注意力,例如妇女的投票权。土耳其是世界上第一批给予妇女公民权的国家,但在礼萨沙的伊朗,妇女却从来不曾享有这种权利。此外,礼萨沙对来自女性的批评和女性持不同政见者也并没有格外宽容,而且极力镇压得罪过他的妇女组织。

发展真正的、共同的民族认同感,是礼萨沙最难以回避的问题。它不仅要否定伊朗人口中事实上存在的种族多样性,而且像解放妇女问题一样,也不可避免地会在巴列维王国中引起宗教问题论争。这是一个非常现实的问题,因为有一个最大的障碍,即绝大多数居民都是伊斯兰教徒,更具体来说是什叶派教徒。而礼萨沙器重的大多数知识分子都认为,伊斯兰教是外国(阿拉伯)的宗教,观点是反民族主义的,而且必须对这个国家物质上的落后承担责任。他们也很清楚地认识到,宗教在立宪革命时期造成的麻烦,并且倾向于坚决反对教士集团、支持世俗主义的观点。

在许多报道之中,礼萨沙被描绘成决心要粉碎伊斯兰教和教士集团控制伊朗社会的状况。但是,这些传闻有点夸大其词。与那些激烈的世俗主义者诸如阿塔图克(或像艾哈迈德·卡斯拉维和阿里-阿克巴·德胡达这样的伊朗知识分子)相比,他对宗教的态度还是十分温和的。确实,他在许多方面都体现出抱有宗教与国家紧密相连的传统观念。在他就任国王的演说词之中,还有在他的加冕典礼上,他发誓维护什叶派十二伊玛目支派,并且明确地宣布,他认为宗教是伊朗人"确保国家统一的最有效工具"。但是,他不喜欢无知的教士和偏激狭隘的宗教观点;不像批评他的许多宗教人士,他把宗教看成是为国家服务的工具,而不是把国家看成是为宗教服务的工具。所以,他鼓励阿亚图拉阿卜杜勒·卡里姆·黑里把库姆发展成一个宗教研究的中心,鼓励给教士发放许可证和资格证,制定教士集团的教阶制度。另一方面,他的教育改革、引进民法体系(尽管其中引入了许多传统的宗教法原则),抢夺了从前由教士集团控制的领域。他尤其不喜欢教士集团的反对意见和批

138

评。有许多轶事趣闻说他如何粗暴地对待那些他认定的麻烦制造者。其中最有名的莫过于 1928 年他在库姆大清真寺大发雷霆,对一名抗议王后不戴面纱参观圣所的教士拳打脚踢,还用上了马鞭抽打的故事。但是,这件事情纯粹是由于犯了龙颜而引起的个别情况,很难说是在攻击整个教士集团。在这个故事之中,有一个细节常常被人忽视,但是它却反映了礼萨沙时期国家与宗教之间基本的暧昧关系:黑里干预了此事,以确保不出现关于礼萨沙亵渎圣所的言论出现。

复兴党首领和礼萨沙的第一任首相穆罕默德-阿里·福鲁吉曾经指出,如果没有亲身经历过那些造就了礼萨沙的重大事件,要理解和评价礼萨沙是不可能的事情。在卡扎尔晚期,伊朗依附外国、贫穷、人们缺乏安全感、宗派分裂活动、动乱蔓延的情况,深深地影响了他的世界观的形成。当我们讨论他在位时期两个不那么迷人的事实时,请先把这一点牢记在心:首先,在涉及物质利益的时候,他无可否认是一个贪婪的人。因为他既用合法收购又用强取豪夺的方法占有土地,使自己成了全国最大的地主而臭名远扬。他曾在里海各省拥有 300 万英亩土地。他还积聚了数额巨大的私人钱财,据说在英国银行的存款就多达 3 000 万英镑(而这时国家从石油开采特许权获得的全部收入只有 100 万,甚至不足 100 万英镑)。第二,对于任何威胁其权威的行为,不管是真实的、还是虚构的,他的镇压都是严厉的。这一点,不管是对真正的敌人,还是任何有可能成为潜在对手的人都是一样,其受害者的名单是非常长的。他特别憎恨社会主义者和共产主义者,这些人在 1927 年遭到镇压,他们的活动在 1931 年被宣布为非法。1937 年,新的共产党的 53 名组织者遭到逮捕。凡是反对他的政治家往往会被流放、入狱,甚至更严重。连任四届议会代表的穆罕默德·摩萨台因为反对礼萨沙担任国王被囚禁起来,后来又被彻底禁止参政。温和派教士哈桑·莫达雷斯因为反对兵役法和废黜卡扎尔君主制度而被迫流亡,根据传言,最后被暗杀。即使是过去曾经支持礼萨沙,后来因为某种原因而失宠的许多政治家,也可能遭到同样的命运:来自巴赫蒂亚里部落的宪法捍卫者、礼萨沙的国防大臣萨尔达尔·阿萨德在 1929 年被囚禁和杀害。

财政大臣菲鲁兹·法尔曼法尔马(即努斯拉特道莱)1930年被控滥用国家资金遭到软禁,并且在1938年被绞死;他在复兴党中的重要盟友和从前的密友阿卜杜勒·侯赛因·帖木儿塔什1933年被控滥用公款、接受贿赂,而死因不明。新司法体系的杰出设计师、礼萨沙许多政策的重要支持者阿里-阿克巴·达瓦尔感觉到自己已经失宠,于1937年自杀。

在对外政策方面,礼萨沙决心要维护伊朗的独立,恢复伊朗的民族自豪感,提高伊朗在世界上的地位,强调必须尊重伊朗。这就是他采取的各种行动背后的动机,从坚持使用"伊朗"作为国名代替"波斯"到禁止拍摄美丽、但可能造成伊朗落后印象的实物(如骆驼)照片,到如果某个国家的报纸刊登了如实反映他和他的国家状况的文章,就断绝与他们的外交关系。伊朗和许多国家保持了友好关系。它在与这个地区的土耳其、埃及和其他国家交往之中,特别成功地提高了自己的影响力。在这方面,最重要的成就是在1937年签订了《萨达巴德条约》。根据这个条约,伊朗、伊拉克、阿富汗和土耳其确认了相互之间的共同边界,同意在遭到任何外部大国攻击的时候进行合作。

有一种观点认为,礼萨沙是英国人扶持上台的,他实际上是英国人的工具,而不是一位独立自主的民族主义者。这种观点在现代伊朗政治神话之中是如此地根深蒂固,就好像它是真的一样。但是,这是绝对不符合事实的。正如前面所指出的那样,英国人,还有当时在伊朗的少数英国官员在政变之中只起了非常微小的作用,而在拥立礼萨沙为国王的过程之中则根本没有起到任何作用。他毫不犹豫地勇敢面对英国人和他们与谢赫·哈扎尔的阴谋,制止他们与巴赫蒂亚里部落来往。他在位时期英国在伊朗的势力明显地削弱了。1932年11月26日,他以废除英伊(从前的英波)石油公司特许权的办法,公然表示出对英国的藐视,这在当时是一件非常勇敢的举动。这是由于他对公司非常不透明的结算方法不满,当时伊朗从公司拿到的钱只是1917年时的2倍,而公司的生产却几乎增长了10倍。这是一场与英国政府和公司的争吵。然而,伊朗在国际法庭成功地维护了自己的权利。

140

在国际联盟的支持之下,和解谈判开始进行,伊朗代表是塔吉扎德。1933 年 4 月 29 日,双方签订了一份新的特许权。虽然后来的批评者唠唠叨叨地说礼萨沙"打退堂鼓了",或者说这个条约是一个糟糕的条约,但这个条约是当时伊朗所能希望得到的最有利的条约。作为伊朗同意将特许权期限延长为 60 年的交换条件,伊朗可以获得更明确的结算程序,所得利润将与生产量挂钩,而且最低保证收入为 100 万英镑(以黄金结算,以防货币波动),并缩小了特许权所包括的地区。

礼萨沙与第二次世界大战

不管礼萨沙如何极力想要维护伊朗的独立地位,但他实际上很难与英国、俄国这样的大国对抗。在这种场合之下,他的命运从希特勒进攻俄国那一天起就被决定了。在战争爆发之前的几年,礼萨沙一直想吸引其他国家关注伊朗,特别是要寻找一个能够替代英国(或俄国)开采石油资源的国家。他首先求助于美国,但是美国派往伊朗的经济顾问阿瑟·米尔斯波实在令人很失望,并且于 1927 年被解雇。后来,伊朗又极力争取获得美国提供的贷款和设施,也没有取得任何成果。这主要是由于英国人的极力阻挠和苏联的反对。20 世纪 30 年代,礼萨沙转而求助于德国人,双方迅速发展了政治经济关系。

由于 1939 年德国与苏联的《里宾特洛甫-莫洛托夫互不侵犯条约》已经生效,英国的政策基本上是尽力讨好礼萨沙,以限制德国与苏联在伊朗的势力;这包括一笔巨大的贷款和提高石油付款。但是,希特勒进攻苏联意味着英国和苏联必须再次结成盟友,而伊朗人的善意与保卫油田安全、利用伊朗作为运输通道相比是微不足道的。因此,同盟国发出最后通牒,要求将德国公民从伊朗驱逐出去,并征用伊朗大铁路。在遭到礼萨沙的拒绝之后,他们在 1941 年 8 月 25 日侵入了伊朗,并再次划定俄国在伊朗北方的占领区和英国在伊朗南方的占领区。

英国广播公司(BBC)立刻开始恶毒的宣传,以损害和败坏礼萨沙的名声。认识到大势已去,礼萨沙在 9 月 16 日退位了。英国人和俄国人曾想操控恢复卡扎尔王朝,但是双方在候选人问题上没有达成一致意见,或者说找不到一个愿意在这种可耻的条件之下接受这个职务的人。他们最后同意让这个王朝继续存在,将王位转交给礼萨沙之子穆罕默德-礼萨·巴列维(1941 — 1979 年在位)。礼萨沙本人被流放,最后到了南非,1944 年死于当地。

第七章　穆罕默德-礼萨沙

143　　穆罕默德-礼萨沙的长期统治,以这位统治者的命运经常大起大落和伊朗的巨大变化为标志。他在位晚年时,伊朗人倾向于认为在他的统治时期,这个国家所获得的财富和威望都是理所当然应该得到的,不但大多忘记了这个国家几个世纪以来所经历的苦难、歧视和孤立无援,而且集中批评他日益增长的独裁统治方式的缺点和人民缺少政治参与的机会。在巴列维王朝的晚期,傲慢与狂妄自大和镇压,与社会关系紧张奇怪地结合在一起,并且淋漓尽致地在 20 世纪一场最富有戏剧性的革命之中达到了顶点。

战争年代

英国人和俄国人入侵伊朗之后,虽然没有选择恢复卡扎尔王朝,他们还是极力想使伊朗回到卡扎尔晚期的时代。在许多方面,礼萨沙所取得的众多成就好像都化为乌有了。外国军队再次踏上了伊朗的土地,这个国家被分成了英国占领区和俄国占领区。外国大使发号施令,决定重要政策。部落居民拿起了他们隐藏的武器,重申自己的自治权

144　利,种族主义和各省分裂主义要求重振活力,经济一片混乱,宗派活动频繁。被监禁的共产党员得以释放,在苏联的支持之下建立了有影响的图德党。前礼萨沙时期的许多政治家重新开始露面,其中许多人决

心要为自己 20 年来所遭受的威胁和被排除在公共生活之外而复仇。甚至失败了的赛义德·齐亚丁·塔巴塔巴伊也回到了伊朗,指望靠着他亲英的立场得到一官半职。

可以设想,这种情况如果发展下去,年轻的穆罕默德-礼萨沙·巴列维不久之后注定就将重蹈艾哈迈德沙的覆辙。他所能做的事情确实非常之少,只能等待时机。但是,有几个因素使他的地位比看上去更加稳固。首先,1942 年 1 月签署的三方条约使巴列维王朝的继续存在得到了英、苏两国的官方正式承认。第二,国王仍然可以控制礼萨沙留下的军队(在同盟国入侵之后,几乎有一半人逃走了,但在控制国内形势方面它仍然是一支有效的力量)。第三,国内许多攻击他的政治家彼此之间并不同心协力,既没有能够离间国王和军队之间的关系,也没有组成一个坚强的政治同盟以有效地取代国王。最后,美国参战并随后为增援苏联进入伊朗,给此地的政治平衡带来了一个新的可变因素。伊朗有些政治家极力支持美国在伊朗的势力,请回了米尔斯波担任财政顾问,还聘请另一位美国人诺曼·施瓦茨科夫负责宪兵队。而在美国那边,美国的政策制定者开始认识到,战争结束之后美国将成为一个石油进口国,因此对波斯湾地区产生了更大的兴趣。随着时间的推移,美国人倾向于把国王和这支军队,而不是经常争吵不休的政治家视为保卫这个国家安全的最合适人选。而穆罕默德-礼萨沙也尽力加深这种印象。就在战争结束之后不久,他有了一个绝好的机会来表现自己。

伊朗和冷战

1942 年的三方条约就像 1907 年的英俄协定一样,只是使苏联和英国作出了空洞的许诺:"尊重伊朗的领土完整、主权和政治独立","保卫"伊朗免遭侵略(即使当时他们正占领着伊朗的领土),"维护"伊朗的经济(由于战争的原因,它已经受到了严重的破坏)。但是,它还包括一个条款,即英国和苏联军队在战争结束之后 6 个月之内必须离开伊朗领土。在 1943 年德黑兰会议的时候,这个保证作为英美苏联合宣言的一部分得到确认。宣言还许诺提供经济援助,作为对伊朗为战争所作

145

贡献的报答。但是,在战争临近结束的时候,苏联人,在某种程度上还有英国人看起来都不想匆匆忙忙离开。相反,他们似乎想恢复老一套的做法,依靠他们自己的军队和政治代理人来统治他们的势力范围。这两个国家都想尽可能限制美国在伊朗的存在,以免损害他们自己的利益。而苏联人最担心的是,英美两国不只是要把它排除在外,而且要在伊朗实行共治。

1944年,眼看首相穆罕默德·赛义德就要和美国石油公司代表团就特许权问题在伊朗进行谈判,苏联人马上要求将苏联军队当时占领的伊朗北部所有5省石油特许权授予自己。赛义德婉言拒绝了,并且间接地表明任何有关特许权的问题,都必须等到战争结束之后才能考虑。当然,真实的问题并不是石油(那个地区没有石油),而是政治地缘问题。后来,苏联人又直截了当地提出,要由一个"值得信任的人物"来领导伊朗政府,图德党的示威者们要求将赛义德免职。尽管议会多数人反对给苏联石油特许权,但是他们也不能放弃使政治首都摆脱危机的机会,这就只能使赛义德政府垮台了。1944年12月2日,议会讨论了特许权问题,禁止内阁成员在外国军队仍然留在伊朗的时候,未经讨论就授予任何特许权。这份荣誉常常被归功于民族主义英雄、提出这份提案的穆罕默德·摩萨台。但是,这种想法实际上在两个月之前就已经由赛义德内阁提出来了,并且得到其继任者莫特扎·巴亚特首相的完全支持。

不论是作为对石油谈判失败的反应,还是担心不怀好意的英美联盟将把苏联排挤出伊朗,或是出于想把伊朗部分或者整个地纳入其周边"友好"国家范围之内,苏联开始强化它在伊朗问题上的立场,使之更具有侵略性。一个办法是加强图德党的势力,把它作为扩大共产党在伊朗全国影响力的工具,全力以赴地鼓吹阶级斗争,以扩大政治支持者的队伍,在议会之中利用图德党反映亲苏的立场。由于议会分成了许多派别,这些派别必须依靠权宜的联盟才能组成政府,图德党代表的政治力量引人注目地增强了。另一个密切相关但截然不同的方法是,鼓励苏联占领区非波斯民族团体的分裂主义运动,最重要的是由加法尔·皮谢瓦里(一个曾经在苏联居住过一段时间的伊朗共产党员)领导的阿塞拜疆民主党(DPA)和库尔德民主党。1945年12月10日,由苏联人武装起来的阿塞拜疆民主党占领了大不里士,宣布成立由皮谢瓦里领导的"阿塞拜疆自治政府"。几天之后,在库尔德省成立了"马哈巴德共和国"。苏联人企图拖延从伊朗撤军,回避讨论雅尔塔和波茨坦会议上提到的相关事项。最后,它才同意在1946年3月2日之前撤军。但是直到那个时期,苏联人实际上一直都在增加自己驻阿塞拜疆省军队的数量。这就造成了冷战时期公认的第一场危机。

1946年1月,伊朗向联合国控诉苏联干涉其内政,要求它尊重从伊朗撤出自己军队的保证。英国和美国坚定地支持伊朗的立场,因为它们早已经从伊朗撤出了自己的军队,并且坚持苏联同样必须撤军。当发现苏联人不撤军时,英国人作出回应,扶植部落居民和其他人员保护自己在伊朗西南部的利益。美国开始调兵遣将进入处理危机的状态。从前的盟友要么是在伊朗发生一场战争,要么把这个国家瓜分掉,看来都有可能。然而5月间,苏联人突然同意撤出自己的军队。

哈里·杜鲁门总统在苏联从伊朗撤军问题上的坚定立场,可能有助于说服斯大林彻底改变方针政策。但是,伊朗首相艾哈迈德·卡瓦姆的政策起了关键作用。卡瓦姆就是从前的卡瓦姆·萨尔塔内,也是沃苏克道莱的兄弟。他是卡扎尔王朝晚期一位经验丰富的政治家,具有惊人的适应能力应付任何强大的潮流,同时还能和对手继续维持友好关系。他常常被人们认为是亲英派或亲美派,但却深得苏联人喜爱。他们毫不隐晦地表示希望他担任首相,并且在撤军问题上只能和他一个人打交道。从1946年1月他被任命为首相到3月组成内阁,他有一段时间和苏联人看来好像在某种绥靖政策的基础之上进行了讨论。4月5日,双方同意苏联人将军队撤走,伊朗则撤销它向联合国提出的控诉,以"和平的"方式解决这个省的分裂主义问题,同时向议会提交苏联在北方各省石油特许权提案。事实上,议会已经决定,只要外国军队仍然存在,就不考虑特许权问题,这对苏联人是一个很大的诱惑。在军队撤走之后,要确认军队如果没有出现重大的国际危机就不再返回,卡瓦

147

姆以必须进行新的议会选举为托词,拖延向议会提出特许权问题。最后,在 1947 年 10 月 22 日,新议会以绝对多数票拒绝了这项特许权提案(102-2),但以更平和的方式表决,宽恕了卡瓦姆在程序上对 1944 年禁止提出此类议案的法令的违反。

卡瓦姆把特许权和苏联撤军联系在一起的做法,事后被有些人解释为是一个极端巧妙的计谋,它使伊朗不付任何代价就达到了使苏联撤军的目的。但是,他同期对苏联在伊朗代理人问题的处理方式却表明,他可能错误地估计了苏联在伊朗势力的真实情况,是真心想与苏联交好。卡瓦姆对阿塞拜疆人作出了许多让步,在选举期间积极与图德党进行合作,逮捕亲英的政治家,把许多亲苏分子和共产党分子拉进他的政府。用外交辞令来说,英国人坚信卡瓦姆"肯定已经把自己的国家卖给了俄国人"。于是开始煽动法尔斯、胡齐斯坦的部落叛乱和自治要求,以抵消阿塞拜疆和库尔德亲苏政府的势力。10 月,只是由于面对日益增长的政治批评、英国人的敌视、美国人的怀疑和国家进一步分裂的可能,卡瓦姆突然改变方针,开始反对他的盟友图德党。1946 年 12 月,他同意采取军事行动消灭分裂主义分子的地方政府。苏联人着眼于大选和特许权,没有进行干涉,阿塞拜疆和马哈巴德的政府在几天之内便垮台了。但是,叛乱平息的荣誉不属于卡瓦姆。这份荣誉应该属于穆罕默德-礼萨沙,是他拒绝签署卡瓦姆想要和皮谢瓦里达成的协议,也是他率领军队进入大不里士,镇压那些反抗中央政府的人。他像自己的父亲一样善于控制军队,保卫国家的领土完整,以此提高他作为领导人的形象。

摩萨台时代

在投票表决苏联石油特许权之后不久,卡瓦姆被迫辞职了。这使穆罕默德-礼萨沙有机会更大胆地展现自己的政治权威。1949 年 2 月,他在访问德黑兰大学的时候遭遇到一次不成功的暗杀,被子弹打伤。这使他赢得了不少公众的同情分。于是,他宣布实行戒严法,镇压叛乱军人、共产党员和其他的反对派。3 月,他召开了一次支持他的制宪会议,会议提出修改宪法,建立上议院,其成员半数由国王任命,并授予国王解散议会的权力。其他提高国王权力的措施还包括禁止报刊批评王室,把王室土地交还给国王。

穆罕默德-礼萨沙和保王派的对手由三个重要集团发展而成。左派是图德党,它在民众之中,特别是在大学生和工人之中发展迅速。尽管在暗杀国王的阴谋失败之后被宣布为非法,但它仍然有很大的政治影响力,并且很快就通过罢工和街头游行示威表现出来了。右派是宗教集团,它们反对社会世俗的进步和外国的影响。在这些组织之中,最重要的是伊斯兰敢死队,该组织成立于 1945 年,因为在 1946 年 3 月11 日暗杀伊朗最直言不讳的世俗主义者、历史学家艾哈迈德·卡斯拉维而臭名昭著。在 20 世纪 40 年代后期,这个组织因为与保守派宗教首领阿亚图拉阿布·卡西姆·卡尚尼结成了战略同盟,变得非常强大。在上述极端主义分子之间,还有一个人数众多的自由主义者、反君主制度者和民族主义者派别。1949 年,他们在摩萨台的指导之下联合起来组成了民族阵线。由于为人正直、语言尖刻风趣和卓越的演说才能,摩萨台当时声望很高。他以反对给所有外国经济特许权,要求建立一个诚实的政府,要求国王必须服从宪法而著称。1949 年,他领导了抗议活动,反对宫廷官员操纵第十六届议会选举的行径。他还把卡尚尼拉进了民族阵线。尽管是无意之中,伊斯兰敢死队也帮助了摩萨台和民族阵线其他候选人当选。后者暗杀了负责投票的宫廷大臣阿布-侯赛因·哈日尔,并且在德黑兰随后举行的选举之中保护投票箱,以免选票被篡改。

不论反对派如何努力,新议会仍然是多数坚定的保守派分子占优势。但是,摩萨台和人数虽少、但直言不讳的民族阵线少数派立刻发现了一个将使国王处于被动地位的爆炸性政治问题。他们谴责修改1933 年与英伊石油公司协议以期再次合作的提议,开始要求终止特许权和将公司国有化。这种要求在伊朗引起了普遍的关注,也得到了包括宗教集团和图德党在内的支持。这使民族阵线的成员可以利用街头群众的压力来抵消他们在议会之中人数上的弱势。

　　国王的反应是任命以强硬著称的阿里·拉兹马拉将军为首相。拉兹马拉在竭力要求通过石油提案的同时也试图拉拢左派,并且以改善和苏联的关系、提出给农民分配土地的法案和完善各省议会实行条款来威胁民族阵线和议会之中的资产阶级分子。拉兹马拉越是这样做,民族阵线及其支持者越是要把石油谈判变为全国最迫切的问题。虽然他采取了许多政策措施,但由于坚持比较现实的解决石油问题的立场,拉兹马拉只能是国王和英国人之间的傀儡。1951 年 2 月 19 日,在由摩萨台主持的议会特别会议上,提出将英伊石油公司完全国有化,拉兹马拉拒绝了这个提案。此后不久,拉兹马拉在 3 月 7 日被一名敢死队员暗杀在德黑兰一座清真寺中。

　　拉兹马拉被杀造成的混乱局面,以及图德党游行示威者在伊朗各大城市之中再次出现,这使得抵制接管英伊石油公司已经不可能了。3 月 15 日,议会通过了国有化法案。几天之后,上院也通过了这个法案。拉兹马拉的继任者侯赛因·安拉因为无法控制议会而辞职了。曾经有传闻说,国王和英国人计划让赛义德·齐亚丁回来担任这个职务,但这个计划以一种意外的方式被预先制止了:一位被激怒的保守派议员贾迈勒·伊马米半开玩笑半认真地提出,既然是摩萨台提出的这项法律,他就应当作为首相来执行这项法律。伊马米显然认为摩萨台一贯是议会之中阻挠议事者,喜欢品头论足而从不承担责任,如果让他来干,一定会失败。然而,出乎他的意料之外,摩萨台接受了这个职务,议会迅速要求国王任命他,这就给国王制造了一个难题,必须按照正常程序任命他。4 月 29 日,国王屈服于形式(但从来没有忘记和饶恕这种冒犯行为),同意了摩萨台担任首相,并且在 5 月 2 日签署了国有化法案。当时摩萨台保证这项法律将摧毁英伊石油公司,代之以伊朗国家石油公司。6 月,他派遣军队占领了公司在胡齐斯坦的设施。

　　英国不顾摩萨台已经许诺赔偿公司的损失,对摩萨台的非凡成功作出了暴怒的反应。英国在伊朗的石油利益不仅是具有战略意义,而且关系到帝国的荣誉。英国每年从公司税收之中获得的巨大收入,以及它在公司股息之中所占的份额,对于英国战后萧条的经济而言是十

150

分重要的。英国人认为,本国公司的国有化(就像工党政府在英国所做的一样)是一回事,而英伊石油公司的国有化却违反了两国之间的协议,又是另一回事。这个协议使英国政府有权成为有异议的一方。英国人随后向国际法庭提出了控诉,但法庭裁决(1952 年 7 月),由于法庭没有审判权,主张双方谈判解决问题。同时,英国还请求联合国安理会进行调解。1951 年 9 月,摩萨台来到了纽约,在富有同情心的安理会上非常有说服力地指出,这个问题只是私下的争论,而不是威胁到和平需要联合国采取行动的问题。此时英国还增加了它驻波斯湾的兵力。但是它们并没有打算用它来进攻伊朗,因为这肯定要面对美国的批评和苏联的反对。由于对危机处理失当,导致了英国工党政府的失败,温斯顿·丘吉尔的复出和保守党在英国掌权。他们将执行一种更加强硬,但更加阴险的反摩萨台政策。

英国人可以对伊朗施加的最大压力不是军事压力,而是经济压力,而且他们在这方面使用得非常成功。伊朗人占领公司之后,没有一位英国籍雇员接受为伊朗国家石油公司工作的建议;他们在英国军舰的保护之下撤走了,实际上使这个公司基本停工。英国还组织了抵制和封锁,以至于实际上没有人购买伊朗尚能生产的石油,因此给这个严重依赖石油收入的国家造成了巨大的经济困难。伊朗在英国银行的存款被冻结了,英国使用它的外交影响力劝说美国的杜鲁门政府不要向伊朗提供紧急援助或贷款。当摩萨台出席联合国大会之后访问华盛顿时,他被告知除非争执得到了解决,否则不可能得到贷款。随着伊朗的经济越来越糟糕,危机无望解决,伊朗国内政治环境更加混乱,激化了各派之间的紧张关系。

1952 年的时候,情况已经非常明显,摩萨台既不愿意也不能解决石油国有化问题:说他不能,是因为他害怕如果像其前任一样在石油谈判之中作出任何妥协,将会受到严厉的谴责(甚至可能会被杀死);说他不愿意,是因为他在石油争执之中获得的声誉,已经成为他抵制或者废黜国王重要计划的手段。他用竭尽全力煽动人们争论的方法来赢得玩弄花招的回旋余地,在他的主要政治代理人、后来成为外交部长的激

151

进新闻记者侯赛因·法特米的影响之下,摩萨台采取了日益加强的独裁主义和坚定的中左路线。他用加大有教养的精英阶层投票权比例,增加像德黑兰这样民族阵线势力强大的城市地区代表名额的办法,操纵了第十七届议会的选举。但是,当情况已经明显证明投票还是不符合他原先的设想的时候,当被选举出来的代表法定人数一到各省有可能提出抗议之前,他就停止了选举。即使在这种情况之下,民族阵线也只控制了议会 79 个议席之中的大约 30 个席位。1952 年 7 月,摩萨台又利用另一种戏剧性的方式来争取民众支持,使军队脱离国王控制。他打算任命自己为国防大臣(严格来说,他有这种权利,但问题在于这在传统上是属于作为总司令的国王的权利)。国王拒绝了任命,摩萨台辞职了。这时,民族阵线在图德党的支持之下组织了街头暴力游行示威,迫使国王在 7 月 21 日恢复了摩萨台的职务(按照伊朗阳历是 4 月 3 日)。

在取得 4 月 3 日的胜利和次日国际法庭公布肯定性的裁决之后,摩萨台达到了其权力的顶峰,也达到了疯狂的顶峰。他拒绝了得到丘吉尔和杜鲁门支持的另一个解决石油危机的方案,其中还有美国作为鼓励措施而提供的一笔直接贷款。10 月,他以英国干涉伊朗内政为由(拉希德几兄弟普遍被认为是亲英的代理人,法泽尔-安拉·扎黑迪将军因为策划政变当时已经被捕),断绝了与英国的关系。他亲自掌握国防部,使用各种方式来侮辱国王,逼迫国王的同胞姐姐、政治活跃分子阿什拉芙公主出国流亡。他缩减宫廷和军队的预算,鼓励新闻界丑化宫廷腐化堕落、阴谋叛国。他从议会得到一道法令,授予他处理"紧急情况的权力",使他实际上成了独裁者,第一任是半年,然后再做一年。他利用这种权力做了许多深得人心的事情,如进行土地改革和提高富人的税收。1953 年 7 月,当议会成员不想再继续下去,拒绝出席议会开会,从而造成议会无法达到法定人数的时候,他要求采取超出宪法规定的措施解散议会,举行全民公决对他进行信任投票。全民公决的方式是公开的,分别设置了赞成和反对这项议案的两个投票箱。用不着奇怪的是,摩萨台获得了几乎一边倒的支持。还有传闻说,马上要举行另一次全民公决,以确定废除君主制度并宣布以共和国取而代之。

但实际上,摩萨台的支持力量正在迅速地消失。他实行的世俗主义和民粹主义措施,以及日益加剧的经济困难,已经使他和从前的盟友保守派、集市商人和宗教首领疏远了。卡尚尼由于反对扩大摩萨台处理紧急情况的权力和法特米之类激进分子的影响,退出了民族阵线。接着,其他集团也退出了民族阵线。实际上,整个宗教界的上层人士、卡尚尼、亲保王派的阿亚图拉贝赫巴哈尼,还有通常讨厌政治的阿亚图拉波鲁吉尔迪都站到了反对摩萨台的行列之中。因此,摩萨台日益依靠图德党通过街头游行示威来支持他的政策。图德党这样做只是出于自身战略上的考虑,而不是出于对摩萨台有任何好感。他们的存在更加使保守派人士紧张不已。摩萨台缩减军队的预算、清洗军官团和其他竭力削弱军队的措施,也把军队推到了国王的一边。保王派军官开始聚会策划如何推翻摩萨台,促使民族阵线进一步分裂。在这方面,他们得到美国相当大的帮助。

摩萨台在处理国有化问题危机的时候,曾经把希望完全寄托在两 153 个假设之上。但是,事实证明这两个假设都是违背实际情况的:第一是他以为可以不顾英国的反对出售伊朗的石油;第二是他以为可以得到美国的支持。就国有化本身而言,美国不是不支持摩萨台,但它希望找到一个合理的解决办法,而不与其盟友英国发生对抗。把这事放到冷战的背景之中来看,美国最关心的是维护伊朗的秩序,图德党不能掌权,苏联没有借口干涉。摩萨台明确的不妥协态度、改变政策和左派合作,以及图德党的作用日益增长,使他们不再相信他能够做到这些。而摩萨台自己的举动也加深了美国人的这种感觉,他企图利用共产党接管国家的威胁来证明1953年要求美国提供援助是合理的。

实际上,在艾森豪威尔新政府时期,美国已经决定坚定地与英国和伊朗国王结成同盟,反对摩萨台。1953年2月,美国与英国官员一致同意实行一个代号为"埃阿斯"(Ajax)的秘密行动,推翻摩萨台。这个行动是由英国军事情报局6处(MI-6)和扎黑迪将军以及其他亲英美的伊朗人士共同制定的,由美国中央情报局(CIA)来执行。中央情报局派出一名特工克米特·罗斯福前往伊朗。基本的策略是,通过广泛地散布摩萨台的谣言,煽动公众骚乱和部落动乱,利用害怕图德党的情绪劝说卡尚尼和其他人与摩萨台彻底反目,以营造对政变有利的气氛。据报道,最有效的战术之一是雇用恶徒假扮图德党的游行示威者,以煽动性的手段吓唬非共产党的公众。

在摩萨台举行全民公决之后,国王相当不愿意地同意了支持秘密行动。8月16日,他按照宪法给予的权力签署了免去摩萨台首相职务,任命扎黑迪为首相的命令之后,躲到里海边的疗养胜地去了。摩萨台预先得到了这个消息,他将这名送交免职文书的军官逮捕了。他企图压制有关免职命令的新闻,通过广播电台把这件事情说成是流产的政变(但他的对手已经使这个命令传遍了德黑兰,以证明摩萨台使用权力是非法的)。不论是为了使这种情况更加戏剧化,还是担心阴谋失败,国王立即离开了这个国家。民族阵线开始公开要求废除君主制度;法特米甚至公开呼吁绞死"叛徒"国王。8月17日和18日,图德党游行示威的群众推倒了礼萨沙的雕像,要求建立共和国。据说暴民队伍由于阴谋家派遣的寻衅闹事者而扩大了,但其人数和参加游行示威的真正的共产党人相比肯定要少。由于担心图德党正在制造革命的恐惧气氛,摩萨台下令警察和军队整顿街道秩序,撤走现场的人群,却因此清走了最可能帮助他应付即将发生的情况的人群。8月19日,一大群吵吵闹闹的人群高呼支持国王的口号,行进在德黑兰集市的街道上,沿途攻击了支持摩萨台的许多机构,诸如国家广播电台等。他们由德黑兰贫民区的职业流氓领头(其中包括一位名叫"笨蛋加法尔"的奇特人物),这些人都是卡尚尼和保王派招募来的,他们的报酬至少有一部分是由美国中央情报局以现金支付的。与此同时,几支军队在扎黑迪的指挥之下包围了摩萨台的官邸,经过激烈的战斗之后迫使他投降了。这就为国王在8月22日返回伊朗铺平了道路。扎黑迪成了首相,担任这个职务一直到1955年。摩萨台被判犯有叛国罪被羁押,后来被软禁直到1967年去世。法特米被捕,尽管图德党竭力设法营救,但还是被判处了死刑。

1953 年发生的诸多事件,在伊朗人形成对巴列维当局以及美国干涉伊朗内政的看法方面的重要性怎么估计都不为过。对于伊朗的一部分人而言,受人尊敬的摩萨台博士是真正的爱国者和政治上的殉难者。对于这个国家而言,民族阵线的解体不亚于一场灾难。美国参与这场政变,常常被说成是有害的、不管是出于恶意或是出于愚蠢都是干涉他国内政的恶劣典型。这些看法已经深深地留在了伊朗人的心灵之中,以至于如果要向他们指出这种印象中有许多硬伤,而且它们实际上揭示了更加无情的一种现实,看来是毫无用处的。但是,我们必须努力把它们放在真正的、更广阔的历史背景之中来思考。在许多方面,摩萨台的冒险活动从一开始就很成问题,并且在任何可以想象得到的环境之中,它都是注定要失败的。毫无疑问,人们有许多理由可以怀疑它是否真能够建立一个摩萨台追随者所幻想的乌托邦。

没有一个人会否认英伊石油公司曾经无情地剥削过伊朗,也没有一个人会否认摩萨台在与公司的对抗之中得到了可能是最广泛的支持:因为公司不允许伊朗人和独立的代理机构检查账目;公司在计算伊朗股份利息的时候,是按照对其不利的公式来计算的(扣除了交给英国政府的税收和公司在维持伊朗境外的设施投资费用之后);公司对待自己的伊朗雇员非常刻薄;公司在营运的最后一年所获得的利润,据说比它自特许权开始使用之日起付给伊朗的钱还要多。美国官员认为这个特许权是令人厌恶的。美国官员还认为,英国人没有主动提出更优惠的条件来阻止危机的发生,真是笨蛋透顶。可是,国有化却不一定就是解决这个问题的最好办法。摩萨台根本不了解经济的现实状况,过高地估计了当时伊朗石油生产对世界的重要性。实际上,当时的市场已经是供过于求。结果他无法理解英国能够轻而易举地阻止伊朗出售石油,是因为其他国家已经弥补了供给方面的缺口。他也没有想到国有化将使伊朗丧失对英伊石油公司在其他国家投资的设施的合法权利要求,但它们的利润却是依赖于伊朗境内的公司才产生的。从严格的财政角度来说,他所拒绝的许多协议,比在全面国有化情况之下所能达成的协议要有利得多。

155

在许多时候,摩萨台的政治政策和他的经济政策一样都是错误的、自我拆台的。他自诩为民主主义者和立宪主义者,但他为了自己的利益可以毫不犹豫地破坏这些原则。他实际上是提出这样一种观念的唯一人物,即伊朗的政治争论最好的办法是通过街头游行示威,而不是通过与难以对付的议会进行讨价还价来解决。虽然他玩弄民粹主义的手法,但他基本上属于精英集团,他希望能够限制公民权利,将公共事务控制在拥有特权的寡头集团手中。作为一位古老贵族的后裔,他同样(如果说不是更强烈的话)有憎恨巴列维王朝暴发户和外国势力的情绪。他不顾一切要巩固自己的政府,其高压手段疏远了宗教和军事集团。作为一个民族主义者,他虽然积极地致力于消除英国在伊朗的影响,但却为了自己的私利想把美国拉进伊朗;摩萨台的追随者对美国非常不满,其原因看来似乎倒不是针对美国的干涉政策,而是针对美国依据自己对当时利害关系的评估来进行干涉,支持了国王而不是摩萨台。

最重要的事实是,最终是伊朗人而不是几个拿着钱箱的美国特工推翻了摩萨台。大量的事实可以证明,在 1953 年的时候,许多伊朗人(有可能是绝大多数)对国王是支持的,看到摩萨台被推翻或许有松了一口气的感觉,这可能出于经济危机造成的原因,或者出于长期的公共秩序混乱造成的原因。虽然摩萨台自称代表"国家"和"人民",民族阵线在第十六届议会之中只占不到 10% 的席位,在公然操纵选举出的第十七届议会之中,民族阵线也无法指挥明显的多数派。这次政变轻而易举地获得了成功,证明了这样一个显而易见的事实,即支持摩萨台的自由主义者、世俗主义者和知识界的民族主义者精英集团实际上是如何地弱小,在文化上如何地孤立,他们如何夸大了自己的社会影响(而且今后还将继续如此)。在世界上许多国家之中,这种精英集团往往都是使自己与现代化的军事贵族和平共处,使自己逐渐成为政府统治基础的一部分。而在伊朗,这两者之间的关系过去是,而且继续是对抗的、完全互不信任的,这对双方都造成了伤害。

根据事后的经验总结,1953 年最重要的教训是,在伊朗的政治斗争中,宗教集团和传统阶级的作用至关重要。一位反对摩萨台的阴谋家曾经指出,摩萨台每召集到 1 000 名支持者,一个像卡尚尼这样的人就可以召集到 10 000 名支持者。这就是为什么使卡尚尼退出摩萨台的同盟对于政变成功是这样重要的原因。这就是卡尚尼和宗教集团的作用,他们可以把摩萨台推上权力的顶峰,他们也绝对可以把他推翻。最重要的是,国王和摩萨台的绝大多数追随者看起来都忘记了这个教训,因而他们在 1979 年的时候不得不以自己的惨痛教训再交一次学费。

新的专制主义

对于伊朗而言,20 世纪 50 年代剩余的时间比较太平无事,扎黑迪的政府迅速地结束了石油危机。1954 年的协议——最有讽刺意味的是,谈判成功了。这是由同一位财政大臣、曾经为摩萨台效力的阿里·阿米尼谈成的,承认伊朗对本国石油的所有权,但与外国公司就石油的生产和销售达成了一些契约性的安排。协议明确了向英伊石油公司支付赔偿的数量,确定了国际财团成员有关石油产量的分配方法(40％归英伊石油公司,40％归美国各个公司,其余的归欧洲各个公司)。协议签订之后,美国大幅增加了对伊朗的援助,伊朗执行了坚定的亲西方和反共政策,参加了《巴格达条约》及后续的中央条约组织(CENTO)。1957 年,伊朗成立了国内安全机构萨瓦克(SAVAK),以控制图德党和其他反对派组织。

到 1960 年的时候,国王完全控制了伊朗政治生活,不过,他对美国财政援助和支持的依赖影响到了他的许多决定。他觉察到美国新当选的肯尼迪政府喜欢发展中国家"进步的"领导人,因此在伊朗提倡一定程度的自由化。第 20 届议会的选举是比较公正的,召回了国王建立的两个"官办"政党之外的某些代表,但它仍然是一个保守的机构。1961 年,有两位得到美国公开支持的改革家开始担任官职:阿里·阿米尼担任首相,哈桑·阿尔桑贾尼担任农业大臣。阿米尼解散议会,把各种各样的政治家都拉进了他的内阁,迫使萨瓦克首脑出国流亡,强烈谴责经济部门和政府之中的腐败现象。阿尔桑贾尼是《1962 年土地改革法

157

案》的设计师,这个法案要求把某些大量集中的土地出售给国家,再分配给从前的佃户。这可能是伊朗巴列维时期所实施的社会工程之中最重要的措施之一。不幸的是,在解散议会、支持新的选举问题上,由于遭到民族阵线毫无远见、缺乏理智而又固执己见的批评,由于国王担心他太得人心,阿米尼被陷害,于1962年7月被迫辞职。

阿米尼垮台之后,穆罕默德-礼萨沙借用这股改革力量企图通过自己的"国王与人民的革命"、即著名的白色革命来推动社会改革。这个改革建立在6项措施的基础之上,于1963年1月提交全民公决。它们主要包括水浇地改革、森林国有化、国有工业私有化、工人分红计划、建立"文化大军"扫除农村文盲、给予妇女公民权。虽然这些提案充满善意,而且它们在全民公决之中几乎是全票通过,但还是有很多反对意见。在反对派之中,有些人不过是政治上的投机分子而已。例如,民族阵线抵制了全民公决,批评这些措施必须由议会决定。其他人主要是基于这些措施将对个人私利产生不利影响而表示反对,其中主要是宗教上层分子,他们有充分的理由反对举行土地改革和赋予妇女投票权。

1963年6月,这些隐藏在内心的担忧在伊朗许多大城市演变成了三天的暴乱,参加者主要是受到宗教首领唆使的一些社会阶层。由于安全部队轻而易举地镇压了这些骚乱,而且其性质只是一小撮人在反对大势所趋的改革,所以许多观察家都只不过把它们当做无关紧要的一场骚乱。这也使反对派气势大为减弱,并且加强了政府日益依赖专制独裁方式处理不同意见的倾向。一年之后,当要求获得美国军事装备和给予在伊朗的美国军人外交豁免权的提案引起争论之后,又出现了一场小小的公众骚乱。但只有一位重要的宗教首领鲁霍拉·霍梅尼做出了切实的举动,对这些提案表示了义愤;许多人可能同意他的意见,但很少人愿意走上街头表示抗议。霍梅尼很快就被逮捕了,后来送往国外流放。

从20世纪60年代中期起,伊朗的政策完全围绕着国王的意志打转。议会继续在运转,但它已经成了一个摆设,牢牢地被由政府支持的两个政党控制着,机械地执行着国王的指令。从1965年到1977年,首

158

相一直是同一个人,这就是平庸、但对国王十分忠心的埃米尔·阿巴斯·胡韦达。1975 年,即使连装装样子的两党制也被取消了。根据国王的决定,伊朗将成为在复兴党领导之下的一党专制国家。复兴党党籍实际上成了在巴列维王朝行政机构和国家经济部门谋求重要职位的必备条件。其指导思想是,复兴党必须团结群众支持巴列维当局,消除或者同化其他的政治集团,使这个由专家和官僚统治的国家权力渗透到社会的每个角落。但是结果恰恰相反,这种专制独裁的干预,在全体人民的许多阶层之中引起了极大的怨恨情绪。

当然,这个时期的立法、物质发展和社会规划也确实不是毫无引人注目之处的,特别是它们在提高妇女权利和保护妇女方面所作的贡献,如 1967 年的《家庭保护法》。这部法律在结婚、离婚和子女监护权问题上进行了多项改革(例如限制男子拥有的诸如一夫多妻制和随意离婚等传统权利)。不过,国王的注意力与其说是集中在国内日常事务之中,不如说是集中在经济、军事和国际地缘政治方面,这才是建设他所鼓吹的"伟大的文明"的必备条件。这个计划将使伊朗进入世界最重要的国家的行列,与日本和德国处于同一水平。

159

国王和世界

现在看来,穆罕默德-礼萨沙表现出的那种天真而危险的狂妄自大,其根源至少可以追溯到 20 世纪 50 年代晚期。当时他正急于向华盛顿表明,在一个充满动乱和地区冲突的时代,一支强大的伊朗军队不仅对巩固他自己的统治是绝对必要的,而且也能使伊朗成为一个可靠而又有效的盟友。1956 年的苏伊士运河危机、1967 年的阿以战争,以及英国宣布将在 1971 年从巴林撤出自己的军队,这些都证明了需要这样一个地区大国。英国的撤军在此特别重要,因为它将使意义重大的波斯湾处于没有西方国家保护的状态之中,而美国不可能直接承担这项义务,因为它与以色列公开的亲密关系将会给阿拉伯国家造成许多问题。

穆罕默德-礼萨沙抓住这个机会,为伊朗也为自己争取到了扮演地区大国的角色。这个计划包括三点:首先,他制定了一个精心策划、耗资巨大的形象工程,把自己美化成古代波斯帝国君主制度的合法继承者。1967 年 10 月,他在德黑兰古利斯坦宫为自己和法拉赫王后举行了威严的加冕典礼。在他觉得自己已经脱离国内的威胁获得安全感,并摆脱外国的束缚之前,他一直小心谨慎地避免举行这种正式的加冕礼。1967 年的典礼还暗示,随着政治反对派的失败,英国人将要撤出海湾的时代已经来到。4 年之后,一个更加盛大的庆典活动在波斯波利斯举行,以纪念居鲁士大帝登基和从历史的角度来看多少有点夸张的伊朗君主制度建立 2 500 周年①。这个庆典极尽奢华和浪费——专门为客人建立了巨大的帐篷行宫和寓所、食品和厨师来自巴黎、精美的瓷器和水晶器皿——这一切都使来访的达官贵人、国家首脑对国王治下新伊朗的宏伟壮观留下了深刻印象。这就是他在宣传方面所作的努力之中两个最引人注目的事例。其余措施还包括毫无必要地采用新的历法制度,这种历法是以波斯帝国的建立,而不是以伊斯兰时代作为纪年的起点;广泛地向外国官员赠送礼品;支持为增进外国人对伊朗的了解而开展的教育和文化工作等等。

第二,国王设法扩大军队的规模和增强军队实力,以加强伊朗在地区事务之中的影响力。为了实现这个目标,他积极地响应当时刚刚出炉的尼克松主义。尼克松主义建议,由于美国在越南遭到严重失败,它在处理地区危机的时候最好是通过代理人,而不是自己直接进行军事干预。尼克松和后来的福特政府都非常乐意支持国王来承担维护波斯湾地区安全和镇压叛乱。他们也愿意向国王毫无限制地提供美国军火库中的各种常规武器。没过几年,国王就已经建成了一支在统计数据上看可以称为世界第五或第六强大的军事力量。1976 年,这支军队已经拥有 3 000 辆坦克、890 架武装直升机、200 多架先进的战斗机、一支任何国家都没有的庞大的气垫船队、9 000 枚反坦克导弹,还有更多的装备正在交货或者定制之中。这就使其邻国对其最终目的到底是什么产生了严重的疑虑,也引起了美国批评家的怀疑。他们奇怪为什么要

① 从居鲁士上台到 1971 年,实际不足 2 500 周年。——译者注

向国王提供他的国家现在还不能操纵的高技术武器？用一位美国议员的话来说,这等于是给他一柄大锤去砸干果。无论如何,国王想要充当波斯湾警察的意图是非常明确的。伊朗在承认巴林的独立地位之后不久,就占领了具有战略意义的阿布穆萨岛和通布岛(这是后来伊朗与阿拉伯国家发生争执的主要原因)。1973 年,国王派军队前往阿曼,协助镇压当地由马克思主义者引导的叛乱。他还向库尔德叛乱分子暗中提供支持,以迫使伊拉克签署《1975 年阿尔及尔协议》。该协议再次明确以阿拉伯河航道为边界线,实际承认了伊朗在波斯湾事务中的主导地位。

第三,国王采取了许多措施来保证支付其军队的采购费用,以及为建设"伟大的文明"提供资金。1971 年,他迫使签署《1954 年石油协定》的国际财团成员增加支付给伊朗的款额。1973 年 3 月,他宣布彻底废除 1954 年的协定,由伊朗国家石油公司负责全面控制销售和生产事项。同年晚些时候,他利用埃及、叙利亚和以色列之间的"十月战争"造成的全球石油市场混乱形势,以及随后阿拉伯国家实行石油禁运的契机,推动石油输出国组织(OPEC)通过了该组织有权确定石油牌价的倡议,结果是石油从 1971 年的每桶售价不足 2 美元飙升到 1973 年的每桶售价几乎达到 12 美元。对于许多消费国而言,这样大幅度提高石油价格的结果,似乎是整个人类历史上资本最大规模地从一部分国家转移到另一部分国家。在 1975 年油价高峰时期,由于每桶石油的价格和产量的急剧增长,伊朗一年的收入达到 200 亿美元(而在前几年只有 20 亿美元)。出人意料的是,美国和其他消费国对由于这个原因造成经济困难而产生的愤怒情绪,不是指向伊朗和他的国王,而是指向了阿拉伯国家,而这些国家实际上是希望抑制油价的。事实上,尼克松政府不顾财政部和石油公司的警告,积极支持国王在油价问题上的放肆态度,究其原因是,伊朗日益增长的收入有相当大一部分被用来支付伊朗军队购买美国军火的费用。

不满的思想及其表现形式

在这些年中,持不同政见者并没有消失,只不过他们变得更加隐

161

蔽,或者是因为缺乏合适的表达方式而受到了抑制。他们仍然是四分五裂的,有点缺乏组织性。图德党进行了严肃认真的自我检查,批判了过去的错误。除了还仪式性地定期搞点罢工之外,左派分子的斗争毫无成效,而且分裂成了几个互相对立的派别,如马克思主义派、毛派或是其他派别。其中有些人后来模仿切·格瓦拉领导的运动,或者以第三世界国家起义组织的形式建立了游击队组织。在这些组织中最活跃的有两个:伊朗敢死队组织,1970 年由两个不同的派别合并而成;伊朗圣战者组织,1965 年建立。两个组织的追随者大多由高等学校的学生和少数的教授、技术人员等知识分子组成。敢死队组织起源于马克思主义组织,并且在思想意识形态方面仍然是坚定的马克思主义者。圣战者组织最初是一个宗教军事组织,但其领导人信仰马克思列宁主义,结果它最后分裂成了两派,一派坚持伊斯兰教,而另一派坚持社会主义。所有这些组织的主要目的是通过实施恐怖主义攻击和城市游击战来营造有利于革命的气氛,动摇公众对国家实力的信心。在诸如此类的行动之中,他们有几百名成员牺牲了。图德党的共产主义运动被摧毁之后,萨瓦克开始集中全力渗透和消灭这些游击队组织。

162　　前民族阵线的成员也想改组为民族抵抗运动。但是他们在策略和许多问题上意见都不统一,只能建立一个松散的联盟。他们在有利的时机偶尔也会发表一些各种各样的批评意见,然而在遇到警察和萨瓦克镇压的时候就退缩了。1965 年,他们形成了一个比较温和的世俗派别(号称"第二民族阵线")和一个非常激进的、具有宗教倾向的派别(号称"第三民族阵线")。后者在观点上日益受到一个名叫"自由运动"的组织影响和支配。"自由运动"是由两位深得人心的、受到高度尊敬的人物建立和领导的。他们两人都是摩萨台的坚定支持者,这就是民用工程师马赫迪·巴扎尔甘和德黑兰什叶派教士集团重要人物马哈茂德·塔列加尼。他们两人都深信伊斯兰教能够与现代化和进步的社会价值观念和谐共处,深信伊斯兰教能够为现代社会的许多问题提供答案。他们毫无批判地接受这种思想,即教士集团参加伊朗的政治活动是值得欢迎的,因为教士集团肩负的历史使命就是向伊朗大众传播民主和反对帝国主义的价值观念。因此,"自由运动"和先前的民族阵线其他组织在两个重要方面有着明显的不同:它公开主张巴列维王朝的专制独裁必须消灭,而不仅仅是改革;它认为宗教界的支持,对于伊朗任何这类运动的成功都是绝对必要的。在 20 世纪 70 年代早期,"自由运动"就已经系统地阐述了一个明确的政策,号召与教士集团进行合作,并且与对巴列维当局毫不妥协的反对派、阿亚图拉霍梅尼建立了联系。该组织还在欧美的重要的伊朗留学生组织之中建立了一个非常广泛的声援基地。在这些地方,组织和传播政治文献比在伊朗本国方便得多。至于"自由运动"如何致力于与宗教学生之中出现的类似运动配合,教士集团如何与被流放的霍梅尼联系,这些问题将在下一章进行详细的讨论。

在萨瓦克与政府监察人员的严密监视之下,公开地表达不同的意见或批判巴列维独裁制度实际上已经不可能。不过,政治活动已经以各种各样的伪装,毋庸置疑地渗透到了巴列维后期的文学和大众文化之中去了。就直接的政治话语而言,攻击通常并不是直接针对巴列维王朝,而是采取了批判西方文化,捍卫伊朗本土的和伊斯兰的价值观的形式。在这方面,有两位知识分子是最有影响的鼓吹者,他们就是阿尔·艾哈迈德(1923 — 1969)和阿里·沙里亚提(1933 — 1977)。

163

阿尔·艾哈迈德曾经是图德党党员,后来放弃了图德党党员的身份,加入了民族阵线一个左派组织,除了有若干部反映普通百姓社会问题的小说之外,阿尔·艾哈迈德还写了一本专著,题为《饱受西方之苦》。该书虽然被严禁出版,流传却非常广泛。用伊朗政治学家哈米德·埃纳亚特的话来说,可以把这本书确切地说成是对一切与西方"机械化"文明和伊朗无处不在的西方影响等有关事物的"长篇指责性发言"。该书呼吁伊朗人不要掉入西方文化的陷阱,要重新恢复他们自己的文化特征。书中所表达的各种信息以奇怪的方式混杂在一起,既大说特说马克思和加缪——甚至还有默尔·特拉维斯(Merle Travis)的抒情诗! ——又引用了萨迪的诗歌。该书大肆嘲讽了伊朗近代之前的许多著名人物,但在谈及其他方面,如伊斯兰教和什叶派教士在对抗西方文化的弊病中所起作用时,却又态度暧昧。不过,阿尔·艾哈迈德却明确赞扬了许多宗教领袖,例如他认为保守的法泽尔-安拉·努里被绞死不是因为反对宪法,而是要求建立以伊斯兰法律为基础的政府。他还抱怨许多教士像缩头乌龟一样退缩到自己的小天地里,不再反对西方的侵扰。在上述方面,就像他完全鄙视一切西方的东西一样,反映了当时伊朗大众思想中的重要动向。

沙里亚提是呼罗珊省的一名教员,1960 年拿到一笔奖学金得以赴法研读社会学。他在法国深受阿尔及利亚革命等重大事件和法国的马克思主义、社会主义思潮影响。1965 年回到伊朗之后,他成为"自由运动"创办的一所学院里受人欢迎的讲师,并且是许多政治性宣传小册子、专著的作者。与阿尔·艾哈迈德一样,沙里亚提也是本土文化保护论者,呼吁捍卫伊朗特性免遭外来影响,但是他更重视这种特性的伊斯兰教什叶派的特征。他公开表示蔑视资本主义和马克思主义的唯物主义"谬误观念",把它们看成是外来的、不完善的哲学体系,宣布必须在什叶派的教义之中寻找建立理想社会秩序的真正灵感。但是,他把什叶派划分成自己所谓的"文化"什叶派和"思想意识"什叶派,或者换一种说法是"萨非王朝的"什叶派和"真正的"什叶派。真正的、思想意识的什叶派是富有战斗力的具有革命精神的什叶派,它将通向民粹主义和平等主义的乌托邦;文化的或萨非王朝的什叶派是统治阶级强制编造出来的,保守的教士集团则是统治阶级反动的共犯。他还把这些与什叶派传说中的、鼓舞人心的人物故事之中高度理想化的精神典范联系在一起,诸如苦行主义者、不畏权贵的批评家阿布·达尔和先知穆罕默德饱受苦难的女儿法蒂玛。

虽然其强调了人为编造的"什叶派"特性,但沙里亚提的著作和阿尔·艾哈迈德的一样,充斥了从欧洲左派知识分子、第三世界思想意识形态专家、辩护士和马克思主义的反帝国主义者那里借用来的词汇。首先,它好像是中亚地区布尔什维克活跃分子苏丹·加列夫的思想的改头换面。加列夫认为存在着各种不同文化特征的、民族主义形式的社会主义,认为在穆斯林群众的价值观念之上可以建立一种"伊斯兰教"社会主义。伊斯兰教社会主义批判的矛头集中指向保守教士集团的习俗。沙里亚提的著作常常是矛盾的、难以理解的、不顾历史事实的、自命不凡的。除此之外,他对什叶派革命究竟要构建怎样的天堂则是极其含糊其辞的。但是,他的著作在为伊朗伊斯兰革命铺平道路方面所起的作用十分重要。他的著作在伊朗青年,特别是大学生和中产阶级专业人员中拥有热情而迅速壮大的读者群。他被尊为伊斯兰派圣战者组织的主要思想家。沙里亚提著作的许多用语、他的主题、他熟练地运用强有力的宗教偶像和象征物,而不是他的核心思想和他拒绝传统的什叶派"文化",大都被许多积极的教士用来为自己的目的服务。

1978－1979 年革命

在 1971 年到 1975 年之间,伊朗发生的急剧变化已经使国内关系变得极其紧张,也引起了人们对穆罕默德-礼萨沙及其各项政策日益强烈的反对。就像伊朗的许多宏伟建筑一样,国王所建立的宏伟大厦虽有它令人赞叹的正面,但是,它是一个地基松软的豆腐渣工程。他的强大的军队也许可以吓唬伊拉克和阿曼的叛乱者,但无法保护德黑兰的街道免遭城市游击队的恐怖袭击。工业项目规划野心越来越大,但基础结构却无法承担这样庞大的项目。在一个具有丰富能源资源和水库建设项目的国家,许多农村却没有电源,甚至是首都德黑兰也经常被迫轮流停电。石油收入的主要部分花在军备和华而不实的发展规划之上,或者由于普遍的贪污受贿和腐化堕落干脆就无影无踪了。这种急剧积累起来的财富不是依靠别的方式,而是依靠榨取自然资源得来的。它造成了通胀,造成了一种不事生产、不平衡、消费主义的进口型经济。人数很少、但极其富有的精英阶层和一贫如洗的人民大众之间的差距,比任何时候都更加明显。虽然土地改革和白色革命作出了种种承诺,但农业衰败了,粮食依靠进口的比例上升,农民离开农村前往人口密集的城市贫民区,文盲遍地,社会公共设施不完善。国王隆重地庆祝君主制度和前伊斯兰时期的历史,大手大脚地浪费公共资金,并且让民众觉得国王对其臣民的价值观念和文化漠不关心。成千上万的外国军事人员(其中绝大多数是美国人)和工人涌入伊朗。他们通常在有利可图的

165

部门工作,位高权重,这就造成了怨恨和仇外情绪,以为这个国家正在为外国人的利益服务。

在 1975—1978 年间,有两个新情况加强并突出了政治不稳定和对国王的反抗:第一,经济危机出现了。根据许多报道,政府对此的应对相当不力。为了消除由于石油带来的美元大量流入而造成的经济过热、政府开支失控和通胀不断加剧而作出的努力,导致了经济增长速度和人均收入的明显下降,失业率不断增长。工薪阶层和巴扎的商人因此遭到特别严重的打击。在经济范畴的另一端,采取价格控制、逮捕"牟取暴利"的实业家的办法又使许多富裕的企业家产生了敌对情绪。那些从现存体制中获利最多的人却惊人地对这一体制缺乏信心,也毫无责任感。他们把大量的资金转移到外国去,而不愿将其投资在国内,这更加剧了人们对经济形势的担忧。

第二,国外对于国王的人权记录批评日益增加,这些批评有助于进一步证实伊朗人对萨瓦克和安全部队活动最糟糕的怀疑。1976 年,吉米·卡特当选为美国总统,由于他在国际事务之中大声疾呼人权问题的重要性,唤起了伊朗中上层阶级政治自由化的期望。国王自己似乎也已经想到卡特政府将要逼迫他这样做,在这方面主动采取了某些有限的、但明确是朝这个方向努力的步骤:如免去胡韦达的首相职务,释放政治犯,邀请国际红十字会来检查伊朗囚犯的情况(囚犯们控诉经常遭到殴打)。民族阵线联盟重新恢复活动,这时称为"民族阵线联合会"。其成员开始了一场"战争",以写信和发表宣言的方式批评政府,鼓吹进行政治改革。但是到 1977 年下半年,情况已经很明显,对伊朗地缘政治的关注已经超过了对人权问题的重视。卡特政府继续向伊朗提供先进的武器,美国国务院对伊朗的人权问题也只是进行了轻描淡写的批评。在伊朗国王访问华盛顿的时候,卡特作出了热情的欢迎(许多伊朗抗议者在华盛顿竭力扰乱这次访问)。这种容易被识别的伪善做法,就像一记耳光打在伊朗自由主义反对派的脸上。这种姿态似乎进一步证实了一个结论:当局绝不准备进行改革,必须坚定地反对当局和美国。

1977 年底,卡特总统在对伊朗进行国事访问的时候,以非常不合时宜的言论为国王祝酒,称赞他的国家是"动荡世界之中的一个安全岛",这应当归功于国王的"开明领导",他是值得伊朗人民"尊敬、钦佩和爱戴的人物"。在卡特离开伊朗不到一个星期之后,成千上万宗教学校的学生及其支持者在库姆进行集会,集会以和警察的战斗结束,造成数人死亡。这拉开了席卷全国长达一年的、残酷无情的游行示威、罢工和暴乱的序幕,并最终迫使国王于 1979 年 1 月 7 日离开了伊朗。

这一切的导火索是一份半官方的德黑兰报纸在 1978 年 1 月 7 月刊载的一篇文章。这篇使用笔名写作、但显然是出自政府高层人士的文章激烈地攻击了它所说的宗教界反动派和共产党颠覆分子的邪恶同盟。文章尤其大肆污蔑阿亚图拉霍梅尼,说他是英国的间谍,还可能是一位同性恋者。这篇文章到底出于什么目的现在仍然不清楚。它可能是对谴责政府卷入最近谋杀阿里·沙里亚提和霍梅尼之子的阴谋活动所作的一种错误回应,又或者仅仅是对知识分子将宗教感情和社会主义理想紧密地结合在一起表示出一种迟钝的回应。无论如何,这篇文章绝对是一颗燃烧弹。报社的人员几乎马上就遭到了攻击;宗教学校和巴扎举行了抗议活动。第二天,库姆组织了游行示威。这篇文章不仅激起了霍梅尼支持者的愤怒,而且也激起了类似阿亚图拉沙里亚特马达里这样的温和派教士及其追随者的愤怒。

按照什叶派的习惯,死者在去世 40 天之后要举行追悼仪式,沙里亚特马达里和其他教士以及持不同政见者呼吁在 2 月 18 日举行祈祷和规定的仪式,悼念库姆的死难者。沙里亚特马达里的支持者绝大多数在大不里士城,在一名游行示威者被警察击中死亡之后,大规模的游行示威演变成持续两天的暴乱。一伙人把他们的怒火发泄在代表国家权力和国际影响的明显标志性建筑上,如酒馆、剧院、宾馆、银行、警察局和复兴党办公室。当地的警察完全不够治安之用,军队奉命前来镇压暴乱。镇压行动成了肆意的报复,虽然具体数字不清楚,但死难者相当多。暴乱成了后来一系列挑衅性的反国王游行示威的固定模式。它有固定的时间间隔,一般在 40 天悼念时间或宗教节日发生。在 1978

167

年上半年,绝大多数游行示威造成了越来越多的反国王运动殉难者。

政府在严厉镇压游行示威者和反对派首领的同时,也主动做出了某些改革,处理上述人员提出的申诉。这些改革既包括经济方面的措施,如缩减政府开支,制止借口打击"牟取暴利"者而骚扰商人;也包括政治方面的改革,如允诺进行自由选举,主动与温和派宗教首领进行协商。1978年夏天,经济改革的某些措施对工人产生了不利的影响,罢工次数增加了。但是,街头一般而言是平静的。因此,国王在和解方面的努力似乎生效了,对他可以平安渡过这场风暴的信心也加强了。在这样一种背景之下,瑞士一家商业研究机构得出结论说,一切反对国王的"有效的人民起义"已经"不可能了"。美国国务院官员报告说,那里不存在对国王"有效的国内挑战"。迟至1978年8月,中央情报局也同样断定伊朗不是"处于革命前夕的国家",国王的政敌"充其量不过只能制造些小麻烦而已"。但接下来的两个月,三个极其重大的事件戏剧性地改变了这种形势,并且可能使国王无可挽回地丧失了地位。

8月19日,这是推翻摩萨台政变的周年纪念日,阿巴丹贫民区的国王电影院发生了火灾。据说是为了防止擅自闯入者,电影院大门被锁住,消防部门姗姗来迟,救火时又笨手笨脚,几乎有400人被烧死。公众对这个悲剧的反应,似乎提供了对错综复杂的可能阴谋交织起来的种种猜测的最佳例证,它已经深深地影响到了伊朗现代历史。尽管纵火嫌疑分子被捕了,但谣言几乎马上就传遍了全国:这场毁灭性大火是萨瓦克为了自己的罪恶目的而策划的。有一种猜测以为,宗教反对派认为电影制片违背伊斯兰教义,他们已经养成了放火焚烧放映外国色情电影的影院的习性,但不攻击附近大概是支持他们的、放映伊朗影片的普通电影院。因此,这场大火肯定是萨瓦克放的,指望借此使宗教人员受到指责并败坏他们的名声。当然,人们可能会疑惑不解,如果萨瓦克在这个陷害宗教反对派的计划之中安排如此巧妙,他们为什么会挑选阿巴丹偏僻地区这样一个不起眼的破电影院作为目标,而不选择德黑兰的高档电影院呢?这似乎又引起了另外一个未经证实的谣传,即大火是在警察追击逃入电影院的武装示威者之后点燃的。虽然种种猜测并没有丝毫的证据可以加以验证,但这种障碍并没有影响到人们把谣言和猜测变为确信的事实并加以指责。这使为火灾遇难者举行的葬礼变成了暴乱,军队不得不进驻阿巴丹,从而为周期性的游行示威提供了借口,并且加剧了未来暴乱和军事活动的可能。因为它们不再被认为是罪犯所为,而是把矛头指向了萨瓦克。

国王对阿巴丹灾难的反应和他从前处理危机的时候是一样的:把所有的人扫地出门,甚至和这件事情没有牵连的人也一样难以幸免,包括首相贾姆希德·阿姆泽加尔和萨瓦克的头子内马特-安拉·纳赛里将军,他还指示自己的另一位密友、一位不太合适的、令人难以信服的领导人、前首相和巴列维基金会负责人贾法尔·谢里夫·伊马米启动了一场新的安抚运动。就像从前的情况一样,"胡萝卜"政策几乎立刻就被"大棒"政策破坏了。面对持续不断的抗议、罢工,国王宣布了戒严法,禁止游行示威,下令逮捕民族阵线几名成员。在 1963 年镇压骚乱之中出名的强硬派戈兰-阿里·奥维希将军担任了德黑兰军事长官。不过,在 9 月 8 日,即后来称为"黑色星期五"的那天,人们不顾戒严法,在德黑兰贾莱广场举行了大规模的游行示威。这次游行示威在示威者高呼赶走国王,要求霍梅尼回国之后,变成了一次罕见的暴力行动。关于它的报道各式各样,很不一致。但情况看起来是军队朝拒绝解散的示威者开火了,躲在人群之中的城市游击队进行了反击。这是至今为止发生的最严重的血腥暴力事件,它表明武装起义肯定有可能发生,并且使谢里夫·伊马米允诺改革的言论变得更加空洞了。

根据各种说法,政府最严重的错误之一是催促伊拉克骚扰霍梅尼,或者把他从圣城纳杰夫驱赶出去。毫无疑问,由于担心霍梅尼和伊朗的事情可能会对伊拉克本国的什叶派群众产生影响,萨达姆·侯赛因是很乐意做这件事情的。在霍梅尼被拒绝进入科威特之后,据说是由于国王表示许可,霍梅尼被安排前往巴黎附近居住。把霍梅尼送往法国的原因我们不得而知,但如果目的是想要孤立他,结果却是完全失败了。对于霍梅尼而言,法国和伊朗之间的通讯,远比他们过去在伊拉克的时候要自由得多,有效得多。在欧洲和美国的伊朗侨民和大学生之

169

中,早已存在大量对国王不满的理论家和坚定的行动者,他们迅速地组成了霍梅尼在巴黎的顾问和支持者核心队伍。他们比那些前往纳杰夫访问霍梅尼的信众要危险得多。国际新闻机构可以不受曾经在伊拉克遭到的任何限制。本来就不是国王的朋友,加之又几乎被这位神秘的霍梅尼迷住了,记者和媒体给了他极高的曝光率,其中很多新闻本应更批判地审视他们的行径,但也不加分析地登出来了。

必须记住的是,直到 8 月之前,霍梅尼只不过是与抗议活动有关的宗教人士之一。沙里亚特马达里更直接地参加了早期的游行示威活动;塔列加尼可能更加出名,由于其观点理智而更受某些反对派的欢迎。有些教士,其中包括沙里亚特马达里,按照他们在什叶派教阶制度之中的地位,级别比霍梅尼更高。他们的主张也比较温和,主要是要求恢复真正的立宪政府。有些知悉内情的观察家相信,假如国王能早些和沙里亚特马达里达成真正的和解,君主制度的倒台本来是可以避免的。国王电影院、"黑色星期五"和把霍梅尼赶往巴黎,这些事情累积起来的结果就是造成了反对派更暴力、更好斗。他们逐渐达成一致,解决危机的唯一办法就是推翻国王。霍梅尼一贯坚持这种立场,这使得他作为这个运动当然领袖的地位被确定下来。巴扎尔甘和民族阵线的宗教派别早已经支持霍梅尼了。11 月 5 日,他们和世俗派领袖卡里姆·桑贾比联合了。桑贾比曾经前往巴黎向霍梅尼表示效忠。联盟的成员达成了一项协议,誓言在君主制度问题解决之前绝不与国王作任何妥协。

同样,在 11 月 5 日德黑兰发生了一场至今为止最严重的暴乱。英国大使馆遭到了攻击,政府部门遭到洗劫,德黑兰大学的国王雕像被推翻,大部分商业区被焚烧和抢劫。第二天,国王发表电视讲话,宣布成立由戈兰-礼萨·爱资哈里将军领导的军政府,讲话暗示将对反对派采取镇压措施。但国王显然已经动摇了,他实际上还赞扬了"革命预言"的正义性。他说,他已经听到了革命预言,他将处理他们的冤屈。政府不去逮捕反对派和暴乱者,开始把先前已经被免职的官员投入监狱,重要人物有前首相胡韦达、前萨瓦克头目纳赛里。反对派认识到,国王实际上已经认输了，现在他们只要能够使军队保持中立，使国王的外国朋友消除恐惧就可以了。因此，他们除了扩大罢工和游行示威的规模之外，还开始通过游行示威者向普通士兵进行善意的呼吁、鼓励开小差和与某些军官接触的方法，对军队实行策反。他们还开始与美国和其他国家的官员会面，使他们产生一种即使没有了国王，仍然可以维持正常关系的印象。同时，他们继续进行新闻媒体战，以争取海外公众的同情。

就像国王在处理危机的时候采取的其他许多行动一样，1978 年 11 月他采取的这些行动是很难理解的，实际上也是毫无意义的。他一贯将残酷无情和温柔谦和混杂在一起使用，使他显得软弱、混乱和虚伪。他总是不能重用人才，逮捕长期以来的支持者和伙计，与此同时却释放了上百名政治犯，包括著名的反对派教士阿亚图拉塔列加尼等。那些本来可能帮助国王的人就这样在牢狱之中受尽折磨，在革命之后很容易就成了报复行动的牺牲品。同时，对手却可以无拘无束地煽动暴乱之火。令人惊奇的是，连停发官员、国家雇员和石油公司工人（他们的罢工已经使政府陷入了瘫痪，严重地损害了经济）的工资这样平常的措施也没有采用。总之，在如何处理群众政治抗议的问题上，这是一个非常重要的教训。

对于国王令人难以理解的举止，除了常见的各种各样的阴谋理论之外，一直就有许多不同的解释。后来事情渐渐水落石出：他当时正在遭受晚期癌症的折磨，身体的衰弱和药物治疗有可能影响了他的判断力。他的下属可能对他隐瞒了骚乱的严重性。他的回忆录表明，他不愿意因为使用全部的军事力量来反对自己的人民而损害自己在历史上的声誉，也不愿意采取极端措施而危及其子将来登上王位。他似乎又陷入了自己曾经在 1953 年展现的听天由命的状态中，并且日益相信自己的未来是由华盛顿、伦敦，而不是由德黑兰来决定的。在没有获得美国明白地表示支持之前，他不想采取武力行动。这确实是，或者可能是明智的做法。

但是，卡特政府在评估这场危机的时候也和国王一样是自相矛盾的,因此无法作出这种表示。美国在地缘政治赌博之中对国王下了很大的赌注:大规模地给伊朗提供先进武器,两国之间建立了大量的经济联系,许多美国人在伊朗,有更多伊朗人在美国,所有这一切都使美国人对危机极为关注。有些官员希望国王能够恢复秩序,不管使用什么必要的武力都行;其他官员则认为,作出一些让步是必要的;还有些人毫无疑问希望看到国王倒台,以证明自己对于践踏人权的暴君命运必然灭亡的观点的正确。许多当事者撰写的回忆录或者报道虽然充满了矛盾和指责,但还是非常清楚地表明,美国还是给了困境之中的国王不少建议的。然而,美国的代表们说话互相矛盾,没有一个人真正愿意承担因为大屠杀而遭到指责的风险。一个可以说明美国态度犹豫不决、传达信息互相混乱的最好例子就是,它在力劝国王要坚强,并且允诺不管他作出什么决定美国都给予支持的时候,美国国务院人权部门竟然作出决定,在 1978 年 9 月之前禁止运送控制暴乱人群的常用物品,如催泪弹、橡皮子弹。同样,卡特在"黑色星期五"之后曾经给伊朗国王打电话,表面上表示支持他,同时对人民生命的丧失表示"遗憾",并且希望继续自由化的过程。像这种一贯模棱两可的说法只能给国王增添混乱,使他反复无常,害怕有人策划反对他的阴谋,并产生了被抛弃的感觉。

无论如何,在 11 月之后国王所能做的选择就像国内外对他的支持一样迅速地减少了。由于罢工,石油工业生产和随之而来的政府收入已经完全中断。德黑兰重要的集市已经罢市一个多月。因为供电部门罢工,停电是常有的事。航空和铁路交通也不正常。在海关罢工的时候,进口物资就只能堆在边关口岸等候处理。国王如果不冒险全力以赴使用武力镇压反对派,就没有什么选择的余地,只能承认失败,向反对派彻底投降,或忍受骚乱、政府瘫痪和经济混乱的状况。情势已不容许国王再三心二意、摇摆不定了。面对着即将来临的、充满火药味的穆哈兰节,爱资哈里政府宣布禁止一切游行示威。这个命令无人理睬,塔列加尼和桑贾比在阿舒拉日(12 月 10 日)带领大约 200 万人在整个德黑兰各条大街游行示威。军队人员开始大量逃跑,其他人拒绝向游行示威者开枪,还有些士兵把枪口对准了自己的长官和保王派分子。国外对国王能够继续存在下去显然丧失了信心,甚至连美国官员也开始理智地进行思考,也许他的垮台最后并不是一件坏事。国王必须走,这已经不再是一个问题,问题是他在什么时候和如何离开。

为了寻找出路,国王特地向桑贾比提议由他担任首相,但桑贾比坚持必须征得霍梅尼的同意,拒绝在国王退位之前参加任何政府。12月29日,民族阵线另一名重要人物沙普尔·巴赫蒂亚尔终于被劝说组成了新政府;结果他立刻就被开除出阵线。1979年1月1日,国王宣布他已经决定去"休假"。在巴赫蒂亚尔和美国官员催促两个星期之后,国王在1月16日离开了伊朗。他最初计划直接前往美国,但由于某些原因又改变计划去了埃及。这就引起了猜测,他是不是正在等待某个类似1953年的政变,所以才一直迁回到最后进入美国也变得非常复杂。由于他的出走,这个国家一个苦难的历史阶段结束了。但人们并不能确定在他的统治结束之后,等待伊朗的将是什么。

173

第八章　霍梅尼与伊斯兰革命

　　1979 年 2 月 1 日,阿亚图拉霍梅尼胜利地回到了伊朗,大约有 300 万人夹道欢迎他回国。作为一名令所有人着迷的对象,对于许多人来说,他仍然是个神秘莫测的人物;对于其他人而言,他是个越来越具有超凡魅力的、鼓舞人心的人物。许多专业观察家,甚至是霍梅尼随行的人员都相信,他作为一名重要的、具有象征意义的革命联盟领袖的角色已经结束了。他们满怀希望地期待革命的热情将会平静下来,霍梅尼将会体面地回归只给政治领袖提供精神指导的宗教权威学者的圣坛。这个国家将由民族阵线之中自由的先进分子进行管理,或者,也许会由某个左派运动控制。在这个问题上,他们至少在三个方面过低地估计了霍梅尼:他已经对伊朗有了自己的看法,这就是宗教领袖必须处于政治生活的核心地位;他已经有了一个自己的组织,一心要将这个看法变为现实;他已经拥有绝大多数人民群众的支持,可以有效地控制街头

的斗争。伊朗革命,正在转变为伊斯兰革命。

霍梅尼和霍梅尼主义

　　现在还没有一本可靠的、有学术价值的霍梅尼传记。而且,要写出这样一部作品也是非常困难的事情,特别是有关他在 1961 年以前的生活。当然,有关他的著作已经很多很多了。不过,它们往往是根据道听

途说或者是时过境迁的报道写成的,因而价值就值得怀疑。同样,人们也在努力地把哪怕是霍梅尼写下的每一句话都收集起来,汇编成全集。这些东西包括大量的诗歌、书信和他年轻时代的文献。不过,它们原先并不是打算出版的,它们的编撰情况也是一无所知。即使有些以他的名字出版的书籍也是由别人代写的,并且有可能进行了各种各样的修改。同样,关于他在革命前后的言行举止,到底是出于他本人的意愿还是他身边的人设计的,也有很多争论。就连其核心圈子里的人物对此表述其观点的时候,解释也总是互相矛盾的。他对民众的意见感觉非常敏锐,在自己的立场遭到反对的时候,他又非常善于作出策略性的调整;他会审时度势,发表一些似乎在向某些人示好的言辞;他时常会先支持一派,随后又支持另一派,大概是为了避免使一方势力过于强大;他对自己的伙伴常常会抬举一个,压制另一个。这就使人们很难知道他到底真正信任谁,或者他到底想做什么,并且使人们怀疑他到底是领导人还是被人牵着鼻子走。我们在这里无法解答这些问题。但是,当我们密切注意他回到伊朗之后发生的重大事件时,必须将它牢记在心中。

1902 年 9 月 24 日,鲁霍拉·穆萨维·霍梅尼出生在一个家境殷实的教士和地主家庭。他的姓氏"穆萨维"表示他是一位什叶派伊玛目(穆萨·卡齐姆)的后裔,而"霍梅尼"则表示其来自库姆附近的霍梅因城。他的父亲在霍梅尼出生几个月之后就被谋杀(死于和敌对家族的争斗之中,但根据现代理想化的传说则是被"政府的走狗"杀害的)。在他才十几岁的时候母亲也死了。他主要是由姑母和长兄抚养长大的,在故乡阿拉克和库姆的学校里他接受了传统的宗教教育。他后来开始授课,并且成为当时一位大阿亚图拉和主要的效法榜样阿迦-侯赛因·波鲁吉尔迪(1875 — 1961)的弟子。在 20 世纪 60 年代之前,霍梅尼的生活并不引人注目,有关他的报道说法非常不同。例如,有人把他描绘成一个十足的麻烦制造者、蛊惑人心者;比如,他从不放过煽动暴民攻击巴哈教徒的机会,以至于波鲁吉尔迪认为有必要劝告其追随者不要选择霍梅尼做他的继承人,因为他将会把他们引入血流成河的灾难中。

177

另外一些人则认为他是一个温和的、恭谦的哲学教授,周围有大群崇拜他的学生。他全神贯注于神秘主义的沉思和诗歌之中,度过自己的生涯。最能揭示霍梅尼成长时期情况的可能还是他自己在 1989 年发表的《致教士们的信》之中所作的简短说明。在这封信之中,他控诉"假虔诚的、僵化的、倒退的"教士崇尚"愚蠢",怀疑"有效的……有判断能力的、聪明的"学者,他们根据"美国的伊斯兰教"使宗教与政治分离。他直截了当地指出,当他在库姆的费齐耶学校教书的时候,这样的人会把其子穆斯塔法用来喝过水的瓶子彻彻底底洗一遍——这说明由于当时霍梅尼讲授的是哲学类科目,他和他的家庭从仪式角度看是不纯洁的。根据霍梅尼的说法,这个时期是"愚蠢的假虔诚者和无知的傻瓜猖獗的时期"。不过,"一些个别的人"仍然积极地"把他们的生命和尊严献给了保卫伊斯兰的事业"。除了有关霍梅尼荒诞离奇的通俗报道之外,实际情况是他作为一名普通的宗教学者,地位从来就不是很重要的。他的说明清楚地表明,这一点必定使他非常痛心。正如他后来的极端行动表明的那样,他将寻求其他的拥护者支持,以先发制人的手段打败那些反对他的人,因为他早就对此怀恨在心了;他的事业也是最有讽刺意义的,即他实际上已经改变了传统的什叶派,正如他改变了(如果不是更多地改变了)伊朗一样。这就难怪一位同时代的著名阿亚图拉塔巴塔巴伊·库米曾经作出结论说,霍梅尼是"一位自我中心论者、一位披着教士外衣的渴求权力的疯狂政客"了。

许多学者都曾经收集过在霍梅尼处于厌恶政治的波鲁吉尔迪阴影之中那几乎长达 20 年的时间里,其政治敏感和热情的证据,但没有取得多少成绩。他发表的第一部著作是《秘密的揭露》(约 1943 年出版)。这是一本为什叶派传统习俗辩护的、平淡无奇、毫无启迪作用的著作,有些令人难以卒读。这本书被解释为他早期对巴列维君主制度的抨击,但它最多不过是对政府世俗化政策的批评,或者更恰当一些,可以把它理解为一种常见的、要求回归传统的"政教协作"观念,要求国家与宗教领袖协调行动、互相支持。不过,文章非常清楚地表明了他对外国文化影响的担忧,以及他基本上支持传统的什叶派社会价值观念。他

178

为妇女戴面纱辩护，攻击男女同校造成学校男女混杂的情况，谴责饮酒，强调必须禁止音乐，因为音乐助长了"淫乱和性欲的气氛"，要求按照伊斯兰法律实行惩罚（hadd），如砍断小偷的双手等等。关于 20 世纪 50 年代霍梅尼生平的记载，往往对他在摩萨台时期重大事件之中的活动明显地避而不谈。当时，他应该是政治活跃分子和反君主制度分子。虽然他仍然在为波鲁吉尔迪工作，但他似乎已经和卡尚尼以及伊斯兰敢死队建立了联系，并且参与了他们煽动共产党人的恐慌情绪从而最终推翻摩萨台的活动。这个行动对于保王派的胜利是至关重要的。

只是在波鲁吉尔迪于 1961 年 3 月去世之后，霍梅尼才开始获得了重要地位和名气。他终于出版了要想成为一个引人瞩目的高级宗教学者就必须撰写的研究马萨尔（《律法问答》）的著作。不过，最终使霍梅尼声名鹊起的并不是他的律法研究著作，或者哲学、神秘主义和诗歌作品，而是他在 1962—1964 年的重大事件之中，明显开始积极投身政治活动。在宗教领袖之中，霍梅尼并不是唯一一位明确表示对穆罕默德-礼萨沙实施的改革担忧的人。但是，他的声音却是最响亮的、最富有煽动性的。他向国王发起了严厉的人身攻击，他大声疾呼伊斯兰已经受到了狡猾的犹太人、犹太复国主义者和巴哈教徒阴谋的威胁。他还表现出自己是利用什叶派长期形成的像哀悼仪式和穆哈兰节庆典仪式之类习俗作为鼓动支持其行动的工具的老手。（他将在 1978—1979 年再次得心应手地使用这种策略。）在 1963 年抗议活动遭到严酷镇压之后，尽管他自己被逮捕，霍梅尼仍然继续批评政府。事实是在当时的宗教领袖之中，几乎只有他一人大声谴责和美国签订的军事条约是违法的，这使他获得了英勇无畏、坚定不移的名声。就如先前已经在伊朗的宗教激进主义活动中出现过的一样，这也使得人们过分突出他反对帝国主义的一面，而忘了他早期对土地改革、妇女公民权利和宗教少数派权利的反对立场具有明显的反动性质。

霍梅尼在 1964 年被驱逐出伊朗的时候，已经拥有一支具有献身精神的、无限忠诚的、组织良好的追随者队伍。例如，历史学家肖尔·巴

179

哈什(Shaul Bakhash)曾经研究过霍梅尼发表的各种声明的签字者和霍梅尼在国内和国外代表人物的网络,他们的名字可以组成一本真正的未来伊朗革命政治明星名人录:阿里·哈梅内伊、哈桑·阿里·蒙塔泽里、阿里·阿克巴·哈希米·拉夫桑贾尼、阿里·库杜西、穆罕默德·礼萨·马赫达维·卡尼、穆罕默德·亚兹迪等等。这些人在代表霍梅尼不断募集基金,在伊朗国内和国外的伊朗大学生中传播他的理论作用重大。因此,霍梅尼才能够对巴列维当局所做的每一件事情了如指掌,经常发表谈话、书信和声明,表明自己的意见。

霍梅尼在纳杰夫的时候,也能够继续控制各个阶层,发表演说。他在 20 世纪 70 年代的许多演讲专注于伊朗法学家行使监护权(velayate faqih)①的问题,据说是为了回应大阿亚图拉霍伊的立场,他认为这种观念不应该带有政治方面的特点。这些争论显然是由一位霍梅尼的学生记录下来,并且以《伊斯兰政府》为书名出版了。大概是由于编辑方式的缘故,这本书看起来有点凌乱,并且充满了夸张、小道消息、感情用事、感觉主义、浅薄、任意、错误的概括和严重的偏见。人们很难想象霍梅尼这样有地位的人居然会很认真地说出这样的胡话。例如,书中有这样荒谬的言论,"巴格达的集市所交纳的霍姆(什叶派法律用语,意为'税收')足够供养赛义德(先知穆罕默德的后裔)、宗教学院和伊斯兰世界所有的穷人"。任何一位希望从中得到条理的、清楚的政治哲学、逻辑学、如实提供学术争论信息的人,可能都会对这本书感到非常失望。不过,霍梅尼似乎并不否认这本书的真实性。这与他的言论一贯具有的非常简单但有效的特征也很一致。而且,它还是革命之后霍梅尼将如何行动的蓝图。

根据霍梅尼所说,犹太人和帝国主义者早就在宗教和教育机构安插了"代理人",宣传一种"糟糕的"伊斯兰教观点,这种观点说伊斯兰教是一种厌恶政治的宗教,它"没有法律和规范社会的法令","没有特定的政府形式",因为它感兴趣的"仅仅是妇女的月经和分娩之后宗教仪

---

① 我国一般译作"法基赫的统治"或"法学家的统治"。——译者注

式洁净方面的规定"。与此相反,他强调古兰经和逊奈"已经包括了人类需要的所有法律和法令";现在缺乏的仅仅是执行这些法律的政府。霍梅尼像圣奥古斯都一样,坚持认为现存的所有政府都是"一种强盗和土匪的组织",但他没有把希望寄托在上帝之城,而是断言在世界上建立合法的政府既是可能的,也是必须的。同时,每一个政府必定要"托付给一个值得信任的个体来维护其法律和制度"。这个人不是君主,因为伊斯兰教已经使君主制度和世袭继承制度无效了(这是什叶派离奇古怪的想法,既得不到几个世纪以来历史和习惯的支持,也得不到霍梅尼为维护自己的理论而制造的脆弱的事实的支持)。相反,霍梅尼强调有关法学家监护权观念的重要性。这个观念通常只适用于一个非常有限的范围,即为孤儿提供监护等等问题;但他认为,真正的伊斯兰教政府将由伊斯兰教法学家(foqaha)集体行使职责。结果是一个懂得法律和司法审判知识的"值得尊敬的人物"成功地建立了这种政府,他将"拥有与最尊贵的天使同样的权利",人民有必须服从他的义务。他以使人感到恐惧的、先知般的语气说,公正的统治者应当永远"鄙视个人的感情和利益",并且应当记住伊斯兰教是"为了使个人服从社会集体的利益而准备的",它"已经清除了许多腐败和邪恶之人",正如先知穆罕默德消灭在麦地那的犹太人一样。更有奇怪者,虽然霍梅尼认为法基赫构成了一个道德高尚的贵族阶层,应该委以统治的权力,但他又嘲笑他们热衷的只不过是单纯的礼仪、个人的虔诚和司法上的诡辩术。他说,他不指望"现在宗教核心人物之中的懦夫"来建立这样的政府。相反,他直接向世界各地的穆斯林呼吁,传播他的伊斯兰政府思想,不要给予现政府帮助或合作,一起建立新的、真正的伊斯兰教制度。

　　当然,1978—1979 年的革命为霍梅尼提供了这样一个机会,来把他的法基赫统治观念变为现实。只要看一看在《伊斯兰政府》和他的公开声明之中表达的观点就会明白,在 1979 年初的普遍观点是,他将不会做那些在今天看来是十分令人震惊的事情。这不应当过多地归罪于塔基亚或者是他的欺骗手段,就像典型的后现代主义者总是倾向于把第三世界的革命运动看得太好一样:大量反对美帝国主义和谴责资本

180

181 主义恶魔的宣传,会让许多人看不见大量罪恶的活动。他在修辞方面
与阿里·沙里亚提派社会主义者表面上类似,使这些人未经思索便相
信霍梅尼就是他们心中的偶像,也是他们的运动成功的偶像。在这种
情况下,霍梅尼有关伊斯兰教仅限于"月经和分娩"规律的傲慢言论,显
然已经完全抹去了对其著作《律法问答》的记忆,该书讨论的正是这类
问题,并且使人以为他支持"进步的"、脱离了墨守成规的伊斯兰教。当
他攻击国王判处毒品贩子死刑是"残酷无情"的时候,这种言论受到了
宽容,似乎他只是在批评国王,而不是"残酷无情"本身,他实际上是为其
辩护的。甚至他坦白地声明他并不追求像总理这样的职务,但人们将
"管理国家"这样的说法也当成他不关心政治的证据来接受了。不过,这
种观念没有维持多久,一个清除这种幻觉的过程就开始了。

巴赫蒂亚尔摄政政府的垮台

国王任命的最后一位首相沙普尔·巴赫蒂亚尔是一位坚强而有能
力的人。他坚持原则办事,试图在现有宪法框架之内接受革命的要求,
但他实际上已经处于一种无能为力的地步。由于他接受了国王的任
命,和民族阵线领导人分道扬镳,他已经丧失了其天然盟友的支持,并
损害了其合法的地位。他做出接受革命要求的姿态,只是起到了疏远
潜在支持者的作用。罢工、游行示威和街头暴乱势头丝毫不减。他也
无法控制政府的大多数部门。1979 年 1 月,他致力于与反对派势力达
成保全面子的协议,遭到了霍梅尼的冷酷拒绝,除非他先辞去职务,才
能和他见面。他希望和霍梅尼打交道,这个事实本身就表明霍梅尼拥
有相当合法的统治权。他用关闭梅赫拉巴德机场的办法疯狂而不成功
地阻拦霍梅尼回国,暴露出他的虚弱和绝望。令人奇怪的是,他的政府
甚至还为霍梅尼提供保安措施,护送他前往贝赫什特·扎哈拉公墓参
加群众集会,又把他安全地送回去。但就是在这次集会上,霍梅尼威胁
说"要打政府的嘴巴"。

2 月初,巴赫蒂亚尔除了依赖伊朗军队支持他的意愿和力量之外,
已经没有什么可以依赖的了。1 月初,美国的罗伯特·哈伊泽将军已经

来到伊朗活动,努力鼓励伊朗军队领导人这么做,但成功的机会不大, 182
而且这种机会很快就消失了。燃料的短缺(因为石油企业罢工)和擅离
职守,造成了供应困难。但是,最严重的问题还是政治问题。考虑到伊
朗人对摩萨台时代的印象,很难设想任何一个依靠美国的军事支持来
维持自己生存的政府能够长期生存下去。无论如何,即使哈伊泽已经
准备为巴赫蒂亚尔提供军事支持,美国的其他官员却与他背道而驰,开
始与反对派联系。同时,霍梅尼派综合利用与军官接触、鼓励开小差和
武力进攻重要军事对手的手段,继续设法使军队保持中立。

军队的将领也许会热心为国王而发动政变,但他们不会有热情为
巴赫蒂亚尔而这么干。他们多次警告哈伊泽要顺其自然,国王的出走
已经使军队瓦解了。按照他们的观点,他们对美国暗中背叛国王,把他
"像一只死老鼠一样"扔掉深感不满,他们担心革命将会导致共产党接
管政权,他们当然也担心自己的生命安全。在游戏进行到这个紧要关
头,这些将领很难被鼓动起来承担发动内战的风险。许多人怀疑美国、
英国和法国早已经和霍梅尼串通一气,他们其中的某些人很可能已经
和霍梅尼或者是巴扎尔甘达成了谅解。两位被认为是非常接近国王的
极其重要人物、最高司令官阿巴斯·加拉巴吉将军和最高情报官法尔
道斯特少将的行动(以及后来的结果)非常奇怪,并且使人们对他们的
忠诚产生了许多疑问。对于他们的行为有许多可能的解释,但是有一
件事情很难让人们不感到惊奇,如果他们(还有国王)已经断定伊朗人
民这样需要霍梅尼,他们就应当接受他。接受霍梅尼不仅对自己的安
全有好处,而且还是符合国王避免杀戮和内战意愿的最好办法。它确
实是提防共产党的一种好选择,也是回报美国在危机时刻提供"支持"
的合适方式。

早在 1 月 23 日,空军的技术人员就开始倒向霍梅尼一边。随后几
天,开小差现象日益增加,蔓延到海军和陆军。2 月 9 日晚,德黑兰附
近重要的杜尚山空军基地技术人员开始造反,并且与帝国卫队发生战 183
斗,许多左派城市游击队队员、伊斯兰革命者和军队的叛变者匆匆忙忙
赶去援助亲霍梅尼的空军人员,其他人则封锁了前去援助帝国卫队的

车队。亲霍梅尼的军事力量打败了帝国卫队,夺取了军械库,把武器分发给了群众。第二天,由于进攻其他的军械库、兵工厂和警察局,结果有30万件武器被缴获,分给了造反者。人民的革命军队实际上已经建立,而且已经成为一支可以依靠的军事力量。2月11日,军队首脑巴德赖在自己的司令部外面被杀害,许多高级军官被囚禁,而加拉巴吉将军却令人惊奇地没有被捕。后来他宣布:"在目前出现的这场政治危机之中,武装部队保持中立",下令军队返回营房。根据一些可靠的报道,难以置信的是在那天晚上,卡特政府官员还询问哈伊泽和其他人关于发动一场政变的可能性——这真是前所未闻的傲慢和愚蠢交织在一起的惊人事例,而这正代表了伊朗危机时期美国的应对政策状况。第二天,革命者完全控制了局势。巴赫蒂亚尔躲藏起来(最后逃到了法国)。全国各地尽管还有零星的战斗,但到2月16日,全国各地残余的保王派军事力量都已经被打败了。

巴扎尔甘的插曲

2月5日,霍梅尼和半秘密组织伊斯兰革命委员会(IRC)授权马赫迪·巴扎尔甘组建一个临时政府。2月12日,巴扎尔甘就任总理职务,没过几天,他任了内阁成员,几乎全部是由他的伊朗自由运动人士(重要人物有易卜拉欣·亚兹迪)和原民族阵线世俗派人士(诸如卡里姆·桑贾比、大流士·福鲁哈尔和艾哈迈德·迈丹尼)组成。在革命运动中非常出名的教士和左派人士,却令人惊讶地并没有出现在新政府之中。它似乎是要兑现自由民族主义分子将要接管政府的预言。巴扎尔甘确实希望使温和派人士放心,并且希望同美国达成谅解。但是,他遇到了巨大的障碍。

184　　最严重的困难是,他的政府既不是伊朗唯一的,又不是伊朗最重要的权力中心。巴扎尔甘政府一直都被认为只不过是一个临时的过渡性政府,它也没有真正处理过任何重大的事情,甚至连政府的各个部门都控制不了。在接受霍梅尼和伊斯兰革命委员会任命的时候,巴扎尔甘事实上已经承认,凡是他拥有的合法权利,都是出自霍梅尼和伊斯兰革命委员会的。那真正的掌权人物当然还是霍梅尼。在重要的决定和政策上,巴扎尔甘经常不得不听从霍梅尼的指示。霍梅尼是否像他经常发表的声明中所说的那样真正支持巴扎尔甘政府,或者仅仅是把它看成是在达到自己最终目的过程中一个权宜的、策略性的必要手段,还是一个有争论的问题。愤怒的巴扎尔甘经常公开说其他邪恶势力正在操纵"敏感的、好心的"霍梅尼来削弱他。无论如何,结果总是霍梅尼经常使用鼓励另一个权力中心,而不是支持巴扎尔甘的方式进行调解。

巴扎尔甘不得不同经过改组的、势力强大的伊斯兰革命委员会合作。伊斯兰革命委员会的成员有一段时间是保密的,但最后还是知道它由 7 位教士、6 位一般信徒、2 位安全顾问组成的。教士包括霍梅尼的密友和委员会主席穆塔扎·穆塔哈里和与左派分子关系密切出名的马哈茂德·塔列加尼。其他 5 名活跃的教士长期与霍梅尼有联系,他们是穆罕默德·礼萨·马赫达维·卡尼、阿里-阿克巴·哈希米·拉夫桑贾尼、穆罕默德-贾瓦德·巴霍纳尔、阿卜杜勒-卡里姆·穆萨维·阿尔达比利和穆罕默德·贝赫什提(阿里·哈梅内伊是后来加入的)。后面 5 个人成了巴扎尔甘最大的难题,因为他们已经组成了一个自行其是的小集团。他们还组建了自己的政党[其中最重要的是伊斯兰共和党(IRP),他们之中除了马赫达维·卡尼之外,都是这个政党的创始人],以政党的形式活动;他们还与非正规的革命组织和刚刚形成的民兵组织有联系;他们获得了对各种"慈善"基金会的财政资源控制权,这些基金会接管了被没收的前国王及其恶魔(*taghouti*)般的下属的财产。确实,当巴扎尔甘正在面对一个又一个难以对付的问题的时候,情况已经越来越清楚,在政府之中还有一个相当于候补政府的机构伊斯兰革命委员会在发挥作用。当巴扎尔甘企图维护对现政府机构的控制权,为新政府建立合法基础的时候,教士集团则通过自己的司法和治安机构来反对他的企图。一个接一个重大事件造成的结果是加强了这个派别的势力和它对革命的控制权。185

首先,不论霍梅尼如何信任巴扎尔甘,这种信任已经由于最初几个月其政府的无能而受到了严重的损害。霍梅尼给巴扎尔甘的首要任务是恢复经济和最初由马克思主义分子与城市游击队控制的公共秩序。为了这个目的,霍梅尼呼吁群众停止攻击政府大楼,上交武器和服从巴扎尔甘。城市游击队已经闹到这般田地了,自然不想收手,力图使革命朝着他们预定的目标前进。他们在表示忠于霍梅尼的同时,拒绝了霍梅尼放下武器的呼吁,因为他们必须"捍卫"革命。似乎为了强调这一点,2月14日,有一个组织攻击了位于德黑兰的美国大使馆,短暂地扣留了大使馆人员作为俘虏。即使在霍梅尼把伊朗的马克思主义分子形容为"魔鬼"和"土匪"之后,敢死队仍然能够在德黑兰举行大约有7万名支持者参加的群众集会。他面临的第二个问题,可能也是与第一个有关的问题是,许多重要的革命人物都遭到了大胆的袭击,包括4月23日对伊斯兰革命委员会安全顾问穆罕默德-瓦利·卡拉尼将军,5月1日行刺伊斯兰革命委员会主席阿亚图拉穆塔哈里,据说都是一个神秘恐怖组织福坎所为(这个组织的具体宗旨到现在仍不得而知)。在库尔德人、阿拉伯人、土库曼人居住的地区爆发了民族动乱,俾路支人地区也有小规模的骚乱。例如,2月21日,马哈巴德的库尔德人逊尼派首领谢赫·埃扎丁·侯赛尼正式请求巴扎尔甘为库尔德人成立一个拥有更大自治权的地方政府,并且在5月份和政府军爆发了战斗;3月,胡齐斯坦的阿拉伯人在他们的阿亚图拉穆罕默德·塔赫尔·哈卡尼领导之下进行了要求自治的游行示威,4月和政府军发生了战斗;戈尔甘的土库曼人也组织起来,要求进行广泛的经济改革,承认少数民族的权利,并在3月份和政府军发生了冲突。巴扎尔甘政府比较同情少数民族的要求,阿亚图拉塔列加尼还企图调解库尔德和戈尔甘的矛盾。

正如后来的事态所表明的,霍梅尼宁愿用更强硬的方式处理所有这些问题。早在3月初,他就指责临时政府太"软弱"。如果这样做的目的是鼓励巴扎尔甘更强硬些的话,那它没有起到一点作用。5月5日,由于怀疑军队的忠诚,霍梅尼决定批准建立革命卫队①,这支武装力量有能力用来处理任何对革命的威胁。由伊斯兰革命委员会和伊斯

186

————————————

① 全名是"伊朗伊斯兰革命卫队"。——译者注

兰共和党之中的教士支持的各种军事组织,诸如由哈迪·加法里组织
的"真主党"①、由贝赫扎德·纳巴维组织的"革命圣战者"②都早已准备
好接受改编,其成员主要来自各种社会下层分子和流氓无产者,绝对忠
于霍梅尼,对在革命之中获得的经济利益和社会地位十分依恋。由于
没收财产和建立诸如建设大军和接管前"巴列维基金会"资源的"被压
迫者基金会"之类的机构,伊斯兰革命委员会和伊斯兰共和党才能够招
募和建立这类民兵组织和准军事组织,并且依靠这些组织提供挥舞着
刀枪棍棒的闹事者去进攻他们的政治对手。如今卫队从这些组织的精
英分子之中招收成员,更是获得了和军队相同的制度化地位,成了伊斯
兰革命委员会和伊斯兰共和党极其重要的生力军。他们不是由巴扎尔
甘政府控制,而是由伊斯兰革命委员会控制。他们的组织者主要有拉
夫桑贾尼和哈梅内伊,都是伊斯兰共和党成员。革命卫队迅速出动,残
酷地镇压了持不同意见的民族主义分子。7 月中旬,他们绑架了阿亚
图拉哈卡尼,用机枪扫射并杀死了他的许多支持者。8 月,在霍梅尼的
鼓励之下,他们又在库尔德发动了一场旷日持久的战争。战争期间,他
们草率地当场处决了许多库尔德造反者。其他的活动主要是骚扰和威
胁伊斯兰共和党的政治对手,特别是左派分子、自由主义者和批评教士
统治观念的人。

　　在巴扎尔甘看来,其政府的信誉与是否能够赢得对成百上千个各
种革命"委员会"和法庭的控制权有关。在许多城市之中,他们实际上
已经控制了警察、司法和行政机构的活动。委员会骚扰和逮捕人民,霸
占财产,随意占领建筑物。自 2 月 28 日之后,巴扎尔甘多次抱怨委员
会的干扰已经逼得他的政府几乎要辞职了。霍梅尼的解决方法不是彻
底解散或者整顿这些委员会,而是将其一体化,统归伊斯兰革命委员会
成员、教士马赫达维·卡尼领导;它们因此被有效地制度化了,并且可
以抗拒巴扎尔甘的干预。委员会的权力和独立性得到了委员会自己的

---

① 全名是"伊朗真主党党员组织"。——译者注
② 全名是"伊斯兰革命圣战者组织"。——译者注

民兵组织支持,并且在 4 月中旬得到了夸张性的说明。当时,一个委员
会居然逮捕了阿亚图拉塔列加尼的儿子们。塔列加尼宣布不再过问政
事以抗议"独裁和专制主义"复活的政策,开始隐居。卡里姆·桑贾比
辞去外交部长的职务,以示愤怒。虽然霍梅尼后来和塔列加尼和解了,
但并没有对委员会采取任何约束措施。当月晚些时候,当巴扎尔甘企
图命令正规的警察接管委员会的职务的时候,霍梅尼坚持委员会必须
存在,"直到政府的权威建立起来之前"。由于得到阿亚图拉的明确批
准,他们得以继续活动,集中清洗民兵组织、官僚机构和教育机构。

　　更使巴扎尔甘感到不安的是,一位法学家不经他授权就建立了一
个名副其实的恐怖机构,他却还无力制止。霍梅尼的亲密朋友霍贾特
伊斯兰萨德克·哈尔哈利外表看来异常地轻松快活,有如精灵,但却有
着似乎永不满足的嗜血欲。他领导的德黑兰法庭以草率审判和处决罪
犯创造了革命法律制裁的榜样。在巴扎尔甘政府成立的最初几天内,
最少有 8 名将军被处死,其中不仅包括理所当然的目标,如前萨瓦克头
目(纳赛里),甚至还有巴扎尔甘刚刚任命的空军司令(穆塔马迪)!与
其审判过程的草率、隐秘不同,处决却是非常公开的,而且还会把令人
毛骨悚然的杀人影像资料提供给新闻机构使用,似乎只是为了刺激公
众越来越强烈的复仇欲望。

　　马赫达维·卡尼为处决辩护的理由是,"对于净化社会而言",处决
是必需的。整个 3 月份,全国都按照这种方式进行审判,并且扩大了审
判的范围,从国王统治时期的重要官员到那些"在世界上传播腐化堕落
作风"和"反对真主"的人。在许多审判中,这类非常含糊不清的指控仅
仅是为了雪洗过去的冤仇、侵吞财产或者是处理政敌的借口而已。许
多宗教领袖、律师和人权团体抗议这种审判。3 月 14 日,巴扎尔甘形
容他们的行动是"可耻的"。他向霍梅尼发出呼吁,霍梅尼作出的反应
是发表了许多指示,它们在理论上似乎是支持巴扎尔甘的,但在实际上
却加强了教士的权力。他暂时停止了审判,等待相关管理法令出台。
但是,他确认了伊斯兰革命委员会为审判的监察机构。4 月 5 日,新的
指导原则和司法程序出来之后,赋予这类法庭的权力几乎涵盖了从经

济犯罪一直到侵犯某人"名誉权"的可以想象得到的所有情况。被告在审判之中的权利被严重地剥夺了。这就推动了另一波大规模处决"犯人"的浪潮,包括前首相埃米尔·阿巴斯·胡韦达、空军将领埃米尔·侯赛因·拉比、外交部长阿巴斯·阿里·哈拉巴特里和萨瓦克司令哈桑·帕赫拉万。最后,即使在霍梅尼宣布在 7 月实行全面大赦之后,这个大赦令也不适用于那些被指控杀人、严刑拷打和"抢劫财产"的人,在大多数情况之下这个命令被置之不理了。被杀害的人数没有准确的统计数字,但在 1979 年 2 月—11 月之间,每月平均可能有 100 人。

作为临时政府,巴扎尔甘肩负的最根本的任务是为君主制度结束之后的国家建立法制的基础。整个任务显然需要举行全民公决,以确定政府的形式。随后还必须起草提交取代 1906 年《宪法》的新《宪法》,以便审议批准,并选举、任命新的国家官员。在这方面,巴扎尔甘再次发现他不得不同伊斯兰革命委员会协同工作,并按照霍梅尼的指示工作,自己几乎没有自主权。霍梅尼早就确定了全民公决只能在投票赞成还是反对建立"伊斯兰共和国"以取代君主制度之间作出选择。当其他各种团体建议选择表示将赋予人民更大权利的"伊斯兰民主共和国"的时候,霍梅尼对此根本置之不理,说"民主"(与"共和国"不同!)是西方的观念,而不是伊斯兰教的观念。3 月 30 日—31 日,投票分两天举行。用不着奇怪,结果是 98%、超过 2 000 万投票者同意伊朗将成为伊斯兰共和国。

霍梅尼、伊斯兰革命委员会、伊斯兰共和党和民兵组织之中的教士非常清楚,这次投票不仅牵涉一个名字的问题,他们把它看成是支持他们在各个方面对伊朗实行彻底伊斯兰化纲领的绝好证据。5 月,霍梅尼声称那些企图"脱离伊斯兰教的人"是革命的敌人,就像那些不相信教士集团应为政治领袖的人一样。他鼓励接管银行、保险公司、工厂和其他公司,以增加"被压迫者基金会"的资金来源。他还要求扩大伊斯兰革命委员会对伊朗国家石油公司、广播电台和电视台的控制权。7 月 23 日,他下令禁止播放音乐。他下令对要求自治的少数民族重新恢复残酷镇压。他公开批评像《未来者》之类的报纸(因为它们刊登了他不喜欢的文章),把它们说成是"败坏人心"和"非伊斯兰的"报纸。8月,《新闻出版法》颁布,从革命卫队占领《未来者》报社开始,有40多家报社被关闭。革命卫队还攻击敢死队、圣战者和图德党的办公室。正如霍梅尼发誓所说的,他"只消几个小时"就可以把左派分子扔进"肮脏的死亡之地"。当这些真相开始大白于天下的时候,革命的激情消失了,反抗霍梅尼的声音和行动也逐渐可以听到了,可惜已经为时太晚了。5月,阿亚图拉沙里亚特马达里公开质疑让教士参与政治活动是否明智。6月,赫达亚特-安拉·马丁·达夫塔里(摩萨台之孙)及其民族民主阵线批评霍梅尼的镇压政策。9月6日,连阿亚图拉塔列加尼,一位地位显赫到足可令人信服地取代霍梅尼的重要人物也再次警告宗教专制主义正在建立的危险。三天之后,他死于许多人认为非常可疑的情况之下(在他的葬礼上,许多送葬者指控贝赫什提毒死了他,结果遭到革命卫队的攻击)。而这场酝酿中的政治风暴的中心,就是新《宪法》的颁布。

宪法的起草

为伊斯兰共和国起草宪法的工作至少在1979年1月初的时候就已经开始了。4月28日,征求意见的文本公布了。随后在6月18日公布了修改后的宪法草案。它和1906年《宪法》没有明显的不同,教士集团的作用非常有限。令人奇怪的是,霍梅尼没有表示反对,并且建议把它作为宪法草案立即交付全民公决。这件事也成了他不想把他的法基赫统治理论付诸实践的证据。很可能,根据其典型的、理想化的设想,"真主的政府"现在已经由他自己、政府事实上的监护人建立了,已经用不着担心像《宪法》这类繁琐的细节问题了。

无论如何,霍梅尼几乎没有找到更好的计策给教士集团提供一个机会来影响这个过程:因为伊朗发生的许多重大事件早已经引起了世俗主义者、左派分子、自由主义者和少数民族,以及寻求限制政府之中宗教势力影响的人的高度怀疑。他们由阿亚图拉沙里亚特马达里领头,坚持《宪法》必须由人民的代表,而不能由秘密的、内部选举出来的委员会来起草。在经过激烈的争论之后,霍梅尼和沙里亚特马达里一致同意《宪法》草案将由 8 月 23 日选举出来的 73 名专家委员会成员审查。这件事情造成了两个重大后果。首先,霍梅尼认识到反对法基赫统治思想的力量很强,《宪法》不可能把它作为一个既定事实接受,更不可能把它奉为神圣。因此,他呼吁教士集团在审议之中积极发挥作用。第二,这又给现在已经组织良好、获得了广泛支持、非常善于制造混乱和恐吓气氛的伊斯兰共和党一个机会来控制专家委员会(以投票率极低为特色),使它获得了五十多个席位。在阿亚图拉贝赫什提严厉而专横的领导下,专家委员会迅速大幅修改了《宪法》草案,把霍梅尼对伊斯兰政府的核心概念都加了进去,包括教士将起到决定性的直接作用,以及成立拥有全权的法基赫统治。争论非常激烈。但是,由于成功地使用转移注意力的巧妙战术,制造了美国大使馆人质危机,于是《宪法》争论的结果和最终获批就都成了理所当然的事了。

人质危机

1979 年 10 月 22 日,在经过各官僚机构间的角力之后,美国准许当时身患癌症即将死亡的前国王进入美国接受治疗。这个决定激起了伊朗的强烈抗议,霍梅尼愤怒地发动了游行示威。11 月 4 日,一群与德黑兰大学伊斯兰协会关系密切、自称为"伊玛目路线追随者"的学生,由霍贾特伊斯兰穆罕默德·穆萨维·霍伊尼哈带领,趁势攻打并占领了在德黑兰的美国大使馆,63 名大使馆人员被扣作人质。另外 3 人,包括代办布鲁斯·兰根当时正在外交部参加会晤,也被当场扣押。学生们发誓如果不把国王送回伊朗接受审判,他们绝不撤出大使馆和释放大使馆人员(显然是为了巧妙地利用美国的政治舆论,人质之中的 13 名黑人和若干妇女在 11 月 20 日被释放了)。

最初大家都以为这伙学生占领大使馆是一次自发的行动,是出乎所有人意料之外的突发事件。但是根据许多方面来判断,它显然是一个经过精心策划、计划周密的行动。奉命保卫大使馆建筑物的革命卫队当时不知道到哪里去了。学生们迅速而有效地占领了大使馆。他们

190

191

在一座不熟悉的建筑物中能够非常准确地知道在什么地方去可以抢到
文件,尽管大使馆人员匆匆忙忙地销毁了文件(他们还是作出了疯狂的
决定,把被撕碎的纸张一片一片地拼凑起来,有选择地使用其中一些资
料来败坏反对派的名声)。他们的目的就是要使巴扎尔甘政府难堪,把
伊美关系正常化的一切努力都扼杀在萌芽状态之中。霍梅尼反复地、
强烈地呼吁采取战斗的行动反对美国和伊朗的"亲美腐朽思想"。政府
的媒体还在忙于报道 11 月 2 日巴扎尔甘、亚兹迪和兹比格纽·布热津
斯基在阿尔及尔会谈的情况。为了不使自己被视为美国的走狗,这就
使巴扎尔甘很难调停人质问题。

为了保住自己的地位,巴扎尔甘徒劳无功地单方面宣布废除了伊
美军事条约,美国的回应则是冻结伊朗在美国银行的资金。但过了几
天,情况已经非常明显,巴扎尔甘没有得到霍梅尼的支持来对付这些
学生。11 月 6 日,他和他的政府终于失望,集体辞职。事实是,霍梅
尼、贝赫什提和蒙塔泽里已经表扬了学生的行动,而霍梅尼之子艾哈
迈德已经翻过大使馆围墙,加入了扣押人质者的队伍。这就使人们
以为这次行动可能仅仅是个人行动,而不是国家行动的想法完全破
灭了。

在新闻媒体集中的、前所未有的、无情的曝光之下,人质和有关人
质命运的情景剧一直上演了 444 天,成为最吸引公众关心的问题,也激
起了伊美两国政府和民众激烈的情绪反应。在华盛顿、其他国家的首
都和联合国,曾经就诸如美国是否应当驱逐国王或者把他送回伊朗接
受审判,美国是否应当为他们过去的所谓的罪行表示"谢罪",或者是否
应当和绑架人质者做些什么交易,进行了无休无止的争论。其中没有
一个问题与占领大使馆的原因或危机的解决有多少关系。霍梅尼无疑
对美国充满了怀疑;他曾经指责美国中央情报局是福坎暗杀活动的后
台,以为美国正在鼓励少数民族分离主义活动,深信美国正在策划发动
政变。他完全是从政治打算出发,支持扣押人质。实际上,正如历史学
家鲁霍拉·拉马赞尼所指出的那样,这只是伊朗人利用外国人来解决
国内问题的又一个例子。

捍卫宪法

10月14日,议会投票通过了包括法基赫统治内容的《宪法》,可以肯定,对法基赫统治内容的加入必然有过激烈的争论。巴扎尔甘的副总理、愤怒的阿巴斯·埃米尔·恩蒂扎姆早就敦促巴扎尔甘和内阁大多数成员呼吁霍梅尼停止专家委员会的活动,因为它已经完成了自己的使命。霍梅尼立刻拒绝了这个要求。11月15日,专家委员会结束了它的工作,投票和批准宪法也已经列入了12月2日的议事日程。接下来要做的事情就是选举总统和议会。这些又将造成广泛的争论、政治分歧和难以预料的结果。一个反美浪潮就轻而易举地把巴扎尔甘政府打倒了,并且使公众的注意力从对新《宪法》的争论转移到了对美国在伊朗的罪行(不管是真的还是臆造的)问题上,清除了伊朗政治舞台上的许多批评家和他们的对手。

总之,霍梅尼及其追随者利用逐步扩大进攻库尔德人的战争,然后又利用与"大撒旦"寻衅闹事的办法,巧妙地使人们产生了一种印象,似乎伊斯兰共和国已经被包围了,必须抛弃在宪法问题上的明显分歧。在12月全民公决的时候,包括巴扎尔甘在内的绝大多数政治领袖已经决定参加投票,不管是由于毫无骨气,或者是陷入人质危机造成的错觉中,他们觉得自己首先应投身正在进行的"反对帝国主义"斗争中。绝大多数批评家已经被逼得要么躲藏起来,要么流亡海外。一些著名的政治领袖如阿亚图拉穆塔哈里和塔列加尼本可以发挥温和的影响,但他们不是被暗杀就是去世了。领导反对教士统治和激进派的重任,因此落在了意志薄弱、极其厌恶政治的阿亚图拉穆罕默德·卡齐姆·沙里亚特马达里不大可靠的双肩上。

沙里亚特马达里是其导师波鲁吉尔迪的继承人之一,在阿塞拜疆省的突厥族人之中有相当多的支持者。他得到伊斯兰共和党的政治对手穆斯林民族共和党(MPRP)的支持,还有哈桑·纳齐赫(他曾经抵制贝赫什提侵占伊朗国家石油公司的企图)和拉赫马特-安拉·穆卡丹·马拉盖伊(审议大会之中教士统治理论最直言不讳的批评者)的支持。

193

沙里亚特马达里一贯支持革命,但他企图使革命控制在一定的范围之内,以避免混乱和急剧的变革。他曾经反对草率地审判和处决犯人,他支持自由地表达意见和维护少数民族的权利,他坚持认为在政府中,教士集团最多只能起一种非常有限的、但又必不可少的顾问作用。在全民公决之前他指出,在《宪法》许诺的人民主权和它赋予法基赫统治的独裁权利之间存在着本质的矛盾,表明自己将抵制全民公决。虽然这个决定肯定对投票者产生了影响,但它对投票结果并没有产生太大的影响。大约有1 600万人参加了投票,99.5%的投票者支持《宪法》。

在准备即将到来的总统和议会选举的时候,教士集团开始清算他们的对手。12月5日,一群亲霍梅尼的暴徒在库姆袭击了前去拜访沙里亚特马达里的阿塞拜疆人(根据许多报道说,这次暴乱是为了掩护暗杀沙里亚特马达里的行动)。后来,霍梅尼会见了沙里亚特马达里,并且谴责了反对沙里亚特马达里的"阴谋",但这对形势并没有产生明显的影响。接下来几天,大不里士爆发了激烈的战斗,沙里亚特马达里的支持者占领了电台和政府大楼。因为抵制贝赫什提侵占国家石油公司而被霍梅尼免除了石油公司领导职务的哈桑·纳齐赫,呼吁阿塞拜疆人支持反对新宪法"专制政治"的斗争。考虑到阿塞拜疆省的重要性及其激进主义的长期历史,这是一个严重的威胁。霍梅尼以典型的方式处理了这个事件:安抚性的言论、妥协性的表示加上激烈地谴责"反伊斯兰统治的叛乱"、残暴地攻击沙里亚特马达里的重要支持者、怂恿暴徒通过街头暴乱的方式表达"人民的意愿"。

12月13日,一个"和解"大会达成了妥协的方案。根据这个妥协方案,沙里亚特马达里保证更好地控制阿塞拜疆事件,承诺讨论修改《宪法》。当霍梅尼拒绝承认沙里亚特马达里提名的参加宪法委员会的代表纳齐赫和穆卡丹·马拉盖伊,并且开始声称阿塞拜疆事件是美国精心策划的时候,这种和解很快就破裂了。占领美国大使馆的学生又故伎重演,炮制了一份文件证明穆卡丹·马拉盖伊曾经和美国官员会面,因此必定是反革命的代理人。政府发出了逮捕他的命令。暴乱性的冲突完全不符合沙里亚特马达里的性格。1月5日,由于革命卫队

194

一直骚扰他在库姆的住宅,他犯了一个致命性的错误,发表声明宣布脱离霍梅尼派要求解散的穆斯林民族共和党。霍梅尼立刻发现,并且猛烈进攻他的弱点。霍梅尼派在成功地把阿塞拜疆省的反对派和反美斗争联系在一起之后,又利用穆哈兰节(还有由于苏联入侵阿富汗、联合国秘书长库特·瓦尔德海姆为解决人质危机访问伊朗而造成的混乱局面)的狂热情绪,集中军事力量在 1 月 7 日—12 日竭尽全力进攻沙里亚特马达里在库姆和阿塞拜疆的支持者。当革命卫队占领大不里士穆斯林民族共和党的党部,处决了 11 名该党的支持者之后,这场斗争实际上已经结束了。

总统选举

在新《宪法》获得批准,法基赫统治和教士统治胜利确立之后,现在所有的事情只剩下举行总统和议会选举了。伊斯兰共和党由于全力对付沙里亚特马达里,对 1980 年 1 月 25 日的总统选举并没有做好充分的准备。霍梅尼已经表示支持《宪法》第 110 条,参加选举者的必备条件是候选人不得反对法基赫统治。巴扎尔甘和其他观点相同的候选人拒绝参选,显然是害怕自己会成为占据美国大使馆的好斗学生攻击的对象,他们已经用自己掌握的秘密资料攻击了穆卡丹·马拉盖伊。霍梅尼也取消了许多曾经声明抵制宪法投票的候选人资格,被取消候选人资格的绝大多数是左派分子(最著名的是圣战者组织领袖马苏德·拉贾维)。这就为伊斯兰共和党的胜利铺平了道路。但是,还有两个意想不到的障碍:首先,霍梅尼禁止教士参加竞选,这就使可能获得胜利的贝赫什提退出了竞选。就像霍梅尼要求将《宪法》草案立即提交批准一样,这也是一件出人意料之外的事情。他的动机很难解释。但后来的事实证明,这是一招非常高明的妙棋。这就意味着伊斯兰共和党不得不另选代表,贾拉勒丁·法尔西作为候选人参加了竞选。后来在选举过程之中才发现他的公民身份有问题,因为他的父亲是阿富汗人,他也不得不退场了。替代他的是哈桑·哈比比,他实际上是一个无名之辈,也没有时间有效地组织竞选活动参加选战。

195

　　因此,只剩下了其他两位重要的候选人:艾哈迈德·迈丹尼和阿卜杜勒-哈桑·巴尼·萨德尔。迈丹尼得到巴扎尔甘和民族阵线的支持,而这自然也使得与之对立的左派分子和其他一些对手暂时团结起来支持巴尼·萨德尔。巴尼·萨德尔脾气古怪,难以捉摸,他是一位阿亚图拉的儿子,在法国生活了相当长时间。他的重要著作探讨了"伊斯兰经济"的概念,它是社会主义者的理想世界和阿里·沙里亚提伊斯兰象征主义的折中主义大杂烩,因而使他成为圣战者之类组织可以接受的人物。而他的家庭背景又使他可以进入霍梅尼在巴黎的顾问圈子。据说,霍梅尼非常喜欢他,因为在这些人之中,只有他陪伴着霍梅尼从巴黎回到伊朗,并被任命为伊斯兰革命委员会成员。正如期望的那样,他以压倒性的优势赢得了总统选举,获得了75%的选票(以1 000多万张选票对迈丹尼的200万、哈比比不足100万的选票)。2月4日,霍梅尼确认他为总统。2月19日,又任命他为军队总司令。

　　3月,在伊朗新的一年即将开始之际,由于新政府的建立,霍梅尼充满信心地宣布它将是一个"秩序和安全之年"。这是他少数最不准确的预言之一。

第九章 霍梅尼时代

1980 年春天，伊斯兰共和国的建立、新《宪法》的通过和总统选举的结束，多少使人产生了一种感觉，以为革命将要平静下来，进入"一个秩序和安全之年"。但是，各种事态的发展却与此大相径庭。伊朗已经进入了一场持续 10 年之久动乱和斗争的起点，它自始至终就是由霍梅尼这样一位铁石心肠的人物主导的。

巴尼·萨德尔总统时期

巴尼·萨德尔竞选的胜利激起了人们对他的巨大期望，他自己对此也是踌躇满志。不久，他就提出要结束人质危机，维护自己对革命卫队和政府各个部门的控制权，解决少数民族问题，进行广泛的社会、经济改革。但实际上，他的处境与巴扎尔甘极为相似。由于库尔德和人质问题，他面临许多需要通过妥协才能解决的棘手问题。如果他失败了，他将名誉扫地；如果他胜利了，也可以用来攻击他。他是一位非神职人员的领袖，不可能期望控制教士的力量。况且，伊斯兰共和党已经把巴尼·萨德尔以如此大的差距战胜他们自己的候选人当选总统视为奇耻大辱，决定要让他尝尝厉害。不管霍梅尼可能多么喜欢他，霍梅尼一再没能有力地支持巴尼·萨德尔，像对待巴扎尔甘一样，他发表的许多言论反而动摇了萨德尔的地位。

　　随着时间的推移,巴尼·萨德尔能力有限已经显而易见。随着《宪法》的通过和伊斯兰新政府建立,人质问题的重要性已经迅速降低,并且成了政府的一个沉重的负担。对于巴尼·萨德尔及其外交部长萨德克·戈特布扎德而言,关键是如何既能使人质获得释放,又不被别人视为是软弱,或者遭到其他政治对手的暗算。另一方面,卡特政府也已经准备尽可能地对伊朗人作出保全面子的让步,没有表现出十足的姑息态度。1980年2月6日,巴尼·萨德尔开始批评这些学生"孩子气",企图建立一个"政府之中的政府"。2月14日,他满怀信心地说,只要美国答应某些条件,人质可以立即释放。但是在2月23日,霍梅尼决定亲自掌握事态的发展,指示人质问题要等到议会组成之后,由议会来决定如何处理。而议会的选举将要等到5月才能结束。3月,巴尼·萨德尔企图将人质交由伊斯兰革命委员会监管。但是,学生之中的一个强硬派别拒绝交出人质,也拒绝允许联合国代表探视人质。霍梅尼不仅再一次没有支持巴尼·萨德尔,而且清楚地表明他希望拖延解决人质危机,直到他确定了解决问题的合适时间为止。

　　由于达成和解的希望受挫,卡特政府受到了无法承受的各方政治压力,不得不采取行动。无论是国王于1979年12月15日离开美国前往巴拿马,然后又在1980年3月23日去了埃及,也无论是戈特布扎德与美国官员精心设计的各种手段,都丝毫无助于解决危机问题。4月7日,美国作出决定与伊朗正式断绝一切外交关系。4月17日,美国对伊朗进行经济封锁。接着在4月24日深夜,美国又通过秘密的军事行动进行了营救人质的努力。这次行动以彻底失败而告终:一架肩负重要任务的直升机出了故障;一辆伊朗的公共汽车经过降落地点附近的地方,行动败露了;一架运输机和另一架直升机相撞,造成了巨大的爆炸,牺牲了8名美国军人。这次营救计划看来是一次为了保住面子的、孤注一掷的草率计划。它造成的结果是差点使人质真正丢掉了性命。但是在伊朗,营救行动这件事情被怀疑是美国与保王派、军队之中的亲美分子合作的一次政变企图,它至少得到伊朗空军之中某些人的支持。在那种情况之下,这些都是合情合理的想法。不过,这个拙劣的计划和其灾难性的后果注定了它是要失败的。这次失败是送给霍梅尼的一个珍贵礼物：它造成了一种怀疑的气氛，霍梅尼派因此得以对军队和官僚机构进行更彻底的清洗，并且建立了自己的安全机构。对于美国而言，它大概就只剩下了一种选择，这就是等待伊朗的政治气候出现变化。

对于巴尼·萨德尔而言，人质危机并不是唯一的政治挫折。他在维护自己对革命卫队、法庭、民兵组织和各种基金会的控制权方面做得和巴扎尔甘也差不多。他们或者是继续自行其是，或者是落入了像贝赫什提和马赫达维·卡尼这样的强硬派教士手中。意味深长的是，他提名了一位革命卫队司令，这是他作为军队总司令能够自行任命的几个职位之一，但还没有过 1 个月，这位司令就被一位受伊斯兰共和党支配的人士取代了。国家新闻机构被占领美国大使馆的学生的宗教首领穆罕默德·霍伊尼哈控制了，他利用自己的有利地位不断有选择地泄露大使馆的文件，以败坏伊斯兰共和党对手的名声。

就像巴扎尔甘遇到的情况一样，巴尼·萨德尔使用与其对手合作，或者是把他们吸收到政府之中的办法来笼络他们，有时产生了相反的、灾难性的后果。他最严重的一个错误是呼吁哈尔哈利领导镇压毒品交易活动，哈尔哈利和他的同伙很快就超出权限，掀起了又一波可怕的处决浪潮。从前政府官员到卖淫者、从轻微的罪犯到政治对手，有几百人成了牺牲品。4 月 18 日，在霍梅尼谴责高等学校深受西方影响之后，真主党和其他帮派分子进攻全国所有的大学。巴尼·萨德尔显然想控制这个运动，加入了 4 月 22 日占领德黑兰大学的行动。他的举动只不过是成功地败坏了自己的名声，帮助了"文化革命"的进行，使全国的大学关闭了两年多。整个 6 月和 7 月，不顾巴尼·萨德尔的竭力阻止，对政府机构和军队的清洗继续进行着。

在议会选举结束之后，巴尼·萨德尔的情况更加糟糕了。与他关系密切的候选人只赢得了几个席位，一些潜在的盟友或者被禁止参选，或者在当选之后被取消了资格，或者干脆就害怕前往眼下的德黑兰和被选进议会。甚至连霍梅尼的哥哥也认为选举受到了操纵。但是，霍

200

梅尼本人宣布选举是公正的,并批准了选举的结果。5 月 28 日,新议会召开。7 月 20 日,在完成了组织工作之后,议会选举了伊斯兰共和党主要成员哈希米·拉夫桑贾尼为议会议长。

议会下一步工作将是批准巴尼·萨德尔挑选的总理。但是,议会没有批准他提名的候选人,反而强迫他接受了一位让他讨厌的人物穆罕默德-阿里·拉贾伊担任此职。对巴尼·萨德尔而言,这是一个极端无礼的蓄意侮辱。这清楚地表明了伊斯兰共和党的本性。拉贾伊出自加兹温的一个贫困家庭,他可以形象地称为职业恶棍,能够不折不扣地执行其伊斯兰共和党主子交给的任何卑鄙勾当。在革命之后,他因为指挥自己的一伙武装匪徒洗劫像德黑兰的美国学校之类机构,并且将其所得慷慨地分配给穷人而一举成名。靠着这些成绩和一张无效的、以前的高级中学教师证书,使他得以钻营到了教育部长的职务。他在教育部时的"壮举"包括,下达令教育系统中男女学生分开上课的政策,修改全部的课程,修改课本中任何可能使学生对外面的世界感兴趣的"非伊斯兰"内容,并解雇了 2 万名教师。他是伊斯兰共和党赖以生存的权力基础的完美象征,揭示了伊斯兰共和党常用的手段,以及它如何利用高官厚爵和物质奖励来犒劳这些社会之中的卑劣分子对他们的支持。巴尼·萨德尔和拉贾伊几乎在每个问题上都有争论,甚至无法在任命内阁各部长上达成一致。

到了秋季的时候,由于伊斯兰共和党已经控制了议会和总理职务,美国人质对于扣押他们的人来说已经失去了利用的价值,并且成了他们的包袱。在美国那次失败的营救活动之后,人质已经被分散到全国各地,扣押环境有时非常恶劣,要再拿他们来做文章可能会给自己惹来麻烦,如果有一个人死了或者被杀死了,就有可能引起军事报复的风险。7 月 27 日,穆罕默德-礼萨沙在开罗去世,使得引渡和审判他的要求都变得毫无意义了。伊朗人已经认识到,并且充分利用了卡特的软弱性。但是,他们丝毫无意和卡特可能的继任者里根发生冲突。伊拉克战争的爆发,也是结束危机的另一个动机。最重要的是,扣押人质事件的主要参与者知道,他们从扣押人质之中可以捞到的所有政治利益都已经捞到了。1980 年 9 月,伊斯兰共和党已经做好准备,就释放人质问题开始进行认真地讨价还价。

9 月 12 日,霍梅尼宣布了释放人质的四个条件,这些条件与先前的条件相比显得非常有节制:把国王的财产归还伊朗、取消美国对伊朗的财产要求、解除对伊朗资产的冻结、保证不干涉伊朗的内政。由于阿尔及利亚的居间调停,释放人质的谈判开始进行。巴尼·萨德尔显然被排除在外,现在由拉贾伊及国务部长贝赫扎德·纳巴维负责谈判。迅速解决问题的主要障碍,看来是伊斯兰共和党铁杆分子极其藐视卡特,因为他们希望体验他在大选之中遭到失败的滋味。也有一些政客希望给拉贾伊和纳巴维制造难题,已经准备好要拖延谈判过程。可是,这种做法使他们在谈判之中的地位迅速降低了。直到 1981 年 1 月 19 日,关于人质问题的阿尔及尔协议才被通过。这是一个非常复杂的解决办法。但重要的是,人质将要被释放。作为通常外交谈判的交换条件,美国不得干涉伊朗的内政。此外,美国将解除对伊朗资产的冻结,但必须是在扣除应当偿还美国和国际对伊朗提出的 77 亿美元的财产要求之后。因此,伊朗实际上只得到 23 亿美元。作为给倒霉的卡特最后一个侮辱,人质一直拖到 1981 年 1 月 20 日罗纳德·里根总统举行就职典礼的时刻才释放。

按照他们自己的设想,人质危机可以说是成功的。它既为伊斯兰共和党的专制体制提供了保护伞,又用不正当的手法从左派对手那里窃取了反对帝国主义的美名。但在其他方面,它对伊朗造成了极端相反的结果。不论反复揭露美国人的伤疤可以使某些人感到多么开心,它对鼓励各地的伊斯兰革命并没有起到多大的帮助。对于这个国家而言,伊朗在世界事务之中变得日益孤立。许多穆斯林对这个残暴的、不负责任的政府感到震惊。同时,这场危机实际上确保了罗纳德·里根竞选的成功,并且在唤醒美国人民利用自己的实力追求自己利益的坚定意志方面创造了奇迹。它既加深了伊朗人对美国的厌恶感,也使美国政府很难向美国公众提出和伊朗恢复友好关系的任何想法。结果,伊朗除了收回了自己的一点儿钱财之外,它的努力没有取得任何成果。

22 年之后,对于这个事件的回忆,仍然是改善两国关系的主要障碍。

两伊战争和巴尼·萨德尔的垮台

1980 年 9 月 22 日,伊拉克军队以一场计划周密但执行糟糕的进攻轰炸了伊朗的飞机场,从北方的库尔德开始,直到南方的胡齐斯坦,沿着防卫疏松的边界多点入侵伊朗。一场充满仇恨的战争正式开始了。这场战争几乎持续了 8 年,使几十万人丧失了生命,耗费了几百亿美元。

从表面上看,伊拉克发动战争是因为伊朗违背了 1975 年《阿尔及尔协议》的某些条款,该条约已经承认以阿拉伯河主航道为两国边界。伊拉克一直对这个条约怀恨在心,它接受这个条约的代价是换取穆罕默德-礼萨沙停止支持伊拉克库尔德叛乱分子。在革命之后不久(1979 年 10 月),伊拉克就发出了修改协议的呼声。9 月 17 日,伊拉克总统萨达姆·侯赛因宣布由于伊朗不断干涉伊拉克内政,该条约已经被废除。把这场战争说成是牵涉到边界问题的国际争端,实际上使战争具有了它本不应具有的某种合法性。边界问题最多只是其他更深层次的问题的借口。从某种意义上来说,两国间的这场冲突不过是美索不达米亚和伊朗高原复杂关系的另一种表现。这种复杂关系和导致的冲突自古就有,只是这场战争显得没什么必要。战争的爆发和延长主要是因为双方的恐惧、思想意识形态、个人的情感和政治上的极端机会主义,还有外部大国火上浇油的、简直是莫名其妙的掺和。

许多共同的利害关系本来可能或应该使革命后的伊朗和伊拉克紧密地联系在一起:反对帝国主义,仇视以色列,最大限度地扩大石油收益的需要,以及希望成为强大、先进和重要国家的愿望。如果是反对国王的左派分子掌权,许多人认为他们有这种可能性。但在坚定的世俗主义、民族主义和复兴社会党治下的伊拉克和伊斯兰教的伊朗之间就不大有可能存在和谐关系。整个 1980 年,随着两伊之间大量的边界冲突,双方在宣传战之中不断指责对方支持自己的敌人,紧张局势就升级了。

203

在伊朗《宪法》中,在全世界传播伊斯兰革命的责任被神圣化了。萨达姆·侯赛因从内心深处担心伊朗会利用在伊拉克什叶派居民之中制造动乱的办法来输出伊朗革命。伊拉克什叶派最高领袖之一、阿亚图拉穆罕默德-巴吉尔·萨德尔和霍梅尼关系密切,并且公开祝贺霍梅尼革命成功。1980 年 4 月,在伊拉克出现暗杀塔里克·阿齐兹和另外一些复兴社会党官员的阴谋之后,萨达姆以驱逐几千名伊朗侨民,围剿和屠杀大量的什叶派民兵组织成员,处决萨德尔作为报复。同时,聚集在伊朗石油资源丰富的胡齐斯坦的少数民族阿拉伯人开始出现动乱,他们在受到严厉的压抑之后又重新燃起了要求该省获得"自由"和与伟大的阿拉伯祖国重新统一的期望。而此时,复兴社会党内部文官和武将之间长期存在摩擦,而萨达姆总是喜欢让军队(这是任何有望成功地挑战其统治的唯一源头)忙于处理各种其他事务。由于伊朗与美国的军事联系已经被破坏,由于人质危机和革命的恐怖运动使伊朗在国际上日益孤立,由于军队遭到严厉的清洗并受到怀疑,以及伊朗国内出现了明显的冲突苗头,这似乎成了攻击伊朗的大好时机。

不过,如果伊拉克人认为伊朗将会被摧毁,或者它可以取得一些小的、迅速和廉价的胜利,那他们就大错特错了。在战争的最初几天,伊拉克占领了伊朗几座城市,包围或用炮火轰击了其他的城市。但是,伊朗海军和空军回击伊拉克目标取得了出乎意料的成功。9 月 28 日,当联合国安理会呼吁停火的时候,伊拉克人认为他们打够了,表明愿意尊重停火,但伊朗断然拒绝停火。不论是胡齐斯坦的阿拉伯人还是库尔德人,都没有任何想要帮助伊拉克人的表示;从伊朗各地赶来的志愿者迅速奔赴前线支援;对伊朗军队的清洗也停止了。10 月 13 日,霍梅尼任命巴尼·萨德尔为最高国防委员会首脑。萨达姆加强了对这场战争的宣传,把它形容为又一场卡迪西亚战役,形容为解放阿拉伯人的领土、收复巴勒斯坦的第一步,以及为了保护沙特阿拉伯、科威特和其他海湾国家,反对伊朗冒险活动而进行的战争。他们的军队又取得了几次较大的胜利,主要是占领了霍拉姆沙赫尔城,占据了大约 1 万平方英里伊朗的领土,但也付出了巨大的代价。不过,他们在 11 月份夺取诸

204

如苏桑盖尔德和迪兹富勒这些战略目标的战争中遭到了失败。1 月,伊朗人得以在胡齐斯坦发动反攻,但也没有取得多少成绩。随着冬天和雨季的来临,战争实际上进入了相持阶段。

在战争的初期阶段,伊朗领导人因战争而引起的恐慌情绪促成了非常罕见的政治合作。但是,这个时期为时不长。伊斯兰共和党最担心的就是巴尼·萨德尔可能会利用军事上的某些胜利重整职业军队,作为破坏他们控制革命运动的工具。不久后局势就非常清楚了,严密的防卫力量不会垮台,伊拉克人将会被阻挡住。巴尼·萨德尔和拉贾伊又开始了争吵。实际上,巴尼·萨德尔想把自己塑造成充满活力的、果断的战时领导人,并且企图与反伊斯兰共和党的势力结盟。10 月,他恳求霍梅尼罢免拉贾伊和他的内阁,因为他们暗中破坏军事行动。他花了很多时间在前线视察军队;他帮助制定了 1981 年不成功的反攻计划;他嘲笑拉贾伊和教士集团缺乏经验,干预军事行动;他指责伊斯兰共和党官员(主要有贝赫什提、拉夫桑贾尼、哈梅内伊和纳巴维)贪赃枉法,特别是在购买军火的交易之中。他批评释放美国人质达成的交易远不如他之前本可以达成的好,并暗示它等于"严重的叛国罪行";他发表谈话和鼓动报刊发表文章追究伊斯兰共和党的残暴和镇压责任;他指责司法和监狱机构滥施酷刑。伊斯兰共和党方面也进行了迎头回击,指责巴尼·萨德尔是个无能之辈,正是革命卫队而不是巴尼·萨德尔指挥的正规军承担了沉重的军事任务;指责巴尼·萨德尔的言论暴露了国家机密;就在巴尼·萨德尔在电视台激烈批评伊斯兰共和党之后一天,共和党逮捕了巴尼·萨德尔从前的同事戈特布扎德;对民族阵线的余党进行严厉的镇压;放纵民兵组织破坏反对派的集会;洗劫持批评态度的报社办公室;指责巴尼·萨德尔的支持者反对霍梅尼本人。双方都力求取得霍梅尼的支持;霍梅尼发表过几次声明,试图解决争端。2 月 14 日,他恳求双方停止"蝎子般的"恶斗。

3 月,在霍梅尼召开的和解会议结束之后,伊斯兰共和党开始使用他们控制的司法、民兵、新闻媒体和议会的所有力量攻击巴尼·萨德尔。伊斯兰共和党对巴尼·萨德尔操纵德黑兰大学校园内的游行示威活动进行了调查,暗示巴尼·萨德尔应当对违背 3 月和解会议精神的"煽动性讲话"承担责任。伊斯兰共和党禁止他前往广播电台、电视台发表演说,查封了曾经支持过他的报社。伊斯兰共和党最有效的策略是推动议会通过法律剥夺巴尼·萨德尔的宪法权力,然后把他说成是拒绝接受议会法令的暴君。这个策略对霍梅尼产生了预期的效果:5 月 27 日,他(代表所有的人民!)警告巴尼·萨德尔违抗议会,正在建立"个人崇拜"。6 月 10 日,他免去了巴尼·萨德尔的总司令职务。巴尼·萨德尔显然相信军队和民众将会支持他,但情况正好相反,军队再次声明不干预政治。圣战者和民族阵线企图组织游行示威支持巴尼·萨德尔,但被真主党匪徒破坏了。6 月 12 日前后,巴尼·萨德尔躲藏起来了。6 月 16 日,议会决定开始进入弹劾过程。6 月 21 日,议会宣布巴尼·萨德尔没有资格统治国家,下令逮捕他。第二天,霍梅尼正式免去巴尼·萨德尔的总统职务。巴尼·萨德尔躲过了严密的追捕计划出逃,并且在 7 月 29 日和圣战者组织首领马苏德·拉贾维一起到达巴黎。

伊斯兰共和党掌权时期

在巴尼·萨德尔垮台之后的几个月时间,伊朗人似乎在互相搏斗,而不是在和侵占他们领土的伊拉克人作战。面对着伊斯兰共和党不可避免要上台执政,自己的支持者被捕和被杀的人数越来越多的局面,巴尼·萨德尔和拉贾维的军事力量合并成了民族抵抗委员会,主要是号召支持者进行反抗伊斯兰共和党的斗争。6 月 28 日,伊斯兰共和党召集党的领导人举行极端保密的会议,决定接替巴尼·萨德尔的人选和其他政治战略问题。正在会议进行之时,一枚炸弹在毗邻的建筑物中爆炸了,造成了会议大厅的屋顶倒塌,至少有 72 名伊斯兰共和党的官员丧生,包括几名议会的议员、内阁部长、党的书记和领袖人物阿亚图拉贝赫什提。这次爆炸立刻就被归罪于圣战者组织,尽管人们对一件同时发生的怪事还有许多的怀疑。这就是在爆炸发生之前几分钟,拉夫桑贾尼和拉贾伊离开了会议大厅,还有几位反对贝赫什提政策的议员也没有参加会议。

206

虽然党的领导层遭受了重大的伤亡,但伊斯兰共和党努力进行了改组,由阿亚图拉穆萨维·阿尔达比利接替了贝赫什提司法部首领的职务,阿亚图拉巴霍纳尔成了党的领袖。7月9日,伊斯兰共和党提名拉贾伊为自己的总统候选人,并让他在7月26日成功当选总统;为此,伊斯兰共和党耍尽一切花招,包括降低投票者的年龄,使某些候选人退出选举,以确保他能获得比巴尼·萨德尔更多的选票。拉贾伊提名巴霍纳尔为自己的总理。然而,8月30日又有一枚炸弹爆炸了,这一次是在总理办公室的国家安全会议上爆炸的。拉贾伊、巴霍纳尔和国家警察部门首脑胡尚·达斯特杰迪被炸死。几天之后,检察长阿里·戈多希又被另一枚炸弹炸死。

议会立刻任命阿亚图拉马赫达维·卡尼为巴霍纳尔的替代人,并催促霍梅尼发表声明,声称决定速度之快说明伊朗是"世界上最稳定的国家"。伊斯兰共和党选举出霍贾特伊斯兰阿里·哈梅内伊为党的总统候选人,这是教士第一次被允许寻求担任该职。他在10月5日正式当选,10月13日宣誓就职。但仅仅过了两天,马赫达维·卡尼辞去了总理职务,随后改任内务部首脑。他曾经是非伊斯兰共和党的教士组织"德黑兰战斗的教士协会"的首领,这个组织在许多问题上与哈梅内伊作对。有一段时间,他曾经考虑作为哈梅内伊的对手参加总统竞选。哈梅内伊提名阿里·阿克巴·维拉亚提作为卡尼的继任人,但被议会拒绝。10月末,他们最终同意了由米尔·侯赛因·穆萨维担任总理。由于哈梅内伊担任总统、穆萨维担任总理、拉夫桑贾尼担任议长,伊斯兰共和党控制的政府表面上恢复了稳定。

圣战者组织是否应当对6月[①]和8月的爆炸事件负责呢?毫无疑问,他们曾经多次袭击伊斯兰共和党官员、革命卫队和伊朗国内外的政府官员。9月份,他们在德黑兰等城市的街头发动了相当于武装起义的暴动,显然是希望引发另一场革命。他们被击溃,政府以逮捕、处决可疑的圣战者组织成员,实行更有效的安全措施进行了报复。早在8

207

————————————

① 原文误为7月。——译者注

月 24 日,司法部长曾经夸耀在两个月内就处决了 700 人,即将处决的人数不久就将达到上千人。根据 9 月中旬的新闻报道,每天处决的人数平均为 100 人。1982 年 2 月 8 日,政府军成功地袭击了一座房子,这里是圣战者组织最高领导人的落脚点。在被杀的人之中,有拉贾维的妻子和擅长谋略的指挥官穆萨·希阿巴尼。在其后的几年中,圣战者继续发动了一些零星的巷战,偶尔进行一些暗杀活动。但是,他们要推翻伊斯兰共和党的行动显然已经失败了。

虽然圣战者组织仍然是政府最顽固、最危险的威胁。但是,伊斯兰共和党极力要消灭的对手并不仅仅是圣战者。4 月 8 日,萨德克·戈特布扎德第二次被捕,一起被捕的还有大约 200 名所谓的阴谋分子。他们被指控企图暗杀霍梅尼,推翻政府。一些被指控参加阴谋活动的民兵组织的官员在 8 月 16 日被处决。对戈特布扎德的审判进行了电视转播,以便逼迫他当众认罪;然后,他受到了秘密裁决,在 9 月 15 日被处决。

这个重大事件也被用来作为打击霍梅尼重要的宗教对手阿亚图拉沙里亚特马达里总体战的一部分。戈特布扎德据说曾经将暗杀计划告诉沙里亚特马达里,后者被指控没有向政府报告这个阴谋。同时,穆罕默德·霍伊尼哈又炮制出美国大使馆例行公报和其他文件(大部分是伪造的,或者是断章取义拼凑而成的),意在证明沙里亚特马达里和国王以及美国大使馆早就勾结在一起。伊斯兰共和党不想开创处死教士集团高级教士的先例,且当局还有许多办法处理沙里亚特马达里的问题。他在库姆的宗教学校被查抄了;4 月 20 日,许多宗教权力机构宣布沙里亚特马达里没有资格担任大阿亚图拉职务。这个行动如果说不是绝对没有的先例,那也是一个非常不同寻常的举动,它与霍梅尼撸掉厌恶政治教士的"缠头"的口号是一致的,而且,这个口号很快就被用来对付低级教士。一位曾经为挽救即将被处死的囚犯霍梅尼而出面向国王求情的人,现在却因为冒失批评授予霍梅尼独裁权力的宪法而获得了软禁的报答。后来,他由于被拒绝给予应有的治疗而在 1985 年突然去世了。

最后,伊斯兰共和党开始转而对付图德党。这个党曾经是整个中东地区最强大、最有战斗力的共产党组织之一。从 1979 年初开始,在努拉丁·基亚努里(他可能是不折不扣地执行莫斯科的命令)的领导之下,图德党毫不掩饰自己对霍梅尼的激情,利用一切机会拼命地赞美他。即使在革命卫队攻击了它的总部,查封了它的报纸,逮捕了它的中央委员之后,图德党仍然支持教士集团的统治。它参与投票支持宪法,出卖其他左派组织的活动情报,攻击巴尼·萨德尔是意志薄弱的卖国贼并支持摧毁圣战者组织。在与其他组织发生冲突的时候,伊斯兰共和党很高兴有图德党的支持,但它从来就不信任这个党。到了 1983年,伊斯兰共和党觉得这个党已经毫无利用价值了。2 月,基亚努里被指控犯有间谍罪而被逮捕。5 月,该党被宣布为非法,党员基本上都被逮捕,党的一些领袖被处以死刑。

"强加的战争"

伊拉克没能利用伊朗国内的政治动乱捞到一点好处。1981 年 1月,革命卫队由于得到号称"巴斯吉"的被压迫者民兵补充扩大了,这种军队是霍梅尼号召建立的"2 000 万"男女大军,以确保伊斯兰共和国胜利而采取的第一个步骤。这支准军事组织开始在坚持继续战斗之中发挥了重要的作用。而遭到清洗的、士气低沉的正规军仅限于扮演一些引导和后援的角色。尽管缺少训练和装备,而且绝大多数是毛头小伙子和自愿参战的老年人,但他们在教士集团的煽动下体现出宗教狂热精神的影响。教士集团激励他们参加具有宗教象征意义的战役,如"通向耶路撒冷之路"或"必定胜利"。还安慰他们说,如果他们将来战死或者受伤,政府将通过殉难者基金会供养他们或者他们的亲属。他们自愿以人海战术进行冲锋,或者徒步冲入地雷阵以扫除地雷,一再使得伊拉克军队感到震惊、困惑和不知所措。

1981 年 9 月,伊朗军队冲破了阿巴丹的包围圈,把伊拉克军队赶到了卡伦河对岸。1982 年 3 月,在新年的前一天,革命卫队和巴斯吉对迪兹富勒和舒什附近的伊拉克军队发动突然袭击,使伊拉克人遭受了重大损失,被迫撤退到边界附近。伊拉克人立即非正式地宣布,它已经准备撤军和结束冲突;4月和5月,伊朗人以新的攻势作出了回答,把伊拉克人赶到了更远的地方。5月24日,伊朗军队收复了霍拉姆沙赫尔,伊拉克的许多什叶派城市发生了动乱。伊拉克似乎被打败了,许多阿拉伯国家和伊斯兰会议组织呼吁停止战斗。6月19日,伊拉克革命指挥委员会表示,伊拉克愿意接受停火;6月20日,萨达姆·侯赛因再次确认伊拉克军队愿意在月底之前撤出伊朗的领土。

伊朗的气氛则非常不同。教士集团现在已经控制了整个战争的过程和政府,教士集团有许多理由不仅欢迎这场战争,而且要尽可能地延长这场战争的时间。国内的政治危机已经过去了;由于石油收入的增加,经济状况已经开始得到改善。从霍梅尼在伊拉克逗留的那段时间起,他就极端鄙视伊拉克的复兴社会党,对萨达姆怀有强烈的敌意。他不认为是他们为他提供了圣地作为流亡居住之地,反而把他们视为国王拘禁和迫害他的积极同谋。伊拉克曾经毫不掩饰地表示它对伊朗革命的敌视态度,先是和保王派分子巴赫蒂亚里和奥维希将军合作,后来又发动了侵略战争,最后是支持圣战者组织。它是世界上又一股撒旦的势力,必须不惜一切代价反对它。伊朗甚至还组织了一个傀儡流亡政府——伊拉克革命最高委员会,其领导是一位居住在伊朗的伊拉克什叶派高级领袖。

而且,霍梅尼非常清楚如果他们赢得这场战争将会有更为重大的意义。在历史上,征服伊拉克总是使伊朗成为一个大国的关键因素。它不仅可以使什叶派的许多圣地处于伊朗的控制之下,它还将大大地提高伊朗在整个地区和全世界的威信。霍梅尼曾公然设想,如果把伊拉克并入伊朗,其他海湾国家也会和他们联合起来。他已经采取步骤命令霍伊尼哈和朝圣者组织利用穆斯林前往麦加朝圣的机会,作为宣传伊朗,鼓动科威特、巴林和黎巴嫩什叶派居民闹事的手段。霍梅尼非但不想停止战争,反而把春季的胜利看成是在国外推动伊斯兰革命、在国内扼杀不同政见的手段。

在6月举行的伊朗最高国防委员会会议上,尽管有些官员强调必须谨慎行事,但霍梅尼的观点占了上风。会议决定攻入伊拉克境内,并

210

且为任何停火要求开出了天价,包括巨额的战争赔偿,"惩罚"萨达姆·侯赛因(即撤职)。7 月 12 日,联合国安理会担心战争逐步升级,通过了《514 号决议》,呼吁停火和将军队撤退到国际公认的边界线上。第二天,伊朗以发动斋月战争,攻入伊拉克,威胁巴士拉作出了答复。情况非常紧张,边界两边投入了大量的军队。但是两周之后,伊拉克人终于抑制了对方的攻势,夺回了被伊朗人占领的几乎所有领土,伊朗人仅剩一小块不大的地方。这一次是伊朗人过低地估计了对手。伊拉克人已经从过去的错误之中吸取了教训,政治领袖更加信任军事领导人的判断力。他们获得了美国卫星提供的伊朗军队从沙特阿拉伯出动的情报,还获得了先进的法国武器装备。萨达姆·侯赛因作为国家领袖的地位仍然是稳固的。伊拉克什叶派教徒对帮助伊朗人显然不感兴趣,不如胡齐斯坦阿拉伯人帮助伊拉克人那样心甘情愿。当伊朗人使用大炮轰击巴士拉的时候,伊拉克人则以攻击他们的船舶和石油设施作为报复。

1982 年 9 月,由于担心战争扩大化,沙特阿拉伯在非斯召开的阿拉伯联盟会议上提出了一个和平计划,计划内容包括停火,支付 700 亿美元给伊朗作为赔偿,由海湾阿拉伯国家提供贷款。萨达姆·侯赛因宣布支持这个计划,但伊朗拒绝了,这使它错过了以最有利的条件结束战争的机会,就像它从前错过了以更有利的条件解决人质危机的机会一样。10 月 1 日,又一场战争开始了。这次进攻的目标是巴格达。这次行动在遭到惨重伤亡之后也失败了。1984 年的大部分时间里一直是这种毫无结果的进攻、反攻作战状态。特别是在 1984 年 2 月进攻马季农岛、争夺古尔奈、企图切断巴格达和巴士拉的交通干线的时候,这场战争似乎变得规模更大、更加血腥。伊朗人在这场战争中大概损失了 30 万军队,伊拉克人不得不求助于毒气弹迫使伊朗人后退。

面对伊朗人在地面战争中无情的压力,伊拉克人决定对伊朗的石油设施和船舶进行攻击。这场"油轮战"取得了一定的胜利。因为在这个时候伊朗的空军战斗机由于缺少备用零件已经完全瘫痪在地面上,因此伊拉克遭到回击的机会微乎其微。而伊拉克空军则处于良好的状

211

态,并且装备了法国先进的飞鱼导弹。比起诸如哈尔克岛货运码头之类严密保护的石油设施来说,攻击船舶更加容易得多。而伊拉克的石油则是通过输油管输送到中立国港口,所以它不必担心自己的运输安全问题。如果伊朗攻击从科威特、沙特阿拉伯或其他国家出发的运载着伊拉克石油或物资的船舶,不管是离开或前往中立国码头,它都将进一步疏远这些国家,并且有使这场战争国际化的风险(但它最终还真是这样干了)。

伊拉克集中空军力量攻击伊朗船舶的原因之一是,双方都同意了联合国安排达成的不攻击人口密集城市的协议。在1985年3月"袭城战"开始的时候,这个协议被破坏了。伊拉克飞机轰炸了德黑兰和伊朗所有的城市。正如伊拉克人坦率地承认的那样,对伊朗人民作战的意图是希望他们起来造反,要求结束战争。但是,这种战争不是没有风险的。因为伊朗的大炮又重新开始轰击巴士拉,伊朗还有地对地、舰对舰导弹,它可以使用这些导弹打击伊拉克的城市。伊朗当月的一次主要攻势也被击退。这个时候,战争的压力在伊朗开始显现出来。在伊斯兰共和国的政策之中,战争问题也越来越错综复杂了。

社会与经济争论

在第一届议会(1980—1984)期间,伊斯兰共和国政治历史以伊斯兰共和党维护自己的统治权,撤销巴尼·萨德尔的职务,镇压左派分子等反对派为主要内容。虽然伊斯兰共和党成功地清除了自己所有的对头,只留下巴扎尔甘的自由运动作为装点门面的反对派。但是,它自身也是由许多派别组成的,这些派别对社会和经济问题有着非常不同的看法。什叶派教士代表了,并且获得了其支持者的授权。而教士集团在伊斯兰共和国政府之中的支持者有的出自"光脚者"和"受压迫者",有的是传统的集市商人、工人和中产阶级技术人员。他们对于国家在经济生活之中扮演的角色,对私有财产和"伊斯兰"价值观念的本质和强行实施伊斯兰价值观念不可避免会有不同的意见。有些分歧最初并不显眼,但后来变得非常引人注目,是因为人们极力要把这些老生常谈和

212

革命的豪言壮语所许诺的东西变成具体政策而造成的。在第二届议会
(1984 — 1988)末期,由于与伊拉克战争的压力,这些分歧进一步具化为
党派之争,并且具有了体制性的特征。在本章之中,我们不可能详细地
讨论这些派别形成的过程,只能对它的某些动因做一个大致的概述。

在经济方面,革命胜利之初出现了公有经济规模的急剧扩大,革命
委员会领导着工业、银行和其他行业国有化的进程。同时,各种各样的
类似被压迫者基金会这种慈善机构在国内建立了一种非正式的福利制
度。供应短缺时期的实物补贴、价格控制、被没收的财产的再分配和直
接的财政奖励,所有这一切都有助于保持下层群众对革命的忠诚。各
地还有许多工人接管工厂、村民占领土地的自发行动。

因此,还有人期望伊斯兰共和国将继续给"被压迫者"分配货币和
财产。一个坚定的教士组织强烈支持伊斯兰社会主义的思想,它认为
应当消灭阶级差别,平等地分配财富,由国家控制广泛的经济领域。然
而,尊重私有财产的观念已经在传统的伊斯兰法律中牢固地扎根了,而
且很多教士本身就是大地主,根本就不想看到这些东西被分掉。他们
通常和集市商人联合在一起,集市商人支持更自由的大规模私有经济,
不希望政府借帮助穷人之名插手控制物价,也不希望为防止依赖外国
而限制商品进口。这些思想意识形态方面的分歧由于新《宪法》建立的
多重权力和管理中心而被扩大化了:经济政策上的"激进派分子"在议
会势力强大,但保守派却在监护委员会中占据优势。因此,当议会在
1982 年通过"所有外贸企业国有化法案"的时候,该法案立即被监护委
员会以不符合宪法和伊斯兰教义的原因否决了。同年,议会通过了"土
地改革法案",不料在 1983 年 1 月又被监护委员会否决了。但是,在
1984 年之后经济困难迅速加重。由于石油价格下跌、物资短缺、通货
膨胀、日益增加的昂贵社会计划、庞大的政府开支、投资和生产效益低
下、征收新税的困难、再加上战争本身的花费,经济情况变得更加糟糕
了。最令人关心的问题并不是对社会福利网络稳定的威胁,这个网络
养活了支持当局的下层民众。问题是这个系统是否能够用广泛的国家
社会主义的政策来维护,或者回归大型私有经济是否就能促进全面繁

荣。当经济危机变得更严重的时候,形势迫使争论朝着有利于经济现实主义者和实用主义者的方向发展,但它也很难与实际政策相符。

在社会问题方面,政治组合有点不大一样。许多经济上的激进派分子(显然不是全体)希望创造一种伊斯兰的"进步"样板,主张重新解释传统的习俗,实施宽松的国教政策。保守的教士集团和集市商人一般比较支持现有的价值观念和解释。民兵和民众组织在经济问题上支持"激进派分子",而在社会实行伊斯兰价值观念问题上他们更倾向于保守派和集市商人。这就是1980—1982年"文化革命"的基础。当时作出了巨大的努力来使社会伊斯兰化,如关闭大学、在学校课程之中加入更多的伊斯兰教内容、以基于伊斯兰法教学的法律取代民法、建立"反腐败机构"处理各种有关风化的行为。由于霍梅尼在1982年发布了"十二月教令",这些做法有一个短暂的时期放松了。这个教令承诺"司法革命将保护个人的尊严和荣誉",各个大学逐渐地重新开始招生,放松出国旅行的限制,并邀请已经逃往国外的伊朗人回国等等。不过,到了1984年,使国家免受外国文化影响的运动又开始了。维持治安人员和反风化小组人员比任何时候都要积极。对于这些问题的争论,政府内外各派比执政党内部的争论更加激烈。

毫无疑问,在社会辩论之中最有争论性的问题当属妇女地位问题。早在1980年3月就出现了违反《家庭保护法》的苗头,性别隔离在学校里重现,要求妇女在公共场合应按照"伊斯兰的准则"着装的呼声又转强了,这种种迹象让妇女团体已经开始感到担心。在革命的重要关头,霍梅尼对公众舆论非常敏感,在面对妇女游行示威抗议的时候作出了策略性的让步。但在1981年,由于新通过的《伊斯兰着装法》要求妇女在工作和公共场所使用严格的面纱(hejab),这个问题又重新被提出来了。这项法律由维持治安人员和民兵组织以武力严格地执行。自然,这仅仅是许多或明或暗压制妇女的措施之一,目的在于限制她们在公共生活之中的作用,加强传统的父系家长制度。在新的社会制度之中,妇女遇到的其他问题还有教士集团支持的一夫多妻制度、临时婚姻的习俗、童婚、包办婚姻、男子要求离婚容易而妇女要求离婚困难等等。

214

国家甚至干预妇女的生育权问题,起先是限制搞计划生育,以便增加与伊拉克和帝国主义作斗争的人口数量;后来为了解决人口急剧增加的问题,又把计划生育规定为强制性的义务。同时,保守派人士经常坚持禁止妇女担任法官和某些公职。但是没有人反对共和国宪法确保的妇女投票权。随着强制妇女遵守保守的伊斯兰价值观念的压力不断增加,妇女们也开始积极运用这种权利来保护自己。

各种问题、力量之间如何相互影响,有时并不容易觉察或者捕捉到。但是,持续的战争、经济状况的恶化和日益增长的社会不满,确实在伊斯兰共和党之中造成了紧张的气氛。在有关预算和监护委员会作用的争论之后,1984 年的议会选举增加了经济上的激进派的代表名额,并且明确地使经济问题的争论更加活跃了。曾经有一个措施是要求以重要的激进派分子霍伊尼哈代替穆萨维担任总理。但是霍梅尼插手保住了穆萨维的官职,这显然是为了避免使分裂公开化。在 1985 年的总统选举之中,巴扎尔甘企图迫使伊斯兰共和党解决战争造成的许多问题。由于监护委员会阻挠,他被迫退出了竞选。哈梅内伊再度当选,但选票比上一次大为减少。他再次提出免去穆萨维的职务,但霍梅尼继续支持后者。1986 年 6 月,拉夫桑贾尼公开声明在伊斯兰共和党内已经形成了两个"势力强大的派别",这两个派别的分歧正与实用主义者、理想主义者就是否继续进行战争、如何对待世界局势和经济政策方面的争论相关联。1987 年 6 月 2 日,伊斯兰共和党正式被解散了。

战争的结束

1986 年 2 月,伊朗经过长期的准备,对伊拉克发动了又一次重要的攻势,成功地渡过阿拉伯河,占领了法奥半岛。霍梅尼在新年讲话中匆忙地宣布"胜利之年"已经来到了。他和革命卫队司令穆赫辛·礼萨伊号召全面动员,竭力打赢这场战争。不过,任何庆祝胜利的计划显然还为时过早了。首先,伊拉克利用自己的空军优势加强了对伊朗石油设施、船舶和经济基础设施的攻击。这就造成了石油出口总量和满足国内需要的炼油能力降低这双重后果。这时,伊朗已经不得不进口精

215

炼石油并实行汽油配给制度。与石油价格下跌相连的是公共债务上升、通货膨胀和进口物资短缺的现象日益严重,战争对经济的影响已经非常严峻和令人吃惊了。

1986年11月,伊朗和美国官方以以色列为中介进行秘密军火交易的新闻被公开了。霍梅尼和拉夫桑贾尼宣称这件事代表伊朗取得了胜利,因为伊朗的敌人已经不得不卑躬屈膝地前来寻求"建立关系和赔礼道歉",希望通过这样的解释来使自己摆脱尴尬的局面。对于里根政府而言,"伊朗门事件"是一个严重的大灾难。以武器换人质,这是对美国公开宣布的不与恐怖主义分子做交易政策的嘲弄(它只能鼓励绑架更多的人质以代替被释放的人质)。它同样使那些友好的阿拉伯国家对美国支持他们的决心和帮助他们遏制伊朗革命的信心发生动摇。它还使美国成为盟国的笑柄,因为它们曾经受到不准提供武器给伊朗的压力。但是,从长远来看,它对伊朗来说也绝不是什么好消息。因为对于美国政府而言,唯一可以挽回公众舆论的办法就是采取更加强硬的态度来对付伊朗。而伊朗建立的蚕式导弹设施可以攻击霍尔木兹海峡的美国军舰,它在波斯湾布雷可以毁灭伊拉克运送物资的船舶,给美国这种行动提供了最好的借口。而美国的行动正好符合萨达姆·侯赛因利用战争国际化的办法来结束战争的计划。

伊朗除了外交和经济压力日益增长之外,1987年3月7日,美国同意为科威特油轮提供保护,利用更换旗帜或者护航的办法,保护他们免遭伊朗人的攻击。同时,沙特阿拉伯对伊朗也越来越敌视,因为在1987年7月穆斯林朝圣期间,伊朗在麦加煽动政治性的游行示威,后来造成了动乱。实际上,伊拉克、科威特、沙特阿拉伯和美国的反伊朗同盟已经形成了。许多国家认为,是伊朗结束不妥协的态度的时候了,也是结束战争的时候了。1987年7月20日,由于美苏两国的坚定支持,联合国安理会通过了598号停火决议,伊拉克接受了决议,但伊朗没有答复。同时,美国和其他国家派出了扫雷艇和许多军舰前往波斯湾。9月21日,美国摧毁了一艘据说正在布雷的伊朗船只。10月8日,他们在法尔西岛附近摧毁了3艘伊朗巡逻艇。10月19日,他们摧毁了两个伊朗石油平台,以报复伊朗用蚕式导弹来攻击科威特水域内一艘悬挂美国国旗的超级油轮。1988 年 4 月,美国攻击了伊朗的石油井架、护卫舰和导弹巡逻艇。7 月 3 日,美国巡洋舰文森斯号在击败两艘向美国直升机开火的伊朗快艇之后不久,错误地把一架从阿巴斯港飞往迪拜的伊朗民航飞机当成军用飞机击落,造成 290 人遇难。

在伊朗国内,要求结束战争的压力正在迅速增长。6 月 3 日,在伊拉克夺回法奥和马季农岛之后不久,霍梅尼把武装力量指挥权从哈梅内伊手中收回,交给拉夫桑贾尼。拉夫桑贾尼当时已成为实用主义者一派的领袖,他们认为战争无法再继续硬撑下去了。伊朗经济已经到了崩溃的边缘,只能急剧地削减当局核心支持者赖以为生的社会福利;国内支持战争的热情也消失得一干二净了;伊朗的军事设施已残破不堪,而伊拉克则刚刚更新过装备;美国现在非常坚定,伊拉克应获得胜利,并要加大打击伊朗的力度;如果伊朗继续藐视安理会停火呼吁,它就必须甘冒最终被迫停火的风险。文森斯号巡洋舰击落民用飞机显然就是压垮伊朗的那最后一根稻草。伊朗人以为这个重大事件必定会引起国际的骚动;但情况正好相反,这件事情仅仅是被当做战争中的意外事件进行了一般的冷处理。这充分显示了伊朗在国际大家庭之中的孤立地位。在总统哈梅内伊、专家委员会、议会首领、部长、军事和经济顾问的支持之下,拉夫桑贾尼告诉霍梅尼,除了接受 598 号决议他们已别无选择。霍梅尼勉强同意了。7 月 20 日,他告诉全国,他接受了"一个比毒药更致命的"决定。但是为了"挽救革命",就必须接受它。

停火的实际生效,军队脱离接触和交换战俘的工作花了很长时间才完成。战争已经结束了,革命的激情也随之一起结束了。

217

第十章　重 建 时 代

从 1988 年 7 月伊玛目霍梅尼接受停火决议到 1989 年 6 月 3 日霍梅尼去世之前的这一段时期,他制定了或认可了许多计划,它们对于伊朗伊斯兰共和国日后的发展具有非常深远的意义。这些计划为哈梅内伊担任法基赫、拉夫桑贾尼担任总统的两头政治形态及其后"重建时代"的出现创造了条件。无论如何,这些决议的后果在后来许多年之后还能感觉到。同时,两伊战争遗留的许多问题仍然没有解决。

蒙塔泽里被撤职

随着霍梅尼的健康状况日益明显地恶化,一个最紧迫的、必须解决的问题是选出他的法基赫继承人。在共和国最初几年,情况已经非常明显,阿亚图拉侯赛因-阿里·蒙塔泽里事实上好像已经是继承人了。他的革命资历似乎很够格:他是霍梅尼的学生之一;他在 1963 年就参加了抗议活动;在霍梅尼流亡期间他是霍梅尼在伊朗国内的私人代表;他曾经在 1975 年教士集团被镇压的时候被逮捕过;他在专家委员会成立的时候曾经担任委员会主席;他曾经领导过军队系统的教士组织;他支持向别的国家输出革命,同意以罢免和审判萨达姆·侯赛因作为与伊拉克结束战争的先决条件;他立场鲜明地表示支持巴勒斯坦人,谴责犹太复国主义。他也获得了相应的高级宗教职位,在 1980 年被一致公认为大阿亚图拉。他还担任了受人尊敬的库姆主麻伊玛目的职务;他的肖像和霍梅尼的肖像一起挂在公共场所;他在电视和平面媒体的曝光率极高,经常举行新闻记者招待会,经常会见访问伊朗的外国官方显要人物。

但事后看来,蒙塔泽里当时也有许多强大的对手,他们要么是不信任他,要么是厌恶他。早在 1982—1983 年间,专家委员会举行会议考虑继承人问题的时候,收到了一封秘密的霍梅尼遗嘱(委员会当时可能看过了,也可能没有看过)。意味深长的是,委员会在经过再三考虑之后,没有确认蒙塔泽里为继承人,只不过决定万一霍梅尼去世处理事务必须遵守的程序。对于他们为什么这么做的原因目前还存在争论。一些人认为这可能是因为蒙塔泽里缺乏担任法基赫的超凡魅力和对民众的吸引力;另外一些人则注意到他和革命运动之中的"激进派分子"或理想主义者的关系。当时的保守派可能最担心这种关系,因为蒙塔泽里和以左派观点出名的已故阿亚图拉塔列加尼关系很好;还因为他卷入了围绕一本有争议的有关伊玛目侯赛因殉道的书籍出版产生的争论。根据历史学家埃尔文·亚伯拉罕米扬所说,这场争论导致一名伊斯法罕保守派教士被杀。无论如何,直到 1985 年,专家委员会才确认蒙塔泽里为继承人,而且直到那时也没有把决定直接公布出来,众人知晓此事还是因为蒙塔泽里的一名支持者泄了密。

20 世纪 80 年代后期,蒙塔泽里树立了许多政敌,并且逐渐失宠于霍梅尼。其他问题姑且不论,他直接或间接地卷入了透露伊朗、以色列和美国秘密交易的事件之中,造成了"伊朗门事件"的丑闻。蒙塔泽里女婿的兄弟马赫迪·哈希米是蒙塔泽里指挥的一个支持国外伊斯兰武装组织机构的负责人,他被认为应当对泄露美国、以色列和伊朗官员偷偷摸摸地会晤这种尴尬消息负责。从后来事态的发展来看,人们不清楚他这么做主要是为了使美伊这对从前的对手停止合作,还是想暴露这些参与者的虚伪面目,或者是两者兼而有之。无论如何,这个举动不能被那些因为这个事件而被激怒的政治家所接受,他们是哈梅内伊、拉夫桑贾尼、马赫迪·卡鲁比和维拉亚提。蒙塔泽里拒绝谴责哈希米,但

221

哈希米和其他许多人最后以"反革命行为"的罪行被逮捕,并且在1987年被判处死刑;这大概是指控蒙塔泽里资助伊朗伊斯兰共和国敌人的重要证据。蒙塔泽里也曾经批评霍梅尼违反常规支持穆萨维再任总理,他曾经在公开场合和私下里都表明过自己的意见。他呼吁毫不掩饰地、公开地评估革命的失误之处。他认为,那些应当对战争彻底失败负责的人也应当对这些失误负责(他似乎持更有侵略性的立场,也可能支持继续进行战争)。他直接指责霍梅尼不断处决持不同政见者。他不再主张积极地输出革命,相反,他认为伊朗今后只需成为其他国家想要仿效的一个榜样即可,不必过分积极地输出革命,要达到这个目的,最好的办法是减少国家对经济的干预,取消妨碍言论自由的新闻检查和其他措施,鼓励表达对立的政治观点。

　　1989年2月,霍梅尼开始毫不隐晦地以文字和语言攻击蒙塔泽里"不称职"。当月,在一封致教士集团的信件中,霍梅尼不断暗示他接受了别人的劝告,错误地信任了那些不该信任的人。在信件之中,霍梅尼嘲笑了那些"伪信士",那些企图使教士集团脱离政治的人,那些支持"美国式伊斯兰教"的人,那些倾向"自由主义者"的人。他坚持声称自己相信传统的法律。但先前决定的事情可以根据时间、地点、政策和社会情况重新进行解释。霍梅尼强调对于一个权威的法学家(穆智台希德)来说,最重要的是他应当是一个"熟练的管理者",知道"对付现实世界秩序之中所出现的骗术的方法"。这就是经济、政治、"资本主义和共产主义的实力和弱点"。后来才清楚,这些吹毛求疵的理由都是为了败坏蒙塔泽里的名誉,为撤换他铺平道路。3月27日,霍梅尼召集专家委员会特别会议讨论这个问题。会议之后,他送给蒙塔泽里一封信,实质上是接受他先前提出的辞职书。蒙塔泽里立即表示默许,辞掉了职务,回到了他在库姆的宗教学校教书,实际上是被软禁起来了。

222

修改《宪法》

　　1989年4月25日,在蒙塔泽里被迫辞职之后不久,霍梅尼指示哈梅内伊总统着手审查和修改国家的《宪法》。为此目的,建立了一个特别委员会,其中 20 名成员由霍梅尼亲自指定,其余成员由议会选举产生。霍梅尼确定了委员会将要处理的许多问题,其中最重要的问题是法基赫的选举方式和权威性,执行机构的权力分配问题。直到霍梅尼去世之后,审查委员会才完成自己的工作,但它大概还是符合霍梅尼确定的思路的基本要点。

除了安排霍梅尼接班人这样紧迫的任务之外,还有许多原因必须审查《宪法》。《宪法》在措词上非常错综复杂,常常含糊不清或互相矛盾,执行起来非常困难。它以政府各个部门将会协调工作为前提;实际上各部门经常发生冲突;因为总统经常反对总理,或是监护委员会否定议会通过的法案。当情况需要的时候,霍梅尼还有进行干预打破僵局的权威。但是,这并不意味着其接班人也一定能够这样做。作为处理这种问题的办法之一,霍梅尼在 1988 年 2 月建立了一个“应急委员会”,以解决议会和监护委员会之间的分歧。但是,它的工作并不是很有成效,并且被蒙塔泽里批评为违反《宪法》。审查委员会以增补《宪法》第 112 条的方法解决了违宪问题。这一条确认应急委员会是一个制度化的机构,其成员由法基赫任命。这个机构作为法基赫的顾问机构,负责为政府制定长期的政策,并且在出现议会通过的法律被监护委员会否决情况的时候充当裁决者。

还有一个一致公认的问题是,原先的《宪法》使行政机构权力过于分散。巴尼·萨德尔和拉贾伊之间的裂痕,从一开始就显示出总统、总理和议会之间出现冲突是多么容易。即使是在最好的情况之下,由总统任命但由议会批准的总理也处于一仆二主的困境之中,很难办事。这就是穆萨维总理无能为力的主要原因。因此,审查委员会在建议取消总理职务的同时,大大地加强了总统的职能。在权力上,总统被认为是仅次于法基赫的第二号人物,除了直接与法基赫有关的事务之外,其他一切事务都由总统负责处理。

委员会还对许多条款或者进行了补充,或者进行了修改。最重要的当属法基赫职能本身。原来的《宪法》明确指出,十二伊玛目派的代表(即最高权威)必须是“诚实的、公正的、见多识广的、英勇的、干练的行政管理人员和宗教法学家,得到大多数人民信任的人"。它进一步酌情规定,如果没有人符合这些先决条件,可以成立一个由3—5名合适的候选人组成的"领袖委员会"行使这种权力。而修改后的《宪法》则规定今后将只有一位法基赫,它更倾向于要求候选人具有"群众支持"的基础、了解"社会和政治问题"和伊斯兰教法学知识。同时,法基赫职务的权力说得比过去更加清楚、详细。它强调明确法基赫的最高权力,就等于限制这种权力。但修改案中仍然赋予了法基赫即使不是绝对的,也是非常强有力的地位。他将是武装力量的最高司令;他可以宣布战争和缔结和约;他有权宣布举行公民复决;他控制着监护委员会、司法系统、军队、安全部队、国家广播电台和电视网络领导人的任免权;他和应急委员会一道制定总的政策,裁决政府不同部门的分歧。现在授予法基赫的权力虽然不如霍梅尼的权力那样广泛,但它仍然足以使法基赫成为国家真正的首脑,有效地控制着所有权力与暴力的绝对指挥权。

负责起草修正案的委员会由两位关键的政治人物总统哈梅内伊和议长拉夫桑贾尼控制。在霍梅尼去世之后,委员会在6月5日立刻根据这个尚未获得批准的《宪法修改草案》提名哈梅内伊担任新的法基赫。由于哈梅内伊不能既担任法基赫又担任总统,监护委员会在7月底宣布提前举行选举。拉夫桑贾尼与一位唯一的、象征性的竞选者参选,获得了绝对多数(15 537 394 对 650 000 票)。《宪法修正案》的表决一如大多数伊朗投票选举活动一样,也获得了全体一致的通过。

哈梅内伊和法基赫的职能

从表面上看起来,修改《宪法》和安排霍梅尼的继承人,体现了国内两个政治强人之间对彼此权力的分配,以及如何有效推进双方想采取的行动作出了精心的处理。但是,为了短期的策略和政治利益,他们引进了一些具有潜在深远意义的新因素,从某些方面来说,这些新因素颠覆了伊斯兰共和国早期的价值观念。

法基赫统治的原意是最有权威的什叶派教士、一位"效法的源泉"将担任领袖。问题是,在霍梅尼去世之后没有一位健在的高级教士支持法基赫统治的观念,还有些人公开表示拒绝接受这种理论。在专家委员会选举之后,哈梅内伊作为宗教学者的文凭和其他一些教士相比仍然是很缺乏权威和低级的。在他接受任命的时候,甚至还没有被承认为阿亚图拉。但是,考虑到他已经一步登天担任了最高职务,他很快就获得了阿亚图拉的称号。他的真正力量在于他长期从政的经历,他对革命卫队、民兵组织和治安组织的影响力,以及他控制的富得流油的被压迫者基金会(他的连襟穆赫辛·拉菲克杜斯特管理着该基金会)。由于他的当选,霍梅尼当初为什么突然开始强调政治敏锐性比抽象的宗教学识更重要,为什么新《宪法》把了解"社会和政治问题"作为担任法基赫的重要标准,就真相大白了。霍梅尼非常重视那些主要是靠宗教法学知识获得高位的教士与那些以了解社会经济和政治问题出名的教士之间的区别。他指出,应当将统治权交给后者。这也是完全不符合法基赫统治理论先决要求的,该理论要求最高的权力属于最杰出的伊斯兰教法学家。

除了强调选拔法基赫时政治资历的重要性之外,霍梅尼还采取了不平常的措施加强法基赫的权力。1988 年 1 月,他突然宣布法基赫的权力是绝对的,保卫伊斯兰共和国的责任重于一切。以法基赫为拟人化代表的国家可以做任何它觉得必须做的事情,即使这意味着违反了公认的宗教法律;或者遭到高级法学家的反对。为了"挽救"伊斯兰教,法基赫有权取消伊斯兰教,这真是荒谬绝伦的理论! 这等于就是说国家已经像神一样永无谬误,法基赫的权力大于先知和伊玛目(对于这种理论,至少立刻就有一系列评论指出,由于它盗用了真主独有的权力,简直就是犯下了要下地狱的大罪)。

强调这样一种教条,其目的完全是出于政治利益的考量,在于加强法基赫职能的权力,对抗霍梅尼去世之后的任何挑战。哈梅内伊认为政府的权力受到沙里亚(传统宗教法律)的限制,霍梅尼的言行乍一看,似乎表面上是对哈梅内伊的批评,但事实上却是使哈梅内伊能继承尽可能多的威望和权力的一种手段:越是宗教地位低的人占据了这个职务,就越要提高这个职务本身的重要性。然而,允许像哈梅内伊这样一个中级教士因为政治方面而不是宗教方面的资历来执掌大权这种大胆的创新是惊人之举。它完全把政治事务置于宗教事务之上,这种令人惊讶的教义有使几个世纪以来建立在教士权力基础之上的什叶派传统被抛弃,使伊朗境外的什叶派社区产生敌对态度,并且最终使伊朗的宗教核心体系发生分裂的危险。

　　哈梅内伊还不是那种鲁莽透顶的人,他没有把事情闹得太大。多年来,他一直保持着比较低调的形象,致力于研究像库姆神学院改革这类问题,只是逐渐加强自己对拉夫桑贾尼的管辖权。在 1993 年资深的阿亚图拉穆罕默德-礼萨·戈利帕叶加尼去世之后,曾经有人公开努力想把哈梅内伊提升为大阿亚图拉,但是这种努力由于没有人支持而失败了,库姆宗教界权威人士干脆就拒绝了。实际上,哈梅内伊想要影响戈利帕叶加尼继承人的挑选工作也碰了壁。哈梅内伊和像蒙塔泽里这种老对手,或者像大阿亚图拉鲁哈尼这样的法基赫统治理论的批评者相比,宗教地位之间的悬殊是无法回避的问题。结果,司法部在 1987 年建立的一个极端秘密的机构——教士特别法庭派上了大用场,以恐吓那些有可能对哈梅内伊造成威胁的高级教士。真主党分子经常攻击那些批评过哈梅内伊或者主张限制法基赫职能的阿亚图拉手下的职员和追随者。法基赫统治观念和思想意识形态这种变化的全部后果,以及这种职能的理论和它的实际执行人之间的明显反差,毫无疑问造成了国内争论的不断激化,并且加剧了那些已经充分准备好参加竞赛的政治、宗教精英分子之间的竞争。

226

"拉什迪争论"

　　霍梅尼在忙于留给哈梅内伊和拉夫桑贾尼必要的"工具",使他们能够巩固自己的地位,推行自己的纲领(其中最重要的就是打破伊朗的孤立地位,恢复与其他国家的经济联系)的同时,却又采取了另一项措施拆了他们的台。1988 年 9 月,一位据称是穆斯林的英国公民萨勒曼·拉什迪出版了一部单调乏味而又平庸的小说《撒旦诗篇》,按写作水平来看这本书很快就会湮没无闻。该书的书名取自早期伊斯兰教故事和《古兰经》中经常提到的一个重大事件。根据这个故事,先知穆罕默德曾经把某些诗歌当成命令他敬奉某些异教的女神("安拉的女儿们")的神启,但后来他又把她们当成魔鬼送来的诱惑物而拒绝了[①]。在书的某一节中,有一个人做了一个有关马亨德(Mahound,中世纪论战之中侮辱穆罕默德的名字)的荒谬绝伦的梦,这个梦显然以粗鄙的、令人难堪的方式影射了先知时期的许多著名人物和重大事件。这本书立刻成了引起公众狂怒的对象。特别是在印度穆斯林社区,这本书被认为是淫秽的和亵渎真主的书籍(而且成了身在异国的穆斯林可能被异国文化同化的危险的范例)。穆斯林反对这本书的游行示威常常演变成暴乱。这种活动最初开始于印度和巴基斯坦,并于1989年1月在英格兰的布拉德福德(Bradfort)举行的非常引人注目的焚烧该书活动中达到高潮。鉴于这本书当时尚未被译为英文之外的语言且流通范围极窄,这些游行示威一定是有人精心组织的和有针对性的,它们认为这本书不得使用任何外国语言翻译出版,必须限制传播。

经由霍梅尼之子艾哈迈德,这件事情也引起了霍梅尼、总检察长霍伊尼哈,还有伊朗内务部长穆赫塔希米的关注。1989年2月14日,霍梅尼对这场争论发布了一道法特瓦(或者叫权威的宗教法律见解)。根据广泛认可的法律原则,背叛伊斯兰教是可以判处死刑的罪行,霍梅尼写道:"通告全世界光荣的穆斯林民族:《撒旦诗篇》反对伊斯兰教、先知和《古兰经》,其作者以及所有知道这本书的内容还参与出版工作的人,将被判处死刑……我呼吁所有的穆斯林积极行动起来,不管在什么地方发现他们,立即将他们处死……谁(如果在做这件事情的时候)被杀死了,将被追认为烈士"。作为对法特瓦的响应,许多伊朗人在德黑兰的英国大使馆外举行游行示威;外交部长维拉亚提威胁要关闭那些允许出版该书的国家在伊朗的文化中心;副议长卡鲁比声称拉什迪和"那些与他想法相同的人"应当被"处以死刑、彻底消灭、永远打入地狱";而"3月15日基金会"主管哈桑·萨内伊则承诺不管任何人成功地

---

① 见古兰经22:51—52;17:74—76;53:19—21。——译者注

杀死拉什迪,就可以获得多达 260 万美元的奖金。

这则法特瓦以及那些为了追求轰动效应的煽动性言论经由各国媒体的广泛报道,在国际上对伊斯兰共和国的形象造成了难以估计的损害,破坏了几代人在强调伊斯兰教的人道、宽容方面所取得的成就。正如许多穆斯林所指出的,这个法特瓦本身就非常值得怀疑:将一部虚构作品的内容,而且还是一个虚构出来的人物做的梦用来作为作者叛教的证据是否合适?伊斯兰教的法律难道规定了任何人一旦被指控为叛教,就不能给予悔改的机会?伊斯兰教的法律难道规定了它可以对居住在非穆斯林国家领土上的居民进行惩罚?难道一名什叶派法学家可以对一名据称是逊尼派教徒的作者,以及那些并不是穆斯林的、只是参与了书籍出版工作的人员作出死刑判决?

其实,霍梅尼根本不在乎外国舆论和伊斯兰教法学的优秀品质。他的法特瓦实际上完全是受到政治动机的驱使,而不是因为别的什么目的才发布的。正如他自己在《致教士集团的信》中所解释的,拉什迪著作的发表,是真主使穆斯林从他们的"盲目自满"之中惊醒过来的办法。这是犹太复国主义、英国、美国、"吞噬世界者致力于毁灭伊斯兰教"阴谋的一部分;也是"外国对伊斯兰文化进行渗透"的危险证据。总之,它清除了那些"寻求(与外国)建立更广泛联系"的人的错误思想,"因为敌人可能认为我们会非常依赖和非常重视他们的存在。以为我们将会对侮辱我们的信仰和宗教神圣感情的行为不声不响地表示宽恕"。"对于那些……提醒我们一定要修改我们的政策、原则和外交政策,我们已经犯了大错误,绝不能重蹈覆辙的人;对于那些至今仍然相信极端主义口号,和战争将使西方和东方对我们产生悲观看法的人相信这些最终将会使我们陷入孤立的人;对于那些相信如果我们按照实用主义原则办事,他们就会以人道主义方式对待我们,就将会尊重各个民族、伊斯兰教和穆斯林的人"来说,这就是一个反例。

换言之,拉什迪争论就像以前的美国"人质危机"一样,使霍梅尼抓住了一个突如其来的、非常引人注目的、带有感情色彩的问题,使他得以重新恢复一位好战的伊斯兰宗教领袖的形象,加强了自己在印度穆

228

斯林之中的地位,转移了群众对他已经非常不愿意谈论的、诸如两伊战争惨重失败问题的注意力,也破坏了正在进行的与英国改善关系的一切努力,在与其他欧洲国家的关系方面设置了一个障碍,并且它在总体上似乎挑战了民众最基本的政策假设,而霍梅尼曾依赖的却正是这些民众的力量。正如以前经常发生的情况一样,霍梅尼对政治问题采取了骑墙的态度。

重建时代

在哈梅内伊-拉夫桑贾尼时代开始的时候,伊朗毫无疑问地面临许多难以克服的困难,特别是在经济方面更是如此。除了可怕的人员伤亡之外,两伊战争对国家的公共基础设施造成了巨大的破坏。受影响的城市有 50 — 80 个,4 000 多个村庄遭到了破坏或者被毁灭。同样,有 30 万户住宅遭到了破坏或者毁灭,近 200 万人被迫流离失所。电力、交通运输和电信设备遭到反复的轰炸,国内重要港口霍拉姆沙赫尔遭到彻底破坏。将近 1 000 家企业变成了废墟。由于石油战争的结果、阿巴丹炼油厂、哈尔克岛码头设施和其他石油、天然气设备变成了废墟。据估计,伊朗因为战争造成的经济损失总计达 1 万亿美元。自从革命以来人均收入至少下降了 40%。战争造成了各种重要商品的短缺。一言以蔽之,这个国家经历了 10 年严峻而艰苦的时期,已经完全筋疲力尽了。

但是,这个国家面临的所有困难并不能完全归罪于战争。无论霍梅尼和许多革命者多么想让人们相信伊斯兰教将提供一种完美的制度,完美地解决所有的问题,但是现实世界中经济的残破景象很难为这些口号和老生常谈提供什么有力证据。"伊斯兰经济"已经证明是一种幻想,各种不同派别对像私有财产权、公有部门作用之类最基本问题看法的根本区别,已经妨碍了政府制定任何前后一致的、具有实际价值的经济计划。正如经济学家和前穆罕默德-礼萨沙时期的大臣贾汉吉尔·阿姆泽加尔所指出的,伊斯兰共和国在兑现一个又一个诺言方面是失败的。特别是在减少对石油收入的依赖方面,最令人难以接受的是,政府以自己想当然地忽视农业罪名严厉谴责巴列维君主制度,但在使国家的粮食生产自给自足方面(农业生产停滞不前,国家比过去更加依赖进口粮食和日用品)也失败了。而且通货膨胀、失业、财政赤字,甚至连犯罪和吸毒现象也比过去还要严重。

拉夫桑贾尼当选总统之后,开始把自己塑造成 19 世纪伟大的政治家埃米尔·卡比尔那样的进步领袖形象(他非常欣赏卡比尔,并且为其撰写了传记)。他的当选,被普遍认为是以现实主义和实用主义态度处理国家严重问题的胜利。他当然不打算以任何方式放弃伊斯兰革命的价值观念和目标,但是必须坚持采纳一些可能与这些价值观和目标存在一定差异的策略调整,以避免造成威胁伊斯兰共和国本身生存的危机。因此,他把经济问题放在最重要的地位,并且毫不隐讳自己更重视专家而不是思想理论家。例如,在 1991 年伊斯法罕石油工作会议上,他的外交部长声称:"经济的重要性,压倒了政治的优先权"。拉夫桑贾尼自己也强调,在世界事务之中"合作……已经取代了对抗。"这就是他的"经济调整纲领"的基础,其经济重建的工作常常被人与戈尔巴乔夫时期的"全盘改革"(perestroika)①相提并论。

正如第一个和第二个五年计划所显示的那样,拉夫桑贾尼的目标是弥合战争给国家造成的创伤,修复所有的基础设施,发展生产,促进经济的发展。但是,要达到这个目的就必须鼓励私人和外国投资,扩大私有部门的作用,限制政府的支出。换言之,主要依靠私有化、全球化和自由市场机制来实现。为了达到这些目的,人们想出并实行了许多具体措施。德黑兰股票交易所重新开业了。伊朗国家企业组织控有的企业股份被出卖了。许多政府资产(如矿山)被私有化了。税收增加了。在波斯湾的基什岛和格什姆岛建立了自由贸易区。许多的道路、水坝、工厂和其他公共工程建设项目开工了。那些拥有重要专业特长

230

---

① 此词为俄语单词的音译,意为"全盘改革"或"根本改革",只有戈尔巴乔夫使用过这个术语来指代自己的"改革"。作者在这里概述的是美国学界的看法,这种类比可能并不恰当。——译者注

和资本的伊朗侨民受到鼓励返回祖国。货币被贬值,以符合公开市场真实的兑换率。鼓励增加商品出口。一个加强计划生育的纲领已经制定,目的在于控制爆炸性的人口增长率。人们很快就意识到这个经济计划的实现离不开某些外部的参与,为外国投资和外国企业进入伊朗而设置的门槛随即降低,或者取消。

1991—1992年间,科威特危机和波斯湾战争进一步证实了拉夫桑贾尼许多政策的正确性。伊朗强烈谴责伊拉克的侵略行为,支持科威特的主权,包括恢复萨巴赫·谢赫王朝。伊朗还明确表示,它将不会寻求以武力解决冲突。这种姿态与过去形成了明显的对比,那时伊朗好斗的语调曾经使科威特、巴林、沙特阿拉伯和海湾酋长国产生了极大的忧虑。总而言之,这证实了伊朗要把自己定位为该地区一个温和、稳定的国家的决心。这种姿态也有助于伊朗和许多在两伊战争期间断绝外交关系的阿拉伯国家重新恢复外交关系。不过,伊拉克很难设想伊朗今后不会利用有利的形势,在盟国的绞索拉紧的时候采取许多紧急措施来好好招待自己的老对手。重要的是,伊拉克已经放弃了它在战争之中所获得的一切,甚至还要更多:它彻底改变了自己以阿拉伯河岸为边界的立场,再次接受了《1975年阿尔及尔条约》;它完全接受了联合国安理会598号决议。国际上对伊拉克的态度使它被正式宣布为两伊战争之中的侵略者,因此必须承担赔偿的责任。这样,从眼前看来,这场战争对伊朗是有利的。但是从长远看来,它可能造成一些严重的问题。目睹伊拉克的军事力量被打垮,伊朗不论感到有多么宽慰都关系不大。但是,随着美国在波斯湾的存在日益加强,而且毫无撤退迹象,伊朗可能就很难高兴起来。这场战争也促进了阿以和解进程的发展,可伊朗无意支持这个进程,却有许多理由(既有思想意识形态上的,又有战略上的)反对它。

231　　1992年,许多经济领域已经取得了重要的进展,这在很大程度上得益于海湾战争造成的石油价格暂时暴涨。但是经济危机并没有过去,还有许多遗留问题需要解决。由于担心自己的计划能否顺利通过和实施,拉夫桑贾尼在哈梅内伊的支持之下企图使政府尽可能地摆脱竞争对手和反对派的干扰。根据 1981 年《政党法》的授权(该法律原定于两伊战争结束后实行),提出的成立政党的申请没有一份被批准;而且拉夫桑贾尼指定让监护委员会主管专家委员会候选人的法律知识考试;接着又严密审查申请竞选议员的候选人资格,结果在 3 150 名候选人之中有 1 000 多人被清除出去,那些被取消了资格的"难以对付的人",大多属于一个非正式的政治家组织"战斗的教士协会"(MRM),他们是典型的输出革命理论、第三世界理论、经济上高度社会主义化的国家社会主义理论的支持者。所有这一切,都是拉夫桑贾尼极力想要抑制的东西。在这些被清洗的人之中包括这样一些著名的革命狂热分子:萨德克·哈尔哈利、贝赫扎德·纳巴维、马赫迪·卡鲁比、阿里-阿克巴·穆赫塔希米和穆罕默德·霍伊尼哈。毫不奇怪的是,第四届议会可以认为是充斥着拉夫桑贾尼支持者的议会,它是"实用主义者"和"温和派分子"取得的又一个胜利。实际上,议会的选举反映了一种违背责任和违背现状的感觉。它也使"战斗的教士协会"的主要对手、保守的、得到集市商人支持的"德黑兰战斗的教士协会"(JRM)的地位加强了。该组织的一位领袖霍贾特伊斯兰纳特克·努里当选为议长。在 1992 —1996 年期间,"德黑兰战斗的教士协会"牢固地控制着政府,它显然得到哈梅内伊的支持,得以控制了极为重要的情报部、文化和伊斯兰指导部、内务部以及国家的媒体机构。

　　总而言之,第四届议会并不能保证拉夫桑贾尼一帆风顺,1993 年的总统选举并没有加强他的地位。他击败了挂名的对手,赢得了第二个任期。但是仅有 56％的选民去投票,而在这些人之中有 35％的人投票反对拉夫桑贾尼。宗派主义和激烈的政治争论不可避免地、以无法预料的方式发展起来,并且形成了许多怪异的政治同盟,拉夫桑贾尼想要动一动,在许多方面就遇到了困难:限制进口使重要的集市商人感到恐慌;加征新税被攻击为加重"被压迫者"的负担,政府不得不只能更有效地征收现有的税种;停止发放基本物品补贴又引起了下层阶级的愤怒,而他们正是革命政府依靠的坚固基础;增加投资和向外国借贷又将造成仇外心理,而且也违背了《宪法》的明文规定。MRM 极力抵制

232

1996 年的第五届议会选举,这次选举的内幕特别卑鄙龌龊,结果使 JRM 势力更加强大。

随着石油价格下跌,伊朗的外债立刻猛增,从 1991 年的大约 90 亿美元飙升至 1993 年的 340 亿美元;财政赤字的情况依旧没有改变,最终造成通货膨胀率高达 30% 以上。降低官方人为制定的兑换率 70 里亚尔兑 1 美元,立刻导致货币贬值到 1993 年的 1 540 里亚尔兑 1 美元,然后再到 1995 年的 7 000 多里亚尔兑 1 美元。开支增长而实际收入急剧减少,严重影响到多个社会阶层的生活水平。麻烦出现的最初迹象是 1992 年在许多大城市爆发了多次工人暴乱,遭到政府的残酷镇压。1994 — 1995 年,从西北地区的大不里士、加兹温到西南地区的扎黑丹,全国各地发生了多次暴力性质的骚乱。因此,情况已经越来越明显,拉夫桑贾尼的重建纲领付出了重大的社会和政治代价。在他的第二个任期内,全国的不满情绪已经到了非常危险的程度。

在外交政策方面,拉夫桑贾尼不得不面对敌意日益增长的美国。被伊朗顽固地反对阿以和平进程,支持哈马斯、真主党之类"恐怖主义"组织激怒的克林顿政府,由于担心报道所说的伊朗获得了军事装备,以及伊朗致力于获得"大规模杀伤性武器",在 1993 年 5 月宣布了旨在封锁伊拉克和伊朗的"双重遏制政策"。对伊朗采取的政策主要是经济制裁,由于国内经济危机尚未过去,这将对伊朗打击很大。但是,只有为数不多的美国盟友采取了这种方式,甚至许多美国公司也在继续与伊朗做买卖。在联合石油公司宣布获得一项 10 亿美元的开发伊朗近海油田的契约之后,克林顿政府在国会和亲以色列的院外集团压力之下,在 1995 年 4 月宣布了对伊朗实行全面经济禁运。使美国企业烦恼的是,美国和伊朗之间的贸易自革命以来已经回升到每年 7 亿美元之上,现在实际上又下降到了零点。1996 年,遏制战略达到了一个全新的水平,通过了"伊朗-利比亚制裁法令",该法令威胁要对凡是在伊朗以任何形式进行投资的外国公司进行经济惩罚。这个法令惹火了许多欧洲国家,他们迫不及待地要利用机会与伊朗发展更多的经济联系,坚持"约束"政策和"必要的对话"可能更有利于影响伊朗的行为。最后,这个法令证明是无效的,因为它几乎立刻就遭到了法国、俄国和马来西亚财团的挑战,他们与伊朗签订合约参与开发伊朗丰富的天然气。克林顿政府决定不再坚持这个法令。

即使在欧洲,拉夫桑贾尼改善关系的计划也遇到了困难。除了针对拉什迪颁布的法特瓦造成的障碍之外,还有伊朗政府全力追捕和暗杀逃往国外的政敌问题。这样的事件发生了许多次,包括 1991 年在巴黎附近残酷地暗杀巴列维王朝最后一任首相沙普尔·巴赫蒂亚尔。不过造成麻烦最大的,则是发生在曾经是伊朗最友好的贸易伙伴国中一起不那么引人注目的事件:1992 年,4 名库尔德持不同政见者在柏林的米科诺斯饭店被杀。德国的官方调查直接指向伊朗政府的许多高级官员,其中一位是伊朗情报部长阿里·法拉希扬,他被控告实际参与这个案件,并且发出了逮捕他的命令。法拉希扬被控在 1992 年 9 月 17 日代表一个包括哈梅内伊和拉夫桑贾尼在内的委员会下达了暗杀的命令。1996 年,法庭举行了案件听证会,恼羞成怒的伊朗政府声称这次审判是"出于政治目的",外交部长维拉亚提威胁说要控告德国政府"侮辱我们的价值观念"。一些教士吵吵闹闹要发布一个跟处死拉什迪的命令类似的法令来对付这个案件之中的检察官。然而在 1997 年 4 月 10 日,德国法庭再次确认伊斯兰共和国当局最高层,包括哈梅内伊和拉夫桑贾尼两人在内对这场暗杀负有直接责任。这时,德国政府别无选择,只得召回自己驻伊朗的大使。随后,其他欧盟国家的大使也离开了伊朗,以示团结一致。他们希望一个月之后能够恢复关系,但这次遇到了难以逾越的障碍,哈梅内伊拒绝接受德国大使返回,因此其他国家也拒绝让他们的大使返回伊朗,"必要的对话"政策也被抛到一边去了。

文化的发展

历史将会记住的拉夫桑贾尼当政 10 年期间最突出的成就可能是在文化领域。正如人们所预料的,宗教研究繁荣了,在历史和文学领域中一些先前受到忽视的课题现在研究成果增加了,特别是在文献的出版和对伊朗古代历史的重新阐述方面更是如此。在伊朗国内和在国外

234

伊朗侨民社区中,出现了许多新的学术、文学和通俗杂志。但是最有影响的成就还是在电影艺术领域。

考虑到许多革命领袖从宗教立场出发把电影看成是西方文化渗透的传播手段,从而对电影抱着敌视的态度,这种情况很有点出乎意料。电影院曾经是革命动乱年代最容易受到攻击的对象,伊斯兰政府除了进行宣传之外,很少利用电影做任何事情,并且加强了新闻检查机构。这个机构比巴列维统治时建立的任何机构都更加严厉和广泛。电影制片人受到官僚机构的严重压制,不仅是在作品的内容,还在于它是否符合伊斯兰价值观念,制作过程之中的每一个步骤都受到严格的审查。总体上艰难的经济环境和物资装备短缺,也限制了制片人和导演施展身手。

不过,伊朗的困难常常有助于激发文化创作能力,促使它以意料不到的方式发展起来。有些杰出的导演能够变这些不利因素为有用的财富,成为自己电影制作风格的特色。影片通常使用不大出名的演员或非专业演员;他们强调故事情节和人物性格发展过程重于灯光、音响效果和技术才能;他们鼓励一种朴素的、几乎是文献纪录片式的表演方式,它减少了好莱坞影片特有的、必不可少的精美布景、服装和装备。许多导演支持革命,具有革命的价值观念,这些反映在他们关心普通百姓、穷人和被压迫者的生活问题和基本的尊严方面。这类影片之中最优秀的影片浸透了伊朗本土文化的特色,讲述了许多动人而又完全符合普通百姓诉求的故事。20 世纪 80 年代中期,政府开始认识到电影制片业的巨大价值,它不仅可以用于国内政治宣传,而且可以用来重新恢复伊朗在国际上严重受到损害的形象。随着法拉比电影基金会的建立和其他许多措施的实行,政府开始在财政上更加支持影片制作。拉夫桑贾尼的新任文化和伊斯兰指导部部长穆罕默德·哈塔米也放松了对影片内容的严格限制。这就使得优秀影片数量明显增加。伊朗影片开始在一个又一个电影节中获得国际上的赞扬。

伊朗电影艺术革命的杰出代表毫无疑问是穆赫辛·马赫马尔巴夫,他在青年时代曾经因为攻击一名警官被捕,投入了国王的监狱。他说自己曾经遭到殴打,完全在等待被处死刑。革命之后他被释放了,这场革命为许多像他这样致力于电影制作的人打开了先前关闭的命运之门。他的早期影片塑造了许多社会下层人物形象,他们通常处于极其困难的环境之中,必须面对贪赃枉法、压迫和那些善于利用他人的不幸来进行剥削的人。例如,影片《骑车者》(1989 年出品)讲述的是一个阿富汗难民的艰难处境,他发疯似的想要搞钱来支付老婆的医疗费用,因而同意了连续不停地骑一个星期的自行车。马赫马尔巴夫尽管曾经是革命的支持者,但他的影片经常越过监察机构所允许的范围。他最有争议的作品大概是《纯真时刻》(1999 年出品)。在这部作品中,马赫马尔巴夫再现了使他入狱的那次事件。令人惊奇的是,他分配自己担任那个曾经遭到他攻击的警官角色,但结局是以鲜花和面包代替了枪支和屠刀。在诸如《电影往事》(1992 年出品)和《小地毯》(1996 年出品)①等其他几部影片中,马赫马尔巴夫进一步模糊了虚构与纪实片之间的界线,追求自己感兴趣的影视形象和与众不同的摄影技术,探讨了相关电影理论。

在革命之前就已经成名的导演也开始重新进行创作,产生了许多新的杰作。大流士·梅尔胡伊的经典作品《母牛》(1970 年出品)曾经长期被认为是伊朗制作的最杰出影片。他继续不断地探讨苦难、压迫和仇恨,以及两性之间的感情问题和伊朗社会妇女地位问题。还有一位导演兼作家最近获得了赞扬,他就是阿巴斯·基亚鲁什塔米。他的影片简洁朴素、冷嘲热讽,使用了一种独特的、很容易辨识的方式来进行拍摄。他喜欢抹去电影世界与真实世界的区别。他留下了许多想说而又没有说出的、想写又没有写出的东西,以便使观众更加深入地参与到影片中去。他的作品一般反映了追寻现实生活之中真正珍贵的时刻的激情;注重捕捉遭遇到灾祸时普通百姓的善良本性和自尊;以孩子的眼光来描绘事件;沉醉于伊朗丰富的民族和地理特色(他的影片经常描写突厥人、库尔德人、阿富汗人和其他少数民族)。这些特点明显地反映

236

---

① 有人译成《魔毯》或《编织爱情的草原姑娘》。——译者注

在他创作的有关伊朗东北部科克尔村人的生活,以及 1990 年那场使当地 5 万人丧生的毁灭性大地震所造成的影响的三部曲之中。他的影片《樱桃的滋味》讲述的是一位打算自杀的中年人开着车在德黑兰游荡,企图寻找一位在他自杀成功之后愿意埋葬他的人,或者在他改变主意之后愿意搭救他的人。该影片获得了 1997 年戛纳电影节"金棕榈奖",也使基亚鲁什塔米成为当代电影界最著名的导演之一。

1997 年的总统选举

在 8 年总统任期结束之后,拉夫桑贾尼没有资格再参加竞选总统了,修改宪法使他可以第三次连任的努力也失败了。为了使他不必彻底离开政治舞台,哈梅内伊任命他担任应急委员会主席。这个机构的建立是为了调解政府各个部门之间的冲突,这是一个适合拉夫桑贾尼的理想职务,可以让他继续对政治进程发挥自己的影响。

由于拉夫桑贾尼离去而造成的空白,使 1997 年的总统选举引起了极大的关注。而对国家经济状况继续毫无改善的不满情绪和许多人渴望放松严格的、使人窒息的国内环境的心情,又使这次总统选举变得更加火热。二百多名候选人提出了参加竞选总统的申请。像通常一样,这些人必须经过监护委员会的审查,以便以这样那样的理由清除不合格者和不良分子。9 名提出申请的妇女中没有一个被接受;也没有一位反对派候选人被批准,即使像易卜拉欣·亚兹迪这样在革命早期起过突出作用的人也被排除在外。这就使得只有 4 个人能够参加竞选。他们是阿里·阿克巴·努里、穆罕默德·哈塔米、穆罕默德·雷沙赫里和礼萨·扎瓦雷。扎瓦雷是一名律师,也是唯一有机会参加竞选的非宗教神职人员。雷沙赫里是极端保守的阿亚图拉和前总检察长(1989 — 1993)。他在监禁和处决那些被怀疑是保王派分子和左派观点的人方面非常卖力。这两名候选人都没有特别强大的势力,他们参加竞选可能只是为了象征性地提供点竞争而已。

纳特克·努里自 1963 年以来就是教士集团之中的活跃分子之一。他在 1971 年曾逃离伊朗;革命之后他曾经担任过一些不太重要的职

237

务;1986 年被选入议会;1992 年 JRM 获胜之后担任议长职务,这个职务使他经常和拉夫桑贾尼作对(1996 年他险些把自己的席位输给了拉夫桑贾尼的女儿)。纳特克·努里得到哈梅内伊几乎是公开的支持,并且广泛地被认为是当局提出的候选人,得到政府控制的电视台、广播电台的极度关注。革命卫队司令实际上已经下达命令,要求投票给纳特克·努里。还有证据表明,像巴斯吉和安萨尔真主党这类组织也支持他。因此,在选举之前进行的民意调查表明,有 60% 的公众(几乎百分之百是他的支持者)认为纳特克·努里将获得胜利。但具有讽刺意义的是,同样是这次民意调查,大多数人预测只有不足 40% 的选民有意投票支持他。

哈塔米是参选者之中的未知因素。他显然得到从前的导师拉夫桑贾尼,还有亲拉夫桑贾尼的"重建人员组织"以及 MRM 中某些与他有长期联系的政治人物的支持。哈塔米一开始不太想参选,只是在哈梅内伊(他是哈塔米家的老朋友)保证他的候选人资格没问题后才参加。同时,他虽然说不上是政治精英集团之中的非常出名的人物,也说不上是大多由霍梅尼先前的学生组成的革命"老卫士",但绝不是毫无名气的无名之辈。他在伊斯法罕、库姆和德黑兰接受宗教学习之后,作为伊斯法罕穆斯林学生联合会的首领成了 20 世纪 70 年代的活跃分子。据说他和霍梅尼之子艾哈迈德和霍梅尼的同事蒙塔泽里关系很好。在革命之后,他接替阿亚图拉贝赫什提的位置,成了汉堡伊斯兰中心的主任;1980 年被选入议会,担任了许多主要与文化宣传有关的次要职务。最重要的是,拉夫桑贾尼在 1989 年任命他担任新的"重建内阁"文化和伊斯兰指导部部长。哈塔米显然非常得人心,在议会确认的过程之中获得了最多的信任票。由于他放松对新闻出版和电影艺术的控制,因而他在知识分子之中有许多朋友。但是,他也因为负责该部而受到挫折,被卷入了一场极为激烈的争论。当时,教士集团特别法庭逮捕了霍贾特伊斯兰阿布法泽尔·穆萨维安,因为他在自己的报纸《呼罗珊报》上发表了某些观点。而哈塔米的部门企图保护穆萨维安,指出特别法庭的做法违反《宪法》和《新闻出版法》,法庭坚持自己的宗教权威压倒

238

一切诸如此类的理由,判处穆萨维安在库姆实施软禁。随后,哈塔米因
为对部属机构过于仁慈而受到批评。他在 1992 年被免职,被派去管理
国家图书馆。

虽然有迹象表明他实际上是拉夫桑贾尼支持的候选人,并且和哈
梅内伊关系很好,但选民们很快就认为哈塔米是 4 名候选人之中最像
局外人,也因此最可能打破现存政治、社会和经济僵局的人选。在接踵
而来的选战之中,哈塔米明显地抓住了公众的想法,使自己的人气迅速
提高。他把自己塑造成和蔼可亲、深得人心的形象,乘坐公共汽车在全
国旅行,深入普通百姓之中。他暗示要防止"迷信和狂热",就必须实行
"法治"。这些话被广泛地接受,成了支持放松宗教领袖对私人生活的
干预,建立更人道、更负责的政府的代名词。纳特克·努里攻击哈塔
米,宣称他同情美国,其思想过于开放,这反而愚蠢地加深了这种印象。

1997 年 5 月选举期间,纳特克·努里的支持者最希望的事情就是
没有一位候选人能够获得多数票。这样,他就可以在下一轮预选之中
获得胜利。但是,选举结果表明,哈塔米以惊人的压倒多数票获得了全
面的胜利。参加投票的选民人数创了新的历史纪录(2 970 万人、占有
资格投票者的 94%),因此在许多地方投票时间不得不延长。哈塔米
获得了 2 070 万张选票(69%)。在分析选票取样的时候,人们发现伊
朗人口结构的变化对他的当选起了非常重要的作用。他在德黑兰、哈
马丹这样的大城市之中最受欢迎,特别是妇女和年轻人大多数投票支
持他。相比之下,旧制度的候选人纳特克·努里只得到 700 万张选票。

这些令人惊奇的结果似乎再次表明,伊斯兰共和国政治历史上新
的一章即将开始。

第十一章 当代伊朗

考虑到对可能参加伊朗总统竞选者所设置的种种限制,人们很难239判断哈塔米的当选,究竟是表示人们是投票支持他本人,或者是支持他所代表的价值观念,或者是在表达对经济状况的不满,抑或是投票抗议这种制度本身。不过,哈塔米的巨大胜利在他的支持者之中点燃了全面改革的希望之火,同时也在他的对手之中造成了恐慌。在投票过程中反映出来的不满情绪的程度之强烈,有可能使他作出危害革命基本原则的事情。情况已经很清楚,不顽抗一番,纳特克·努里是不会让步的;如果那真的是他的目标,哈塔米要想把自己在竞选期间激起的希望变为现实,将会遇到巨大的困难。伊朗已经进入了一个不稳定的、漫长的政治斗争时期,但斗争的结果现在仍然无法确定。

哈塔米和改革派

在他的就职演说和后来的多次讲话之中,哈塔米强调宗教不应成为妨碍自由,包括人们质问当局的自由的障碍;强调国家和人民都必须尊重法治;强调个人的尊严和权利将受到保护;强调宗教价值观念的发240展需要社会的物质繁荣;强调"各种文明的对话"胜于对抗,它是当今社会必不可少的。他提出了内阁部长人选并说服议会批准。令人奇怪的是,其中包括几位被认为是直言不讳的改革派,著名的有纳特克·努里最尖锐的批评者和竞争者阿卜杜拉-安拉·努里,以及阿塔-安拉·穆哈杰拉尼。后者曾经公开主张重新恢复与美国的友好关系,并且因为提倡思想自由受到作家们的广泛尊敬。

哈塔米还说服哈梅内伊免去了势力强大的革命卫队司令穆赫辛·礼萨伊的职务,因为后者在竞选期间公开支持纳特克·努里。他拒绝再次任命臭名昭著的安拉·法拉希扬担任情报部长。他任命了一位妇女担任副总统,表明他承认妇女在他当选之中起的作用,以及妇女问题在他的议事日程之中的重要性。他放松了对报刊新闻界的控制,许多报刊开始公开地、不加掩饰地批评政府和社会的方方面面。他轻装简从,继续在全国旅行、接见工人,和普通百姓交谈。他代表库尔德人和其他少数民族充分而坦率地发表意见。曾经有许多人提出要求开放党禁,1988 年①这个要求被批准了,但最初的 30 份申请没有一份得到批准。1997 年,他提出了重新恢复与美国的友好关系问题,并且在 1998年 1 月接受了美国一家电视新闻网的采访。他鼓励美国和伊朗之间重新恢复文化交往。这导致了美国和伊朗摔跤队的互访,大概也反映在法国世界杯赛中由于美国和伊朗足球队比赛而引起的一场人们善意的欢闹之中。

哈塔米的政策尽管非常温和,但它已经足以引起非常激烈的反应。一些所谓的强硬派分子担心国家将会被引入歧途。他们仍然牢固地控制着议会和司法机构,并且得到准军事组织和革命卫队的充分支持。除了议会议长纳特克·努里之外,反对哈塔米的还有司法部长穆罕默德·亚兹迪、监护委员会书记艾哈迈德·詹那提和专家委员会主席阿里·梅什基尼。这些人都被认为是哈梅内伊的亲信并得到他的支持。反对派最初的策略不是直接进攻哈塔米,而是攻击他最重要的盟友、支持者和其他提倡改革或批评教士当局的人。这场斗争在选举政治活动和法庭之中进行,而且显然是一场暴力的、充满恐吓意味的运动。

241

---

① 可能是 1998 年,1988 年他还没有上台。——译者注

在政治战线,监护委员会大肆插手 1998 年 10 月举行的专家委员会选举,从 396 名申请参加 86 名委员竞选的教士之中淘汰出去二百多人。这次选举的特色是投票者漠不关心,结果使强硬派候选人获得了胜利。作为回应措施,哈塔米利用几乎被忽视的《宪法》条款来组织地方议会的选举。选举于 2 月 26 日举行,大约有 30 万人参加竞选 20 万个职位,这么大的规模使得监护委员会难以控制谁可以参加竞选,或者操纵选举结果。与上院选举结果截然不同的是,地方议会选举吸引了许多人去参加投票,这次选举可能是伊斯兰共和国历史上最自由的选举。独立的和哈塔米派的候选人获得了重大的胜利,特别是在德黑兰。哈塔米的对手企图以取消德黑兰议会中几位当选的改革派的资格的办法作为回击,但是,当这些被拒绝的议员得到哈塔米和哈梅内伊的确认之后,这个企图破产了。

1998 年 4 月,在后来被改革派报纸泄露出来的一些私下谈话之中,革命卫队司令叶海亚·拉希姆·萨非提醒哈梅内伊注意放纵"伪"教士鼓吹自由造成的麻烦,建议对某些持不同意见的作家要"杀头"或"割掉舌头"。虽然后来他立刻就宣布他的意见被人断章取义了,但是他并不隐瞒自己的信念:革命卫队的主要职责就是"保卫革命",反对国内"文化"和"思想意识形态"上的威胁。还有一个情况也是非常明显的,革命卫队、巴斯吉、安萨尔真主党和其他治安组织已经多次洗劫报社,攻击亲哈塔米和改革派的游行示威者。与此同时,司法部门强迫查封改革派的报纸,逮捕报社新闻记者的行动也时有发生。7 月 28 日,哈塔米发表谈话,号召保护新闻出版权。几天之后,法院的首脑穆罕默德·亚兹迪就强调,新闻出版正在滥用自由的权利。9 月 15 日,亚兹迪得到哈梅内伊的支持,哈梅内伊号召官员们行动起来,反对这些报纸。一场合法的查封报社的高潮接踵而来,包括最支持哈塔米和改革派的报纸《图斯报》也被查封了。令人惊奇的是,哈塔米自己的文化部部长、具有自由主义思想的阿塔-安拉·穆哈杰拉尼也支持查封报社,并且吊销了报社的许可证。

在这种背景之下,事情朝着一种极为恶劣的方向发展(这也是哈塔

242

米时期最受人诟病的方面之一),许多被认为是批评过伊斯兰共和国的作家、新闻记者、学者和知识分子相继神秘死亡,这几乎变成了一种模式。在哈塔米总统任期的第一年半中,至少有 9 名持不同政见的作家和政治活动家被暗杀。他们或是死于非常可疑的情况之中,或者是失踪了。其他许多人遭到袭击、骚扰或者逮捕。举一个特别重要和可怕的案件为例,1998 年 11 月 22 日,大流士·福鲁哈尔和妻子死在德黑兰自己的家中。据报道,他们被歹徒的乱刀捅死,躺在血泊之中,身上还插着匕首,面部朝着麦加方向。70 岁的福鲁哈尔是巴扎尔甘政府的劳动部长,他是伊斯兰共和国最直言不讳的批评者之一,领导着一个从法律上严格来说是非法的,但又被允许存在的世俗主义组织"伊朗民族党"。这个谋杀案件最令人不解,因为众所周知福鲁哈尔的住宅处于情报部门的监视之下。两天之后,先前失踪的新闻记者马吉德·谢里夫的遗体被发现了。12 月 3 日,诗人穆罕默德·穆赫塔里失踪了。一个星期之后,他的遗体在德黑兰停尸所被发现了,显然是在受到殴打之后被掐死的。12 月 13 日,又有一位作家穆罕默德-加法尔·波扬德也发现被掐死了。这些事件促使一群著名知识分子发表致哈塔米和哈梅内伊的公开信,要求进行调查,逮捕暗杀事件的责任人。

在福鲁哈尔暗杀事件后,哈塔米谴责暗杀是"令人厌恶的罪行",保证要将杀人犯绳之以法,并且为此专门成立了一个特别工作组。9 月中旬①,一些涉案嫌疑分子被捕。政府官员暗示这些暗杀要归罪于圣战者组织和其他持不同政见组织。哈梅内伊亲自发表了一个广为人知的公开讲话,声称要把罪恶归罪于"外国的走狗"和"阴谋家"。但是,流亡在法国的前总统巴尼·萨德尔宣布,他有证据表明哈梅内伊支持的亚兹迪和詹那提就是这些暗杀行动的后台老板。紧接着在第二天,事态有了惊人的变化,哈塔米的情报部长承认:"这是本部一些不负责任、离经叛道的同事的擅自行动,他们毫无疑问是秘密的特务,为了外国的利益犯下了这些罪行。"一些长期被怀疑的事情现在终于公开承认了,

---

① 此月份疑有误,福鲁哈尔是 11 月遇害,不可能 9 月逮捕嫌疑犯。——译者注

但留下了一个令人不安的印象,即伊斯兰共和国正在求助于自己曾经控诉巴列维王朝当局使用过的同样的手段。企图把罪责推给"外国人"的说法是完全难以令人信服的,也是徒劳无功的。同样难以置信的是,这些走卒采取这样胆大包天的行动会没有得到高层人士的批准。在随后的公众骚乱之中,阿亚图拉蒙塔泽里和其他人号召对此进行彻底调查,清洗情报部。还有一个显而易见的问题是,谁应当对批准暗杀行为负最终的责任?但这个问题被证明很难回答。

1999 年 1 月中旬,有传闻(不可能证实)说哈梅内伊召唤哈塔米参加一个会议,会上亚兹迪、纳特克·努里和萨非严厉指责总统处理这件事情的方式,用安全部队包围了会议现场来威胁他,最后向他提出了一份最后通牒:或者以福鲁哈尔事件是一小撮叛徒所为结束这件事情,或者面临撤职。1 月 18 日,一份明显帮情报部洗脱罪名的报告发布,哈梅内伊也敦促停止有关调查方面的争论。此后,他装着漫不经心地、反复多次暗示最好是忘掉这件事情。最后,负有责任的部长库尔班-阿里·多里·纳杰夫阿巴迪被迫辞职,由阿里·尤尼希取而代之。有些报道说,纳杰夫阿巴迪是哈梅内伊迫使哈塔米任命的,哈梅内伊为这个部辩护,并且鼓励他坚守职位,因此他被免职是温和派的一个胜利。不过,还有一件事情完全不清楚,哈梅内伊为什么一定要保纳杰夫阿巴迪呢?他之前并没有从事情报工作的经历。而他的继任者尤尼希长期担任检察官,是雷沙赫里的门生。在议会举行的确认听证会上,尤尼希发誓要加强情报部,使它成为"阻击敌人和对这个体系不怀好意的人的伏兵",这个誓言很难使持不同政见者感到放心。

4 月,哈塔米再次表明他决心要清除"社会上披着宗教外衣活动的不良团伙"。但是,在 1999 年底的时候,究竟是谁最终批准暗杀行动的问题仍然没有答案。调查工作以绝对保密的方式进行,有人多次提出要求国际监察人员监督事件的进展,却被置之不理。尽管有 10 名暗杀事件的嫌疑犯已经被捕,但对他们的确认工作却没有进行。仅有一个人、据说是策划者的副部长赛义德·伊马米(据说在被关押的埃温监狱自杀)被公布出来后又公布了三个人。文化和伊斯兰指导部部长穆哈

244

杰拉尼承认,主要嫌疑犯"自杀"是非常可疑的事情。虽然伊马米的录音供状最后交给了议会,但情况仍然不清楚,涉及这个案件的司法审讯过程从来就没有打算公开。最后,调查工作据说是以明显属于捏造的假想结论结案的:结论是伊马米是美国和以色列雇用的凶恶走狗。

在法院和议会之中,反对改革派的斗争继续在进行着。在这里,哈塔米自己的口号"法治"限制了他的干预能力。在整个1998年还有1999年,许多改革派被传唤去接受问讯,或者因为模棱两可的《新闻出版法》或其他的违法行为成了被起诉的对象。最少有12家具有独立思想的报社被迫关门。在这场司法攻势之中,最著名的牺牲品是德黑兰市长古兰-侯赛因·卡巴斯奇。卡巴斯奇是拉夫桑贾尼的门生,由于在首都公共工程建设之中取得的成绩而深得人心,也是哈塔米选战的主要设计师。1998年4月,根据司法部长穆罕默德·亚兹迪的命令,他被捕了,并且因为财政上的不当行为受到了指控。不顾公众关于这次审判是受到政治目的驱动的看法,卡巴斯奇在7月被定罪、罚款和禁止参加政治活动,最后被送入了牢房。1999年5月,哈塔米和拉夫桑贾尼正式发表意见,对审判表示遗憾。但是,哈梅内伊作为唯一有权发布赦免令的官员,在收到许多议员多次要求他发表意见的请求之后肯定了这个判决(卡巴斯基后来被提前释放)。反哈塔米派受到这个胜利的鼓励,把矛头对准了明确表示支持卡巴斯基的内务部长阿卜杜拉·努里,并且在1998年6月成功地启动了弹劾程序。他后来被捕,定罪并被判处5年监禁,罪名是在自己的《三月报》上发表文章。但是,这个战略产生了事与愿违的结果。努里成功地以自己的审判过程为舞台,质疑起了特别法庭的合法性,这反而使他成了改革派的偶像。强硬派后来企图弹劾文化部长穆哈杰拉尼也失败了。但是,他们在2000年2月继续攻击他,指责他出版漫画攻击有争议的保守派阿亚图拉穆罕默德-塔吉·梅斯巴赫·亚兹迪,举行游行示威要求他辞职,甚至要求处死他。这些漫画刊登在《自由报》上,是为了嘲讽梅斯巴赫·亚兹迪指责中央情报局的特工们拿着满箱子的金钱前来德黑兰支持改革派的新闻记者。

在伊朗当时总体上紧张而又不稳定的气氛之中,还有一个造成社会压力加剧的标志是各种各样的恐怖主义组织在伊朗内部发动的一系列袭击活动。圣战者组织从伊拉克的基地上对伊朗发动的袭击,在整个 1998 — 1999 年简直成了家常便饭。圣战者暗杀了两位著名的伊朗官员:1998 年 8 月暗杀了前埃温监狱狱长阿萨德-安拉·拉杰瓦迪,1999 年 4 月暗杀了哈梅内伊的军事顾问阿里·赛义德·设拉齐将军。他们还制定了一个要杀掉政府所有高级官员的阴谋,这个阴谋是由一个之前没有听说过的地下组织"马赫达维亚特"制定的。早期的新闻报道暗示该组织的基地在马什哈德,它认为所有真正的权力都应属于隐遁的伊玛目,并且正在促使他早日降临。这就使人联想到具有相同思想的、在呼罗珊实力强大的霍贾提亚派①可能正在恢复其反对派的活动。

　　不同派别的冲突终于在 1999 年夏天达到了顶点。7 月 8 日,大学生们在德黑兰大学举行游行示威,反对查封亲哈塔米的《和平报》。当天晚上,至少是在革命卫队和警察的暗中支持之下,安萨尔真主党攻击了学生宿舍,殴打学生,放火焚烧他们的寝室。几千名学生和抗议者随后走上德黑兰街头。在游行示威者与安萨尔真主党、巴斯吉组成的维持治安人员之间发生了冲突,并在接下来的 6 天里演变成越来越严重的暴力骚乱,至少蔓延到 8 座城市,其中包括哈马丹、伊斯法罕、马什哈德、大不里士和亚兹迪。在德黑兰,骚乱的人群攻击了银行、保守派的《世界报》和《伊斯兰共和国报》报社还有情报部。他们呼喊着侮辱安萨尔真主党和巴斯吉的口号,要求烧死警察头目赫达亚特·卢特菲安,并且不时地呼喊法基赫哈梅内伊下台的口号(这是一个非常具有挑衅性的行动,因为严格说来,即使是批评哈梅内伊也是违法的)。现在不清楚的是,是否像某些人断言的那样,在学生们的抗议活动之中混入了某些敌对势力,在这些人之中有真正的煽动革命者,也有由当局派来的挑衅分子,他们企图把学生和无法无天、反对哈梅内伊的罪责者联系在一起,以此败坏学生的名誉。

246

---

　　① 霍梅尼体制之内的一个合法的宗教派别,得到许多高级人物的支持。——译者注

起初,哈梅内伊认为游行示威是美国资助的反对伊朗的阴谋,而哈塔米正在鼓励"这些充满生气的、有活力的和积极的"大学生。正如后来才知道的那样,7月12日革命卫队司令曾经毫不隐晦地写信给哈塔米,告诉他"我们的忍耐已经到了极点",我们绝不会"表现出任何宽容态度"。根据伊朗近代历史类似的情况判断,这些事件看起来好像是要发生政变的序幕。7月14日,在举行大规模支持哈梅内伊的反游行示威那天,哈塔米决定不支持游行示威者,声称抗议活动是"离经叛道,必须以武力坚决镇压"。这场危机就这样意想不到地化解了,哈梅内伊为自己在各个大学可怜的"孩子们"留下了关切的眼泪,学生们支持的哈塔米却指责他们有"罪恶目的",已经威胁到国家的安全。

无论如何,秩序已经恢复。官方媒体认定3个人是这场动乱的罪魁祸首:赫什马特-安拉·塔巴尔扎迪(一个怪人,被怀疑是情报部安插在学生运动之中的爪牙)、曼努切赫尔·穆罕默迪和戈兰礼萨·穆哈杰里内贾德。穆罕默迪上了电视示众,显然是遭到了殴打并服了麻醉药。他承认曾经与在土耳其的"一个反革命分子"会面。还有许多其他学生不得不为自己的行为接受革命的审判;新闻报道指出,有一千多名学生被关进了埃温监狱,还有人呼吁要把他们作为背叛真主的人(这是一种大罪)进行审判。正如本文所说,检查工作从下级警官袭击学生宿舍开始,但议会质询之后宣布卢特菲安无罪,并把骚乱的部分责任推给学生。这些学生中被释放者寥寥,至少有一人可能被判死刑。

7月血腥内战的真实场面即使算不上是革命,显然也对有关各方产生了值得认真思考的影响。其他的学生领袖保持低姿态,极力争取库姆老资格的教士集团支持。哈梅内伊除了约束革命卫队和巴斯吉的活动之外,还意外地在各种讲话和布道之中赞扬了哈塔米。他还采取行动平息了由于逮捕埃米尔·卡比尔理工大学4名学生所引起的抗议浪潮,因为他们创作了一个被认为是亵渎真主的剧本。有些教士呼吁处死他们,哈梅内伊拒绝了他们的意见(但1999年11月有两名学生被判处监禁三年)。哈梅内伊还对官僚部门进行了精心的改革,其用意至今仍然不完全清楚。7月17日,有报道说,哈梅内伊的连襟穆赫辛·拉菲克杜斯特已经辞去了被压迫者基金会主席的职务,接管了警察部队。8月,哈梅内伊撤销了极端保守的司法部长穆罕默德·亚兹迪的职务,由马哈茂德·哈希米·沙鲁迪取而代之。12月,议会授权马哈茂德·沙鲁迪可以撇开法院裁定他认为违反伊斯兰法律的事情。就哈塔米而言,他已经抛弃了所有的自由主义盟友,听任他们在法庭遭受命运的审判,集中精力关注经济和外交政策方面的事务,让国内问题顺其自然发展。因此,看来1999年夏季的主要教训是,教士集团无论有多大的内部分歧,但为了消灭对现存政治制度的威胁都会毫不犹豫地团结起来,采取任何必要的手段给敌人迎头痛击。

哈塔米时期的经济和外交政策

哈塔米迟迟没有推出解决伊朗经济危机的方案,而经济仍然在继续恶化。在他的政府执政前两年,经济增长率实际上已经下降到1%;工业投资减少40%;失业率可能接近20%;在经济好转之前,里亚尔曾经贬值到8 000里亚尔兑1美元;伊朗已经没有能力偿还外债。国家经济仍然严重依赖石油,石油收入大约占80%的出口收入和90%的政府收入。只是在发现了新的大油田和1999年下半年石油价格大幅度反弹之后,才使这种情况有了较大的缓解。

哈塔米政府是一个由MRM和亲拉夫桑贾尼的技术人员组成的奇怪联盟,他们在对经济问题的看法上从来就没有取得过一致的意见。这些基本矛盾再次反映在哈塔米好不容易才制定的2000—2005年的五年计划之中。正如哈塔米自己解释的那样,这个计划是经济现状和"政治、思想领域"需要的妥协的产物。一方面,它重弹了拉夫桑贾尼精简政府官僚机构、鼓励投资、抑制通货膨胀、降低补贴、经济私有化的老调;另一方面,它继续提出了一些令人难以理解的、不现实的目标,如增加非石油产品的出口、农业实现自给自足,并且承诺要实行国家社会主义和福利国家的政策,作为给"被压迫者"的福利。"通过消灭阶级差别来实行经济上的平等主义","巩固伊斯兰革命的精神和实际价值观念,有力地抵制外来文化的影响"。不过这个计划中最醒目的矛盾可能在

248

于尽管它认为吸引外资会带来思想意识形态上的和违宪的问题,但它还是极力强调必须吸引外资,与此同时又呼吁"在吸引外资的时候,要防止受到外国的支配"。

哈塔米像他的前任一样,既没有明确一致的解决债务、财政赤字问题的办法,也没有解决像停止发放补贴、提高税收或控制势力强大的基金会等问题的办法。他的一位顾问坦率地承认,仅仅是为了维持现状,使大量的年轻人能够找到工作岗位,伊朗经济每年就必须增长 6.5%,但实际上只能勉强增加 1%。失败主义、悲观主义的一个标志和这种形势未来必定出现的潜在问题,就是哈塔米的计划面对着持续居高不下的、大约 20% 的通胀率和 13% 的失业率。因此,为了能够使哈塔米的经济计划有成功的一线希望,外国资本是绝对必须的。反过来,这又要求创造一种有利于投资的环境。正是在这个方面,哈塔米似乎获得了令人瞩目的成就。

哈塔米政府继续执行拉夫桑贾尼执政时期加强与各个阿拉伯国家和伊斯兰国家关系的政策,哈塔米反复强调"消除紧张局势",促进和平、稳定是其政策的基础。这个政策成功的标志是 1997 年 12 月初在德黑兰举行了伊斯兰会议组织最高级会议,不顾美国在卡塔尔组织一个唱对台戏的经济会议极力阻挠这个会议的召开,55 个成员国实际上都参加了最高级会议,其中包括像科威特、约旦、沙特阿拉伯、埃及和土耳其这些美国亲密的盟友,甚至像伊朗的凤敌伊拉克和巴勒斯坦解放组织也参加了会议。伊拉克副总统和亚西尔·阿拉法特也接受哈塔米的邀请来到了德黑兰。最高级会议的公报传达了十分矛盾的信息。哈梅内伊极力宣扬"西方的物质文明……把所有的人都引向了唯利是图的道路,金钱、贪婪、肉欲和无止境的欲望互相影响着"。而哈塔米则高谈和谐、互相尊重和理解。还有人企图利用最高级会议来谴责以色列、土耳其和阿富汗的塔利班,但最后《公报》仅仅是对"扩张主义"、"国家恐怖主义"作了一些含糊不清的批评,呼吁尊重"伊斯兰妇女的尊严和权利"和"各种文化、宗教之间的相互影响,以及对话和理解"。

绝大多数代表在离开的时候都有一种印象,即伊朗出现了一种克制和温和的新精神。在最高级会议之后,沙特阿拉伯和伊朗的关系明显地缓和了。这反映了自霍梅尼时期以来一个急剧的变化。霍梅尼在遗嘱之中曾经痛斥法赫德国王(King Fahd)和沙特阿拉伯流行的"瓦哈比教派是毫无根据的、迷信的宗教异端"。在经历了多年的紧张关系之后,两个国家出于稳定波斯湾地区秩序的意图和制定共同的有利的石油政策的需要,关系越来越近乎。1998 年 5 月,双方以"友好、互相尊重和互相理解的精神"签订了正式的合作条约,保证要增进商业、技术和文化领域的广泛合作。而且,这还不仅仅是一个双边关系的声明,沙特的费萨尔亲王(al-Faisar)指出,这个条约将对整个地区产生积极的影响;它极大地加强了沙特阿拉伯在伊朗与海湾合作委员会之间的中介作用,并且企图说服后者相信伊朗已经放弃了先前的扩张与侵略政策。伊朗占领阿布穆萨岛和通布岛仍然是阿拉伯联合酋长国非常关注的事情,但只有阿布扎比政府坚决要求解决这个问题。沙特王国还帮助伊朗迅速改善了和埃及的关系。这种趋势看起来似乎正在朝着全面恢复两国关系的方向前进,但遇到了一个难题:伊朗一些派别极力反对埃及提出的先决条件,即要求伊朗把德黑兰一条以暗杀安瓦尔·萨达特的罪犯哈利德·伊斯兰布利名字命名的街道改换名字。

　　另一方面,伊朗在本地区继续面临许多的挑战。在许多方面,它的行为方式确实根本没有一点改变。当伊拉克似乎正在加强支持圣战者组织活动的时候,伊朗与伊拉克的关系仍然非常紧张。从伊朗这方面来说,它加强了与伊拉克伊斯兰革命最高委员会(SCIRI)的合作,动员军队在伊拉克边境进行训练演习,使用导弹和地面进攻来打击伊拉克境内的圣战者训练基地。对于伊拉克什叶派教士被杀事件,究竟是伊拉克人清除亲伊朗的宗教领袖,还是伊拉克伊斯兰革命最高委员会清除反对法基赫统治理论的教士行动,各种报道说法不一。当逊尼派的塔利班取得胜利,亲伊朗的军事力量失败之后,伊朗和阿富汗的紧张关系升级了。1998 年 9 月,许多伊朗的"外交人员"在马扎里沙里夫(Mazar-e Shatif)被杀之后,伊朗在东部边境动员军队,战争似乎立刻就要爆发。不顾阿拉法特出席伊斯兰会议组织最高级会议,伊朗仍然

250

严厉地批评巴勒斯坦解放组织和巴解组织参加美国支持的巴以和平进程。没有任何证据表明伊朗已经减少了它对哈马斯、真主党组织或伊斯兰圣战者的支持。

　　最有趣的事情大概是伊朗在伊斯兰会议组织最高级会议上对土耳其的刺耳批评,结果导致了土耳其代表苏莱曼·德米雷尔提前回国,他收到的是拉夫桑贾尼邀请出席会议的个人请柬。虽然自革命以来土耳其和伊朗之间的关系一直比较正常,但并不热烈真诚。有几个原因使它们的关系恶化了:伊朗根本不可能不怀疑像土耳其这样坚定的世俗国家和亲美国家,它特别担心土耳其和以色列之间正在发展的密切军事关系。况且,这里还有一个由中亚各个共和国和阿塞拜疆输送石油的管线问题。土耳其和美国特别希望这条里海管线通往土耳其的杰伊汉港,而不愿意使用更便捷的由里海通往波斯湾的管线,因为这条管线不可避免要通过伊朗的领土。这就使伊朗在下个世纪面临着在自己的北方将要出现一个强大的、繁荣的、世俗的、亲美的突厥语国家联盟这样一个必然的前景。这种情况发展下去,很难不对伊朗本国的突厥族少数民族地位问题起到暗示作用。在土耳其方面,它有理由认为伊朗与土耳其的库尔德游击队、伊斯兰组织的活动有牵连;甚至有许多传闻说伊朗卷入了暗杀土耳其著名世俗主义新闻记者艾哈迈德·塔纳·基斯拉利的案件。土耳其对伊朗批评它处理一位贞洁党女党员身穿伊斯兰服装想要在议会就座而引起的争论的方式不妥时反应尤其激烈。1999 年,两国之间的紧张关系非常引人注目。伊朗官员强烈反对土耳其总理比伦特·埃杰维特的批评,他支持那年夏天的学生抗议活动。在电视上,一名学生"供认",就是在土耳其,他们进行了所谓的"反革命"联络活动。7 月下半月,伊朗人声称土耳其空军(显然是为了追击叛乱分子)轰炸了伊朗在皮兰沙赫尔的一个前哨基地;他们要求赔偿损失,并且"保留报复的权利"。土耳其军事官员否认有任何侵犯伊朗领空的行为,认为伊朗人正在试图转移人们对大学生抗议活动的注意力。另一个外交上的小风暴爆发在议会选举之后,当时埃杰维特表示,希望改革派的胜利意味着伊朗将减少自己对国外伊斯兰组织的支持,伊朗

251

外交部立刻谴责他的意见是干涉伊朗"内政"（它自己在批评土耳其的时候，就完全不使用这个标准了）。

为了恢复与西方国家的关系，哈塔米政府需要表现出自己不仅仅是在改善本国的人权记录，并且对美国把它视为"无赖国家"这样的错误观念也能够"容忍"。为了回应伊朗应当对国际恐怖主义负责的指责，哈塔米强调伊朗实际上是"当代恐怖主义最不幸的牺牲品"。他列举了圣战者组织军事力量持续不断地进行袭击和暗杀活动，以及伊朗外交人员在马扎里沙里夫遭到暗杀这类意外事件。伊朗政府还发表声明谴责袭击在非洲的美国大使馆的行为和多次小规模恐怖袭击美国在巴基斯坦的设施。同时，哈塔米谨慎地指出，伊朗不认为袭击侵略军（即真主党、哈马斯袭击黎巴嫩或巴勒斯坦的以色列军队）是恐怖主义行为。哈塔米政府也开始展示伊朗伊斯兰教的进步性质，特别是在妇女问题方面，把它和阿富汗塔利班的行为做了对比。同样，伊朗禁止从阿富汗和巴基斯坦走私海洛因，积极致力于控制国际非法毒品买卖（还有控制伊朗吸毒现象上升问题）的努力，也引起了人们的重视。

西欧国家由于讨厌华盛顿极力阻挠他们和伊朗的商业关系，迅速接受了这些观点，热情地赞扬哈塔米是一位通情达理的、进步的世界领袖，是他们可以与之交往的人。1998 年 6 月，意大利总理罗马诺·普罗迪访问了德黑兰，与哈塔米讨论了"拉什迪事件"和其他的人权问题。1999 年 3 月，哈塔米开始了为期三天的对意大利的访问，这是自革命以来伊朗国家元首第一次正式访问欧洲。1999 年 1 月，穆哈杰拉尼访问意大利，众议院副议长卢恰诺·维奥莱特甚至称赞伊朗伊斯兰共和国是"民主和稳定的中心"。哈塔米下一个胜利是 1999 年 10 月访问法国。法国人采取了严密的措施，防止圣战者和伊朗其他持不同政见者对这次访问进行任何破坏。他们甚至想方设法满足哈塔米在国宴上不能饮酒的要求（撤去酒类，以无酒精饮料"招待"客人）。法兰西共和国社会主义、自由主义和反教权主义监护人的让步行为，使哈塔米敢于声称其欧洲外交政策已经被接受，因为这种外交是"出自实力地位"的。两次访问都签订了许多新的、内容充实的商业条约，包括与法国埃尔夫·阿奎坦公司和意大利阿基普公司(AGIP)签订了价值10亿美元的石油条约。但是,必须指出的是,意大利和法国公众的舆论并不十分赞成这种新关系。意大利议会许多议员抗议哈塔米的访问。法国的一个知识分子团体发表公开信,批评接待一个在本质上仍然是压迫性的政府首脑。

在哈塔米开始担任总统的时候,谴责针对萨勒曼·拉什迪的法特瓦仍然是伊朗与英国恢复关系的巨大障碍。对于哈塔米政府而言,如果连表面上放弃伊斯兰共和国视为其基础的霍梅尼永无谬误的教条都办不到的话,要将自己与法特瓦划清界限是非常困难的事情。在9月22日接见西方记者的时候,哈塔米终于重申了他的“文明对话”呼吁,并且有点不高兴地指出,霍梅尼只是作为一位伊斯兰法学家在谴责拉什迪的法特瓦之中表达了“他自己的意见”,就伊朗而言,它关心的是“彻底结束”这件事情。他既没有声明废除这个法特瓦,也没有按照它办事,这是一个重要的发展;因为霍梅尼在1989年的信件中就曾经警告过教士集团,说他担心在10年之内有某个“占据审判席位的人”将会说这个法特瓦“是否符合外交规则”还需要再看一看,以便消除与“共同市场和西方国家”的分歧。毫不奇怪的是,仅仅是暗示放弃这个法特瓦就引起了一场抗议的风暴。许多教士,包括大阿亚图拉穆罕默德·法泽尔·兰卡拉尼、努里·哈马丹尼,还有哈梅内伊的私人代表阿亚图拉侯赛因·马扎希里,都强调这个法特瓦是绝对不能废除的。对于每一个穆斯林而言,直到“复活来临之前”,履行法特瓦是强制性的义务。后来,在1998年伊朗和英国外务大臣在联合国会晤的时候,罗宾·库克表达了女王陛下对拉什迪著作冒犯穆斯林表示遗憾。哈拉齐则坦率地表明:“伊朗伊斯兰共和国政府不打算,也不会采取任何诸如此类的行动来威胁《撒旦诗篇》的作者或者与本书有关人员的生命,它也不想鼓励或者帮助任何人这样做。同样,政府本身和先前曾经允诺为此事提供的任何奖金没有任何关系,也不会提供奖金。”尽管像《世界报》、《伊斯兰共和国报》和《使命报》继续敦促政府执行法特瓦,大部分议员再次确认法特瓦的合法性,提供奖金也再次得到确认,甚至还有人冒充大使对英国人说这个法特瓦是"不可废除的"，但哈拉齐的声明已经足以使英国证明改善它与伊朗的关系是正确的。自革命以来，两国第一次完全恢复了大使级的外交关系。1999 年 5 月，英国贸易代表团、议会议员和罗宾·库克接二连三地访问了伊朗。

由于具有重要的象征意义，在哈塔米总统就任初期美伊关系问题就已经出现了，并且在国外新闻界引起了公众的注意。虽然关系正常化确实将对两国带来许多好处，但问题的实质在于，两国政府内部都有人觉得敌对关系对他们的日常行动反而更有利得多。哈梅内伊和其他官员强烈反对伊朗对美国的态度有任何缓和，并且举行了占领美国大使馆 20 周年的大规模庆祝活动。1999 年下半年，重建友好关系的想法实际上已经行不通。大部分原因是因为这个问题对双方而言都已经非常感情化和政治化了。

确实，哈塔米到底是否真的像新闻界猜测的那样非常重视这个问题，还是个值得怀疑的问题。在大选期间，哈塔米被迫谈到这个问题的时候他曾经说，恢复和美国的关系是"毫无道理的"。只要看一看非常善于言辞的纳特克·努里警告要当心"嗜血的美国狼"，哈塔米告诫要反对"横行世界的自大狂"和反对美国的"霸权主义"，就知道这个问题有多么困难。此外，哈塔米的核心支持者有一部分就是当年参与扣押德黑兰美国大使馆人质的大学生激进分子。事实上，他的批评很快就被用来批评他自己了。这里有一件非常令人难堪的事情。一位新闻记者认出了自吹"接受过美国教育"的马苏梅·易卜特卡尔——伊朗参加北京世界妇女大会代表、哈塔米提名的副总统、刻意把她树立为哈塔米在妇女问题上进步观点的象征性人物，竟然是扣押美国人质的发言人、臭名昭著的"玛丽"。哈塔米时期最有讽刺意义的事情之一，是观察那些身处逆境的前军事人员如何维护与华盛顿的友好关系，而保守的新闻界则嘲笑他们是"头脑简单的人"，他们企图以"小花招"来"推脱自己在革命时期占领间谍巢穴的一切责任"。

对于美国和其他批评伊朗的国家而言，局势还没有变化到可以放心地把伊朗纳入世界外交和经济体系之中来的地步。伊朗是否正在追

254

求大规模杀伤性武器的问题仍然受到大家的高度关注,尽管没有办法获得极其保密的情报,不可能判断这个问题实际上到底有多么严重。除此之外,还存在着伊朗对以色列的敌视态度这样一个政治上非常敏感,而实际上又非常难以逾越的难题。反复广播哈塔米的采访稿,也没有完全消除美国听众的疑虑。他在讲话时的学者风度在伊朗很受欢迎,语气好像优越屈尊的训话腔调;他为人质危机辩护;他一有机会就谴责美国支持以色列的"种族主义恐怖政权";而在改善关系方面,除了交换学者、艺术家和旅游者之外,他没有提出一点更实际的东西。从整体上来说,采访稿的目的显然是为了平息伊朗国内由于即将恢复与美国的关系而产生的恐惧感,而不是为了在两国政府之间进行任何严肃的对话。即使是摔跤队互访,也由于在伊朗展开美国国旗的时候引起的骚乱,以及护照检查问题(来访的伊朗队在芝加哥进入美国的时候需要拍照和按手印,伊朗人很难不把它看成是有意怠慢)而受到了破坏。

同时,伊朗与欧洲国家的外交、商业联系迅速发展,伊朗和阿拉伯国家关系的改善,证明美国的遏制政策已经失败。像过去经常出现的情况一样,美国政府发现自己很难作出前后一致的、坚定不移的选择,因为政策的制定者们发出了不同的声音。1999 年 10 月,为了回应克林顿政府比较和解的态度,由罗伯特·托里切利、克里斯托弗·邦德领头的 28 名参议员极力要求国务卿马德琳·奥尔布赖特考虑承认圣战者组织是合法的"抵抗运动",宣布伊朗支持恐怖活动、压制人权的做法仍然没有改变。1999 年 11 月,克林顿总统改变方针,重新对伊朗实行经济制裁政策,考虑到荷兰皇家壳牌石油公司和伊朗签订的石油协定,同意审查强制执行"伊朗-利比亚制裁法案"条款的问题。

因此,哈塔米在改善伊朗的国际形象、改善伊朗与欧洲国家的关系方面取得了非常重要的成就。即使如此,他在国内的对手也不愿让他太平。一种手段是以治安维持队攻击观光游客或官方的客人,特别是他们以为是美国人的人,以达到破坏哈塔米极力倡导的"人民与人民"交流的目的。另一个手段是利用高度紧张的、敏感性的司法诉讼使政府处于难堪地位。由于"米科诺斯暗杀事件"司法诉讼的余波和圣战者

255

组织人员不断在德国出现,德国人一直对伊朗某些团体很冷淡,听任两者间贸易往来急剧衰落。此外,由于伊朗当局在马什哈德逮捕了一位德裔商人赫尔穆特·霍费尔,指控他与一名妇女犯有通奸罪,并威胁要处以死刑,两国的关系又增加了一个新的障碍。但在2000年春天,在这个案件解决取得了一些进展之后,德国人也加入了各国派遣外交人员访问伊朗的行列之中。对于伊朗和欧洲各国关系产生耸人听闻的、可能是毁灭性影响的事件,是伊朗在1999年6月逮捕了13名伊朗籍犹太人,指控他们为以色列进行间谍活动。11月,法国总理莱昂内尔·若斯潘警告伊朗,如果犹太人被处以死刑,伊朗就必须冒被排除在国际社会之外的风险。他呼吁哈塔米总统帮助他们免遭指控。但是,詹那提和其他保守派人士毫不退让地表示,不管这件事情对西方舆论可能产生什么不良的影响,他们必须接受死刑的惩罚。不顾各国政府的再三恳求,哈塔米仅仅是表示他们将得到"公正的审判"。

2000年的议会选举

2000年2月,大大提前举行的第六届议会选举看来是对改革派和对手之间实力的决定性考验。人们广泛地认为,监护委员会将再次利用他们的权力阻挠改革派参加竞选。然而情况正好相反,监护委员会这次只是拒绝了很少的候选人参选,这些人大多是陌生的、或者是公开藐视伊斯兰共和国主要思想意识形态理论的人。委员会可能是希望在这样的选举状况之下,改革派的选票会被分散掉,使保守派更有机会胜出,或者只是单纯地已经适应了这种不可避免的事情。

选举结束后,不仅是在德黑兰,而且在许多小城市和农村,改革派的候选人取得的成绩比预料的要好得多。在德黑兰的情况是,两位最得人心的候选人、哈塔米的弟弟穆罕默德-礼萨和穆哈杰拉尼的妻子贾米莱·卡迪瓦(Jamileh Kadivar)得票遥遥领先。前总统和政治强人拉夫桑贾尼把自己精心打扮成中间派蒙受了耻辱,不得不进入第二轮决选,以微弱多数票勉强当选(依靠反复清点票数的结果,这样做是为了消除为拉夫桑贾尼选举弄虚作假的怀疑)。没有保守派人士被选上。

256

在德黑兰以外的地方,改革派的胜利没有这样彻底,但仍然取得了一边倒的胜利。在 5 月的决选之中,改革派候选人继续遥遥领先。因此情况很明显,他们不仅将控制新一届的议会,而且拥有绝对多数票可以推动激进的改革。这种结果只能解释为人民已经抛弃了保守派和前哈塔米时期的政界当权人物,也是人民支持哈塔米政府的象征。

由于改革派选举的巨大胜利已经成为明显的事实,保守派的情绪似乎已经从惊愕转变成坚定不移的抵抗。哈梅内伊一反从前讲话特有的温和语调,尖锐地批评支持改革派的报纸,并且含沙射影地说改革派既不能背叛伊斯兰革命的价值观念,也不能为外国人的利益服务。4 月底,几乎所有的改革派报纸都已经被查封,甚至新当选的穆罕默德-礼萨还要为他的新闻发布会而面对司法诉讼的威胁。监护委员会开始取消已经选入新议会的当选者资格,企图指控选举舞弊,迟迟不认可德黑兰议会的有效性。保守派指控最讨厌的穆哈杰拉尼秘密与外国外交人员会面,显然意在开辟又一个战场,迫使他从哈塔米内阁辞职,或者为弹劾他打基础。3 月 12 日,有人企图暗杀哈塔米的私人顾问赛义德·哈贾里安,他被送进医院治疗,一直昏迷。这可能是伊朗政治形势混乱固有的不祥之兆。哈塔米和政府对这件事情的进展一直是一言不发,表面上的原因是害怕保守派试图制造危机,寻找一个借口强制实施某种戒严法,停止新议会的活动。

结论

当伊斯兰革命出现的时候,伊朗国内外的学者、分析家和新闻记者大多都没能预测准这场革命的本质和方向。自从革命以后,每一次这个政权面临危机的时候,或是其政府人员大洗牌,变成了一个“温和的”或“实用主义的”政府的时候,他们之中有许多人曾经充满信心、反复多次预言伊斯兰政权即将灭亡。这些都是因为他们决心要使伊朗发生的事实符合已有的关于革命或革命行动的框框所致,而他们总是不断地被证明是犯了错误。特别是像各种事件最终不可避免将导致自由和民主力量获得胜利这样一种观念,要抛弃它是不容易的。想要用这种观念来解释现代所发生的各种各样重大事件的人仍然占压倒多数。伊朗最近的总统选举和议会选举比以前更加激起了人们的信念或者是希望——诸如此类的变革即将发生。但是,也有许多理由需要我们保持十分谨慎和怀疑的态度。

第一,那种以为伊朗现在的冲突是温和的改革派和保守的宗教反动派之间的冲突的观念,完全是伊朗某些政治家和某些急于与伊朗恢复正常关系的国家的实用主义观念。这种观念掩盖了许多令人不愉快的事实,并且常常被人们,特别是新闻媒体所利用。从许多方面来说,这种观念已经接近于滑稽可笑了。不到 10 年之前,正是哈梅内伊和拉夫桑贾尼曾经被人们赞扬为温和派和实用主义者,因为他们把教条主义的、战斗的教士协会"激进分子"赶出了伊朗政坛;今天,大体上同样还是这些激进分子,他们已经变成了重要的"温和派人士"和"改革派人士",而拉夫桑贾尼,特别是哈梅内伊则变成了"强硬派人士"。同时,许多"强硬派人士"对社会问题持保守观点,他们批评贪赃枉法,支持私有财产和经济改革,这又使他们经常被人们视是为真正的"温和派"和"改革派"。伊朗的政治斗争已经思想意识形态化、制度化、代际化,甚至是个人化了,很难符合那些简单化的理论框框。

当人们密切地注视着"改革派人士",特别是那些已经转而支持哈梅内伊的 MRM 成员时,发现能证明他们信奉"改革派"和"自由主义"价值观的记录实在很少。相反,他们的特点是,对于社会经济特别是地缘政治问题抱有许多极端不现实的看法。他们大概受到了名声、浅薄和故作姿态的思想意识形态、对于自己和伊朗在世界事务中的地位的极度膨胀、夸大其词的妄自尊大感所驱动。例如,哈梅内伊的坚定支持者、战斗的教士协会的 3 位首领穆罕默德·穆萨维·霍伊尼哈、阿里-阿克巴·穆赫塔希米和哈桑·萨内伊就是这样。霍伊尼哈是《和平报》的所有人。这张报纸长期被认为是"强硬派"的报纸,但突然就被"强硬派"认定为"改革派"的报纸而受到了攻击。正是由于它被查封,激起了1999 年的大学生骚乱。霍伊尼哈在被捕之后大声疾呼要保护新闻自由,而这位"改革派"就是众所周知的占领美国大使馆的幕后操纵者,也

258

是那些辛辛苦苦复原已经被撕碎文件的学生头头,并且还是有选择地利用这些文件诋毁对手的政客。那些使他的报纸遭到可怕打击的罪名,同样是讽刺、毁谤和共犯。霍伊尼哈并不是真正对言论自由非常感兴趣的,就是他鼓动霍梅尼发布了宣布处死萨勒曼·拉什迪的法特瓦,就是他在担任国家总检察长的时候,没有严格阻止司法审判的恐怖行为。确实,他的职务被穆罕默德·亚兹迪取代可以称之为是温和派的胜利。亚兹迪现在被称为是极端的"强硬派分子"之一,但在过去他却因为支持取消经济控制和经济私有化而受到赞扬。前内务部长穆赫塔希米是黎巴嫩真主党和巴勒斯坦激进组织的主要支持者,他被指控资助实施了洛克比空难。他经常批评拉夫桑贾尼和哈梅内伊已经背叛了霍梅尼的理想,投降了"美国走狗"。然而 1997 年他下台之后,则极力赞扬哈塔米,呼吁改革派人士控制警察和司法机构,以便扇那些反对哈塔米的人"耳光"。那个萨内伊,他领导的"3 月 15 日基金会"提供了几百万美元奖金来暗杀萨勒曼·拉什迪。不顾哈塔米政府保证要平息拉什迪事件的声明,萨内伊再次确认提供奖金的诺言不变,并且据说已经提高了奖金的数目。在哈塔米政府内部,大约有半数阁员是由 MRM 及其前"激进分子"盟友组成的。其他人大多是长期的政治投机者,他们出现在政府之中不能认为是根本的改革即将出现。

至于哈塔米本人,他和他的目标仍然是令人困惑的。有许多人猜测他是真正支持自由主义价值观念的。哈塔米至今仍然不敢质疑伊斯兰共和国的基本信条,他的著名口号是,人民"必须相信"他们将会掌握自己的命运,这句话也可以有许多令人担忧的、模棱两可的解释。因为相信和实际上实现是根本不同的两码事。他的行为同样是模棱两可的。他看来好像真的担心 1997 年 7 月爆发的不满情绪,似乎想认真处理反对派的要求。他曾经高度赞扬像穆罕默德-阿里·拉贾伊这样令人讨厌的人物,把他称为真正的"模范政治家";他还高度赞扬"埃温屠夫"阿萨德-安拉·拉杰瓦迪。前巴扎尔甘政府的部长、年迈的阿巴斯·埃米尔·恩蒂扎姆作为政治犯被关押了 17 年终于获得释放,当他批评哈塔米对拉杰瓦迪这样著名的虐待狂和杀人犯作出如此高的评价之后,立刻又被逮捕送进监狱。哈塔米关注过许多社会问题和争论,却很难说他至今为止解决了多少问题。在人权问题和迈向"公民社会"方面要说有什么区别的话,那就是情况已经变得更加糟糕。具有象征意义的是,在 1999 年 3 月,当联合国人权专员玛丽·罗宾逊访问伊朗,并且显然准备与他讨论人权问题的时候,哈塔米拒绝与她会谈。甚至连哈塔米经常吹嘘的出版自由,它所起到的主要作用也只是使司法官员可以更方便地利用它来鉴别各种批评和不热心支持法基赫统治理论的人,进而逮捕和监禁他们。虽然哈塔米多次呼吁出版自由,但司法审判运动则仍然丝毫不减,甚至在亚兹迪这位应当对此负责的"强硬派分子"被免职之后,情况仍然如此。哈塔米自己的文化部就曾经支持和发起了许多行动,包括逮捕和审判唯一的女性编辑贾莱·奥斯凯这样一些行动。当《欢乐报》的编辑马沙-安拉·沙姆索尔维津在 1999 年 11 月被判处三年监禁的时候,曾经挖苦说,哈塔米伊朗的问题与其说是有言论自由,不如说是有言论之后的迫害自由。

260

　　对于上述所有问题,最宽厚的看法认为,哈塔米是一位真正的改革派人士,他希望在体制之内认真工作,他支持渐进的方式,他避免不惜一切代价的冲突,他巧妙地使自己的对手由于反动、专制和强暴而自己为自己套上绞索。比较挑剔和挖苦的观点则认为,他不过是这个顽固不化的政权的工具,当局利用他和他的当选使愤怒的伊朗人民可以宣泄自己的情绪,暂时应付改善经济的问题,削弱圣战者组织对年轻人和妇女的吸引力,使欧洲各国可以借口帮助"改革派"和伊朗签订经济协定。无论如何,既然哈塔米已经在议会选举之中得到了明确的支持,并且在经济上又获得了 10 年高油价的礼物,人们广泛地期望他开始实行改革而不是空谈改革。否则,许多人将不得不认为他不管决心如何,根本上仍然是一个软弱者,没有勇气对付那些绝对是无情的反对派。

　　同时,任何要求真正改革的运动,都必将激起哈梅内伊和由他控制的强大体制作出的反应。在表面上,哈梅内伊仍然是最强有力的人物,不受任何方面的批评。如果他愿意的话,他有权罢免哈塔米。他控制着司法、军队、革命卫队、巴斯吉和其他组织,这意味着他控制了国家所有的强力机构。但是,不断有传闻说他的健康状况正在恶化。在他的许多讲话之中,他显得完全脱离了现实,无法摆脱过时的空洞口号,妄想性地谴责外国的阴谋,这就使他好像成了伊朗一部著名喜剧中的"拿破仑大叔"这样的角色。他与那塔克·努里的策略结盟,以及他后来发表的许多声明(不论对错),都表明他是"强硬派"。他有时也想模仿霍梅尼两边讨好的做法,但这只能被人们看成是软弱无能和优柔寡断。日益增多的证据表明,他与伊朗国内外的暗杀持不同政见者案件有关,这严重地损害了他的形象,并且使人们产生了一种明确的印象,即他企图以激烈的反美、反以言辞来掩盖自己的行动。最有趣的是阿亚图拉蒙塔泽里,哈梅内伊曾经说他将要以叛国罪接受审判,但现在他已经解除了软禁,又可以公开地接见访问者了,并且在发言中高呼支持改革。确实,他在 1997 年 11 月的讲话之中批评了哈梅内伊喜欢干涉、蓄意阻挠正事,建议限制法基赫的权力,因为法基赫使伊朗的政治冲突急剧上升了。蒙塔泽里立刻遭到阿亚图拉亚兹迪和梅什基尼的谴责,暴徒们袭击了他在库姆的住宅和办公室,巴斯吉头目誓言要与反对哈梅内伊的阴谋作斗争。但是,其余资深的阿亚图拉有许多人支持蒙塔泽里,似乎为恢复他的名誉、提高他在公共事务之中的形象作出了一定的努力。专家委员会至少在理论上可以设法撤销哈梅内伊的职务,支持像蒙塔泽里这样的候选人,不过,这种冒险行动可能加速准军队的行动,并且使伊斯兰共和国的思想意识形态理论基础受到人们的怀疑。最后,还有一个没有解决的问题是,在真正的变革道路上,哈塔米和改革派究竟愿意走多远?哈塔米的一名部长承认,政府希望"和风细雨"而不是暴风骤雨。那么,他呼吁的公民社会、言论自由和各种文明对话的真实含义究竟是什么呢?根据最近当选的改革派人士发言人的回应,这些东西不外乎是合法安装的卫星天线、放松《妇女服装法》的限制、允许"在界限之内"的争论和监禁那些越出了界限的人;在维护伊朗文化不受批评的同时,要藐视伊朗文化的敌人;在谴责"横行世界的自大狂"和干涉主义的同时,要维护伊朗自己在支持国外"被压迫者"方面行动的权利。

国内外所提出的问题和期望还远不止这些。到底依照"伊斯兰"行为准则行事是个人判断的问题,还是应当由国家强制机构来管理的问题? 政治权利是属于人民,还是应当由教士集团来控制? 法基赫统治的原则是否像现在这样毫无争论地存在下去,永不改变? 能够有许多政党和任何人都可以参加,包括像怀疑这种制度甚至是圣战者组织都可以参加竞选的真正自由的选举存在吗? 伊朗将来愿意与美国、以色列进行理性的、负责任的对话,或者是仍然把它们当成是替罪羊、宣传话题和进行冒险活动的借口? 在 21 世纪来临之后,伊朗解决这些困难问题的希望却看来比任何时候都更加渺茫。

附录 1　重要历史人物介绍

（按：姓氏英文字母顺序排列）

阿巴斯米尔扎(1789 — 1883)：法塔赫-阿里沙的王储；负责指挥两次
与俄国的战争；寻求改革和使伊朗军队现代化。

阿巴斯沙,阿巴斯大帝(1587 — 1629 年在位)：萨非帝国极盛时期的国
王,和欧洲列强建立了联系；美化了都城伊斯法罕。

阿布·哈米德·穆罕默德·加扎利(1058 — 1111)：伊朗杰出的宗教学
者,由于哲学评论和调和苏非派与逊尼派正统观念而出名。

阿布·穆斯利姆·呼罗珊尼(死于 755 年)：阿拔斯家族的伊朗扈从,在
伊朗组织革命建立了阿拔斯哈里发帝国；后来被哈里发曼苏尔所杀；
许多叛乱者企图为他报仇；成为伊朗民间文学具有传奇色彩的重要
人物。

阿布·哈桑·阿里·本·布耶·伊马德·道莱(932 — 949 年在位)：阿拔
斯哈里发帝国瓦解时期伊朗西部地区一个重要的独立公国的创
立者。

阿布·卡希姆·菲尔多西(920 — 1020)：伟大史诗《列王记》的作者,该
诗保存了伊朗前伊斯兰时期的许多传说和历史,在许多方面代表了
伊朗的民族精神。

阿里·沙里亚提(1933 — 1977)：有影响力的演说家和作家,他帮助奠

定了战斗的什叶派在伊朗政治生活之中复苏的基础,在青年、大学生
和有宗教倾向的社会主义者之中很受欢迎。

埃米尔卡比尔·米尔扎·塔吉汗(1807 — 1852):19 世纪伊朗最杰出的
改革派首相;寻求军队、官僚机构、经济、教育体系改善和现代化;由
于政治阴谋的结果被打倒和杀害。

阿尔达希尔·帕佩克(224 — 240 年在位):打败安息末代王阿尔塔班五
世;萨珊帝国的创建者。

阿亚图拉鲁霍拉·霍梅尼(1902 — 1989):20 世纪伊朗什叶派最重要的
宗教人物;自 1963 年以来坚定地反对巴列维王朝,使什叶派最高法
学家统治的理论深入人心;设计了伊斯兰革命,并且是伊斯兰共和国
的指导者。

居鲁士大帝(公元前 600 —前 530 年):阿契美尼德王朝(古波斯帝国)
奠基者;因为大规模对外征服和仁政而被认为是古代最杰出的统治
者之一。

大流士大帝(公元前 522 —前 486 年在位):阿契美尼德王朝第三位国
王,阿契美尼德帝国体制的设计师;在马拉松对希腊进行了远征。

伊斯玛仪沙(1501 — 1524 年在位):萨非王朝创建者;萨非宗教体系的
首领和红帽子军的领袖;在突厥-蒙古人的国家瓦解之后重新统一伊
朗;确立十二伊玛目派为帝国的官方宗教。

哈菲兹(死于 1389 年):本名沙姆思·奥丁·穆罕默德,伊朗抒情诗
(ghazal)的卓越大师,通常以神秘主义和苏非派题材为主。他的诗
集常常被用来作占卜和算命的指导书籍。

旭烈兀(1256 — 1265 年在位):征服伊朗的蒙古人和伊朗伊儿汗王朝
的创建者;杀死阿拔斯哈里发帝国哈里发,毁灭了伊朗境内伊斯梅尔
派的要塞。

贾拉勒丁·鲁米(1207 — 1273):波斯诗人;在塞尔柱王朝的安纳托利
亚地区度过了大半生,《玛斯那维》的作者,可能是最伟大的苏非派诗
人、苏非派毛拉维教团的创建者。

库斯鲁一世·阿努希尔万(约 528 — 579 年在位):镇压马兹达克运动;

改革萨珊帝国行政机构；与罗马进行了一场大战并把伊朗的影响扩大到整个地区；传说他注重公正和善意的政府。

卡里姆汗·桑德（1750 — 1779 年在位）：伊朗南部地区部落首领，在纳迪尔沙逝世后统治了国家大部分地区；以宽厚仁慈和统治公正闻名。

礼萨沙·巴列维（1878 — 1944）：哥萨克旅军官，推翻卡扎尔王朝的1921 年政变领袖；作为国王，他提倡伊朗民族主义，进行了许多社会和经济改革；1941 年在英国和苏联的压力之下被迫退位。

伽色尼的马哈茂德（998 — 1030 年在位）：突厥苏丹，与萨曼王朝决裂之后成为呼罗珊的统治者；在印度进行了战争，赢得了印度神庙毁灭者的名声；慷慨地资助文学、艺术和科学。

马兹达克（活跃于 485 — 523 年）：伊朗萨珊帝国晚期激进的宗教改革家；鼓吹重新分配财产，使妇女、儿童、各种物质财富成为社区的公共财产。

米尔扎·侯赛因汗·穆希尔-道莱（1828 — 1881）：卡扎尔王朝驻孟买、第比利斯和伊斯坦布尔的外交官；1871 年任首相，推动纳赛尔丁沙访问欧洲，开始一个新的改革时代；1873 年"路透特许权"废除后被免职，但逝世前仍然担任其他各种职务。

密特里达特斯一世（公元前 161 —前 138 年在位）：安息帝国的创建者；占领塞琉西亚（泰西封）。

穆罕默德-巴吉尔·贝赫巴哈尼（1792 年去世）：什叶派乌苏勒支派的学者，决定性地打败了阿赫巴尔学派，确立了穆智台希德统治的原则。

穆罕默德-礼萨沙·巴列维（1919 — 1980）：巴列维王朝第二代和末代君主；在摩萨台被推翻之后恢复权力；在"白色革命"之中进行野心勃勃的社会改革并在追求伊朗成为中东地区大国的时候带头提高石油价格；伊斯兰革命时期被迫流亡。

穆罕默德·摩萨台（1882 — 1967）：首相，1951 年领导英伊石油公司国有化运动；1953 年被美英支持的政变推翻；伊朗自由主义和世俗主义者之中最伟大的政治英雄。

穆斯利赫丁·萨迪(1193 — 1292)：波斯著名诗人,《果园》和《蔷薇园》的作者,其作品包括散文、短诗和有关精神和道德问题的说理小故事。

纳迪尔沙·阿夫沙尔(1736 — 1747 年在位)：篡夺萨非王朝政权的将军和新的国王,企图统一国家的有抱负的统治者,在位时扩张边界、发展贸易、调和什叶派和逊尼派的关系。

纳斯尔二世·本·艾哈迈德(914 — 943 年在位)：萨曼王朝最杰出的王公之一,得到著名大臣贾亚尼和巴拉米辅佐;在位时期什叶派伊斯梅尔支派迅速发展,波斯文学复兴。

内扎姆·穆尔克(1018 — 1092)：塞尔柱时期最著名的首相,艾勒卜·艾尔斯兰和马利克沙的顾问;古典波斯统治艺术专著的作者。

沙普尔一世(240 — 271 年在位)：在位时扩张了萨珊帝国领土,俘虏罗马帝国皇帝瓦莱里安。

琐罗亚斯德(约活跃于公元前 1100 年?)：古代伊朗的先知和宗教改革家;提倡尊奉阿胡拉·马兹达。

附录 2 术 语 汇 编

Ahura(阿胡拉)：古代伊朗宗教两类神祇之中的一类(见 Daeva)，在琐罗亚斯德教之中这些神祇组合成最高的神阿胡拉·马兹达。

Anjoman(恩楚明)：一种非正式的俱乐部和组织，职业团体或协会；19世纪末至 20 世纪初，也有许多政治组织以这种方式组成，积极参加了立宪革命时期的许多重大事件。

Avesta(阿维斯陀)：琐罗亚斯德教手稿汇编的名称，最初据说包括 21"卷"，现存阿维斯陀包括 6 篇文献和一组残篇，内容包括赞歌、礼拜仪式资料和法律等。

Ayatollah(阿亚图拉，意为"真主的神迹")：19 世纪 30 年代起开始取代穆智台希德作为伊朗什叶派高级宗教权威人士的荣誉称号。

B(本)：阿拉伯语单词伊本(某人之子)习惯性的缩写，使用在表示个人世系的传统名字之中。

Chador(查达尔)：通常是黑色的、无一定形状的一块大布，习惯上妇女在公共场所必须用它披着或者是裹着她们的整个身体，只有面部除外。有人认为它是妇女受歧视和压迫的特有标志，有人认为它是虔诚的伊斯兰教徒和伊朗文化仁慈和富有魅力的象征。

Daeva(罗瓦)：古代印度-伊朗宗教中的一种神祇，大部分代表天体或自然力量；琐罗亚斯德教特别反对崇拜罗瓦，认为它们是恶魔。

Dehqan(德赫干)：萨珊王朝和伊斯兰初期一个社会阶级,他们拥有小块土地并服兵役;他们也履行重要的行政职责,帮助保存前伊斯兰时期的伊朗文化传统。在随后的几个时期,这个术语通常用于表示农民。

Faqih(法基赫)：已经熟练地掌握了用以制定法律(伊斯兰法律)的法学渊源和方法的人,阿亚图拉霍梅尼发挥了这种思想,即最有资格的法学家可以行使伊斯兰共和国的合法权力;伊朗伊斯兰共和国宪法根据这种理论设置了法基赫的职务,并且赋予这个职务控制任何政府机构的最高权力。参见 velayat-e faqih。

Fatva(法特瓦)：伊斯兰宗教学者为回复穆斯林一般信徒提出的正式请求而写的书面意见,是对请求者所不理解的一些宗教问题或宗教仪式问题作出的回答。

Foqaha(富卡哈)：法基赫的复数名词。

Gholam(古拉姆,复数形式：ghelman 或 gholaman)：本意为年轻人或侍从;在伊朗通常指奴隶,或用于军事目的和宫廷侍卫的奴隶出身的男子(用意是因为他们没有部落或民族的联系而更忠于统治者)。

Gholat(戈拉特)：伊斯兰教什叶派的一种“极端”形式;包含了一种或多种绝大多数穆斯林认为是异端和不可接受的观念(如灵魂转世或者轮回学说,把神的品质赋予人类的领袖等)。

Hojjat-ol-Eslam(霍贾特伊斯兰)：什叶派教阶制度之中的一个等级的荣誉称号,它低于阿亚图拉,高于毛拉或阿訇。

Imam(伊玛目,亦作 Emam)：有多种应用的阿拉伯术语,在十二伊玛目派之中用于表示这个派别的 12 位被认为是连续的、合法的、神圣的和永无谬误的宗教领袖。

Ishmaili Shi'ism(什叶派伊斯玛仪支派)：什叶派三个主要支派之一,与栽德支派和十二伊玛目支派同时形成,区别在于被承认的伊玛目人数和许多教义方面的问题。伊斯玛仪支派在北非和埃及建立了法蒂玛哈里发帝国,从 9 世纪至 13 世纪在伊朗非常活跃,法蒂玛王朝的伊斯玛仪支派的一个支派内扎里派在中世纪伊朗隐蔽的山区建立了几个堡垒(所谓的刺客),并且尊奉几位领袖,直到阿迦汗·马哈拉提在 143 年把伊斯玛仪支派的伊玛目机构迁往印度为止。

Madhhab(教法学派,阿拉伯语单词,伊朗语的读音为 mazhab):伊斯兰教正式的法学派别之一;个人信奉者所尊奉的仪式和制度。

Majles(议会):一个咨询或立法机构,在 20 世纪初期伊朗《宪法》之中被承认为国民议会,但在实施真正的立法权时通常受到王权的限制,或者受到外部机构审查,以确认其是否符合伊斯兰法律和价值观念。

Marzban(马尔兹班):萨珊王朝时期一省军事总督的称号。

Mazdayasnian(马兹达教徒):琐罗亚斯德教徒的又一种称呼。

Mojtahed(穆智台希德):能够"创制"(ejtehad),或者能够独立判断宗教问题的伊斯兰学者。在隐遁的伊玛目失踪时期,穆智台希德对为十二伊玛目支派提供宗教指引具有特别重要的意义,自萨非王朝以来,他们在伊朗事务之中扮演着重要的角色。

Molla(毛拉):阿拉伯语词汇 mawla(意为"教师")的波斯化形式,用作对完成了最低限度的正规学习,能被认为是宗教学者的人的尊称。在伊朗,这类人员区别于一般信徒的方法是用特殊的服饰和其他社会地位标志来表明,它使毛拉相当于神职人员或神职人员阶级(rouhaniyyat)。这个术语大致与阿訇相当。

Qanat(暗渠):伊朗广泛使用的一种传统灌溉系统;它由地下水渠和相连的竖井组成,利用重力作用把水由遥远的高海拔地区的源头输送到需用水之处。

Qizilbash(红帽子):忠于什叶派极端形式的土库曼部落居民,特别是萨非教团谢赫派的狂热支持者;他们组成了萨非军事力量的主要成分。最早是对手用来称呼他们的一个贬义词,意指他们为了纪念十二伊玛目和表明对萨非王朝的忠诚而戴的有特色的 12 道褶的红帽子。

Shah,shahanshah(沙、沙汗沙):国王、王中王,前伊斯兰时期伊朗统治者特有的称呼,后来在中世纪被某些波斯-伊斯兰王朝使用,自萨非王朝以来一直使用。《列王记》之中收集了半传说性质的前伊斯兰时

期许多国王的故事,使该书成为伊朗民族的史诗。

Shi'ism(什叶派):一般用于表示伊斯兰教中几个派别的共称,这些派别最主要的共同点是,他们都认为先知穆罕默德的后裔具有特殊的政治或宗教权力。参见 gholat,Imam,Ismaili Shi'ism,Twelver Shi'ism。

***Taarof*(塔罗夫)**:文雅、敬重、礼貌、才干通常用来表示在社会交往中一种复杂的、遵守礼节的交谈方式,它非常重视参与交谈者的社会地位。

***taqiyya*(塔基亚)**:谨慎小心,伊斯兰法学观念;它允许教徒在遇到危险和受到胁迫的情况下停止履行甚至违背正常的宗教义务。这种观念和与它相反的观念(勇于殉道)都已经在经常遭受迫害的宗教少数派什叶派教徒心中深深地扎根。

Twelver(or Imami)Shi'ism(什叶派十二伊玛目支派):自 16 世纪以来伊朗流行的什叶派变种。它承认由先知穆罕默德的堂弟和女婿阿里·伊本·艾卜·塔列布开始,直到救世主第十二位或隐遁的伊玛目为止的 12 位合法的伊玛目。第十二位伊玛目在公元 941 年彻底地隐遁了,但他一直活着。他们相信他将在某一天重新出现,使什叶派在全世界获得胜利。

***velayat-e Faqih*(法基赫统治)**:阿亚图拉霍梅尼著作发挥的观念,强调合法的政治权力只能由有成就的什叶派学者控制。这种理论已经被收入伊朗伊斯兰共和国《宪法》,成为共和国政治理论的基础。

进一步阅读书目述评

有关伊朗历史的文献非常丰富。这里概括的仅限于英文著作,以及那些可能是非常有趣的、对一般读者有用的书籍。虽然就内容而言,那些发表在报刊上的论文常常是非常重要的,但这里没有收入。许多已经发表的原始资料译文也被省略了。如果需要更广泛的这类资料目录,读者们可以查询某些专业的目录著作;下列著作是可以很容易就找到的: J. D. Pearson, *A Bibliography of Pre-Islamic Persia* (London: Mancell, 1975); Idex Islamic(不同的出版者,现在已经有了 CD-ROM; London: Bowker-Saur, 1998); Shoko Okazaki, *Bibliography on Qajar Persia* (Osaka: Osaka University of Foreign Studies, 1985); Arnold Wilson, *A Bibliography of Persia* (Oxford: Clarendon Press, 1930); L. P. Elwell-Sutton, *A Guide to Iranian Area Study* (Ann Arbor: ACLS, 1952); G. Handley-Taylor, *Bibliography of Iran* (Chicago: St. James Press, 1969); Hafez F. Farman[sic], *Iran: A Selected and Annotated Bibliography* (New York: K. Paul, 1987); *A Selective Bibliography of Islam and Iran*, *1950 – 1987* (Tehran: Ministry of Guidance and Islamic Cuiture, 1989)。

两部无所不包的资料著作对研究伊朗历史所有领域都极有价值,

它们是：*The Cambridge History of Iran*（7 vols.；Cambridge：Cambridge University Press，1968 – 1991）；Ehsan Yarshater, ed.，*Encyclopaedia Iranica*（不同的出版者，按字母顺序出版，现在已经出版第 9 卷，出版到了字母"F"）。后面的部分可以用 *Encyclopeadia of Islam*（Leiden：Brill，1960 年起，尚在出版）来补充。一般的历史评价见：Percy Sykes，A *History of Persia*（3rd de.；London：Macmillian，1951），它现在仍然是一部有用的著作。现代史这个时期包括在 Peter Avery，*Modern Iran*（New York：Preager，1965）。艺术史全面深入的研究，见：Arthur Upham Pope，*A Survey of Persian Art from Prehistoric Times* to the Present（16 vols.，3rd ed.；Tehran：Shahbanu Farah Foundation，1997）。文学史，见：Jan Rypka et al.，*Persian Literature*（Dordrecht：Biblioteca Persica，1988）；还有 E. G. Brown，A *Literary History of Persia*（4 vols.；Cambridge University Press，1925 – 1928）。

对于阿契美尼德王朝或前伊斯兰时期伊朗的一些中肯的评价，见：Richard N. Frey，*The Heritage of Persia*（New York：New American Library，1963）；R. Ghirshman，*Iran: from the Earliest Times to the Islamic Conquest*（New York：Penguin，1954）；Josef Wiesehofer，*Ancient Persia*（London：I. B. Tsutis，1996）；M. A. Dadamaev，*The Culture and Institutions of Ancient Iran*（Cambridge：Cambridge University Press，1989）；同作者：*A Political History of the Achaemenid Empire*（Leiden：Brill，1989）；A. T. Olmstead 的 *History of the Persian Empire: Achaemenid Period*（Chicago：University of Chicago Press，1948）在一些方面已经严重过时，但仍然值得阅读。关于琐罗亚斯德教和伊朗宗教，见：Mary Boyce，*A History of Zoroastrianism*（Leiden：Brill 1975）；R. C. Zaehner，*Dawn and Twilight of Zoroastrian*（London：Weidenfeld and Nicolson，1961），它们是特别有趣的、可以增加知识的著作。

绝大部分涉及从伊斯兰征服到蒙古时期的著作没有特别重点讨论

伊朗的问题,而只是把它当成了一个更大的、笼统的历史之中的一部分去处理。最重要的例外是 David Morgan, *Medieval Persia*, *1040 – 1797*(New York: Longman, 1988),其中有简明可读和最新的评论。对于理解这个时期及以后的社会经济史,最重要的著作是 A. K. S. Lambton, *Landlord and Peasent in Persia: A Study of Land Tenure and Revenue Administration* (London: Oxford University Press, 1969)。Peter Christensen 的 *The Decline of Iranshahr: Irrigation and Environments in the History of the Middle East*, *500 B.C. to A. D. 1500*(Copenhagen: Museum Tusculanum Press, 1933)可以发现研究这个时期历史的一种不同的新方法。也可以参见 V. V. Barthold, *Turkestan Down to te Mongol Invasion*(3rd ed. ; Londn: Luzac, 1968)。Elton L. Daniel, *The Political and Social History of Khurasan under Abbasid Rule*, *747 – 820*(Minneapolis: Bibliotheca Islamica, 1979); Roy Mottahedeh, *Loyalty and Leadership in an Early Islamic Society* (Priceton: Priceton University Press, 1980),这是一部白益王朝的历史;R. N. Frye, *The Golden Age of Persia: The Arabs in the East*(London: Weidnfeld and Nicolson, 1975);同作者: *Bukhara: The Medieval Achievement* (Norman: University of Oklahoma Press, 1965);同 作 者: The Heritage of Central Asia from Antiquity to the Tyrkish Expansion (Priceton: Markus Weiner, 1996);宗教发展情况、什叶派的总体情况,见: Wilferd Madelung, *Religious Treds in Early Islamic Iran* (Albany: Bibliotheca Persica, 1988); Heinz Halm, *Shiism* (Edinburgh: Edinburgh University Press, 1991);M. Momen, *An Introduction to Shi'i Islam* (New Haven: Yale University Press, 1985);尝试对皈依伊斯兰教作出新的说明,见: Richard Bullite, *Conversion to Islam in the Medieval Period: An Essay in Quantitative History*(Cambridge, Mass. : Harvard University Press, 1979)。同作者在 *The Patricians of Nishapur: A Studyin Medieval*

Islamic Social History （Cambridge, Mass.: Harvard University Press, 1972）还探索了伊朗穆斯林城市的社会动力问题。

对于从蒙古人到卡扎尔王朝的历史，可参见 David Morgan, *The Mongols* （Oxford: Blackwells, 1986）；M. G. S. Hodgson, *The Order of Assassins* （Leiden: Brill, 1955）；H. Hookham, *Tamburlaine the Conqueror* （London: Hodder and Stoughton, 1962）；Beatrice Manz, *The Rise and Rule of Tamerlane* （Cambridge: Cambridge University Press, 1989）；John Woods, *The Aqquyunlu: Clan, Confederation, Empire* （Minneapolis: Bibliotheca Islamica, 1976）；Roger Savory, *Iran under the Safavids* （Cambridge: Cambride University Press, 1980）；Michel Mazzaoui, *The Origins of the Safavids* （Wiesbaden: F. Steiner, 1972）；Laurence Lockhart, *The Fall of the Safavid Dynasty and the Afghan Occupation of Persia* （Cambridge: Cambride University Press, 1958）；同作者：*Nadir Shah: A Critical Study* （London: Luzac, 1938）；John R. Perry, *Karim Khan Zand: A History of Iran, 1774 – 1779* （Chicago: University of chicago Press, 1979）。

卡扎尔王朝早期的一般历史，Robert Grant Watson 的 *A History of Persia* （London: Smith Elder, 1866）仍然值得阅读。在 Abbas Amanat 的 *Pivot of the Universe: Nasir al-Din Shah Qajar and the Iranian Monarchy, 1831 – 1896* （Berkeley: University of California Press, 1997）之中，对卡扎尔王朝重要统治者有透彻的传记研究。George Curzon 的 *Persia and Persian Question* （2 vols.; repr. London: Frank Cass, 1966）虽然有点偏见和为个人服务，仍然是获得卡扎尔时期资料的重要"矿藏"。卡扎尔王朝外交政策的准则及其与欧洲列强的关系可参见：Edward Ingram, *Britain's Persian Connection, 1798 –1828* （Oxford: Clarendon Press, 1992）；Rose Greaves, *Persia and the Defence of India, 1884 – 1892* （London: Athlone Press, 1959）；F. Kazemzadeh, *Russia and Britain in Persia, 1864 – 1914* （New Haven: Yale University Press, 1968）。民众的异议、反叛以及

国家与宗教的关系,见: Hamid Algar, *Religion and State in Iran*, *1785 – 1906* (Berkeley: University of California Press, 1969); Nikki Keddie, *Relogion and Rebellion in Iran: The Tobacco Protest of 1891 – 1892* (London: Cass, 1966); Mangol Bayat, *Mysticism and Dissent: Socioreligious Thought in Qajar Iran* (Syracuse, N. Y.: Syracuse University Press, 1982); Abbas Amanat, *Resurrection and Renewal: The Making of the Babi Movement in Iran*, *1844 – 1850* (Ithaca: Cornell University Press, 1989); Denis MacEoin, *The Sources for Early Babi Doctrine and History* (Leiden: Brill, 1992); 关于卡扎尔王朝的行政机构、社会、经济、智力发展和改革,见: Shaul Bakhash, *Iran*, *Monarchy*, *Bureaucracy and Reform under the Qajars* (London: Ithaca Press, 1978); Charles Issawi, ed., *The Economic History of Iran*, *1800 –1914* (Chicago: University Press of Chicago, 1971); A. Reza Sheikholelami, *The Structure of Central Authority in Qajar Iran*, *1871 – 1896* (Atlanta: Scholars Oress, 1997); Guity Nashat, *The Origins of Modern Reform in Iran*, *1870 –1880* (Urbana: University of Illinois Press, 1982); Hamid Algar, *Mirza Malkum Khan* (Berkeley: University of Cakifornia Press, 1973); 卡扎尔时期艺术和艺术史的精彩代表作,可参见: Layla S. Diba, ed., *Royal Persian Paintings: The Qajar Era* (London: I. B. Tauris, 1998)。

关于立宪时期的情况,可见: Janet Afary, *The Iranian Constitutional Revolution*, *1906 – 1911* (New York: Columbia University Press, 1996); Mangol Bayat, *Iran's First Revolution of 1905 – 1909* (New York: Oxford University Press, 1991); E. G. Browne, *The Persian Revolution of 1905 –1909* (London: Cambridge University Press, 1910); R. McDaniel, *The Shuster Mission and the Persian Constitutional Revolution* (Minneapolis: Bibliotheca Islamica, 1974); W. Morgan Shuster 讲述他在伊朗遇到的烦恼故事,见: *The*

Strangling of Persia(New York：Centry，1912)。

对于 20 世纪历史最全面、尽管是不一致的评价可见：Ervand Abrahamian，*Iran Between Two Revolutions*（Princeton：Princeton University Press，1982）；George Lenczowski，ed.，*Iran under the Pahlavis*（Stanford：Hoover Institute，1978）是一部有点儿颂扬性质的论文选集，集中发表于巴列维王朝晚期。有关第一次世界大战之后重大事件的英文著作，现在可以使用的最好书籍是：Cyrus Ghani，*Iran and Rise of Reza Shah: From Qajar Collapse to Pahlavi Rule*（London：I. B. Tauris，1998）；还可以参见：Stephanie Cronin，*The Army and the Creation of the Pahlavi State in Iran*，*1910 - 1926*（London：Tauris Academic Studies，1997）。关于礼萨沙的改革政策，见：Amin Banani，*The Modernization of Iran 1921 -1941*（Stanford：Stanford University Press，1961）。有关巴列维王朝早期的著作有：Hassan Arfa，*Under Five Shahs*（London：John Murray，1964）；Donnald Wilbur，*Riza Shah Pahlavi*，*1878 - 1944*（Hicksville，N. Y.：Exposition Press，1975）。

关于冷战和摩萨台时期的著作，见：Bruce Kuniholm，*The Origions of the Cold War in the Middle East*（Princeton：Princeton University Press，1980）；George Lenczowski，*Russia and the West in Iran*，*1918 -1948*（Ithaca：Cornell University Press，1949）；James F. Goode，*The United States and Iran: In the Shadow of Musaddiq*（New York：St. Martin's，1997）；James A. Bill and William Roger Louis，*Musaddiq*，*Iranian Nationalism*，*and Oil*（Austin：University of Texas Press，1988）。Farhad Diba，*Mohammad Mossadegh: A Political Bibliography*（London：Croom Helm，1986）是一本有趣的、把摩萨台当成圣徒来写的典型著作。有关摩萨台被推翻的策划过程，见：Kermit Roosevelt，*Countercoup: The Struggle for the Control of Iran*（New York：McGraw-Hill，1979），这本书起码有供人消遣性的阅读价值。

有关穆罕默德-礼萨沙时期，人们可以从他的回忆录开始研究：

Mission for My Country（London：Hutchinson，1961），*Answer to History*（New York：Stein and Day，1980）。还可以把这些著作和 Asadollah Alam，*The Shah and I: The Confidential Diary of Iran's Royal Court*，*1969 –1977*（New York：St. Martin's 1992）进行认真的比较。批评性的记载有：Fred Halliday，*Iran: Dictatorship and Development*（New York：Penguin Books，1979），Robert Graham，*Iran: The Illusion of Power*（New York：St. Martin's，1979）。有关这个时期和其他时期妇女问题出色的研究成果，见：Parvin Paidar，*Women and the Political Process in Twentieth-Century Iran*（Cambridge：Cambridge University Press，1995）。关于巴列维时期不同的思想意识形态和教士集团的作用，见：Shahrough Akhavi，*Religion and Politics in Contemporary Iran: Clergy-State Relations in the Pahlavi Period*（Albani：State University of New York Press，1980）；Said Arjomand，*The Shadow of God and the Hidden Imam*（Chicago：University of Chicago Press，1984）；Nikki R. Keddie，ed.，*Religion and Politics in Iran: Shi'ism from Quietism to Revolution*（New Haven：Yale University Pres，1983）；Michael Fisher，*Iran: From Religious Dispute to Revolution*（Cambridge：Mass.：Harvard University Press，1980）；Hamid Algar，trans.，*Islam and Revolution: Writings and Declarations of Imam Khomeni*（Berkekey：Mizan Press，1981）；M. R. Ghanoonparvar，*In a Persian Mirror: Images of the West and Westerners in Fiction*（Austin：University of Texas Press，1993）；Ali Gheissari，*Iranian Intellectuals in the 20 Century*（Austin：University of Texas Press，1998）。

伊朗伊斯兰革命无疑将是未来史学界争论的中心问题。在解释和叙述方面，现有记载差异很大，有代表性的著作是：Jahangir Amuzegar，*The Dynamics of the Iranian Revolution: The Pahlavis' Triumph and Tragedy*（Albani：State University of New York Press，1991）；Siad Amir Arjomand，The Turban for the Crown: The Islamic

Revolution in *Iran* (New York: Oxford University Press, 1988);
Misagh Parsa, *Social Origions of the Iranian Revolution* (New
Brunswick, N. J.: Rutgers University Press, 1989); Ferydoun
Hoveyda, *The Fall of the Shah* (London: Weidenfeld and Nicolson,
1979); Hossein Bashiriyeh, *The State and Revolution in Iran*
(London: Croom Helm, 1984); Abbas Milani, *Persian Sphinx:
Amir Abbas Hoveyda and the Riddle of the Iranian Revolution*
(Washington, D. C.: Mage, 2000)。

关于美国和伊朗关系问题,最重要的著作有:Gary Sick, *All Fall
Down: America's Tragic Encounter with Iran* (New York: Random
House, 1985); Robert Huyser, *Mission to Tehran* (New York:
Harper and Row, 1986); Michael Ledeen and Weiliam Lewis,
Debacle: The American Failure in Iran (New York: Random House,
1981)。Barry Rubi, *Paved with Good Intentions: The American
Experience* (Oxford: Oxford University Press, 1982)。

有关伊斯兰共和国早期的历史,最出色的研究成果是:Shaul
Bakhash, *The Reign of the Ayatollahs: Iran and Islamic Revolution*
(London: I. B. Tauris, 1985)。其他与共和国早期各方面有关著作
可以推荐的有:Ervand Abrahamian, *Khomenism: Essays on the
Islamic Republic* (Berkeley: University of California Press, 1993);
Saeed Rahnema and Sohrab Behdad, *Iran after the Revolution:
Crisis of an Islamic State* (London: I. B. Tauris, 1995); Cheryl
Benard and Zalmay Khalilzad, *The Government of God: Iran's
Islamic Republic* (New York: Columbia University Press, 1984);
Anoushirvan Ehteshami, *After Khomeni: The Iran Secomd Republic*
(London: Loutledge, 1955); Jahangir Amuzegar, *Iran's Economy
under the Islamic Republic* (London: I. B. Tauris, 1993); Tareq
Ismael, *Iraq and Iran: Roots of the Conflict* (Syracuse, New. York:
Syracuse University Press, 1982); Dilip Hiro, *The Longest War: The*

Iran-Iraq Military Conflict (London: Routledge, 1991); 同作者: *Iran under the Ayatollahs* (London: Routledge, 1985); Robin Wright, *In the Name of the God: The Khomeni Decade* (New York: Simon and Schuster, 1989); Ruhollah K. Ramazani, *Revolutionary Iran: Challenge and Response in the Middle East* (Baltimore: Johns Hopkins University Press, 1986); Barry Rosen, ed. , *Iran since the Revolution* (New York: Colunmbia University, 1985); Antony Cordesman and Ahmed Hashim, *Iran: Dilemmas of Dual Containment* (Boulder: Westview, 1997); Shireen Hunter, *Iran and the Word: Continuity in a Revolutionary Decade* (Bloomington: Indiana University Press, 1990); Asghar Schiraza, *The Constitution of Iran: Politics and State in the Islamic Republic* (London: I. B. Tauris, 1998)。

索　引

（索引条目后数字为原书页码，即本书边码）